（彩圖1）至尊林仁波切。

（彩圖2）林仁波切傳灌頂，攝於一九七四年。

（彩圖3）十四世達賴喇嘛尊者與兩位親教師：林仁波切、赤江仁波切。
攝於印度，一九五六年。

（彩圖4）五世林仁波切，根據夏巴阿蘭若的壁畫描繪。

（彩圖5）林仁波切出生地附近的熱薩阿蘭若。後方山頭為勝樂金剛宮。

（彩圖6）夏巴阿蘭若。

（彩圖7）哲蚌寺。右下方前景為乃穹寺。攝於一九三六年。

（彩圖8）哲蚌寺洛色林扎倉，攝於一九九七年。

（彩圖9）布達拉宮，攝於一九三七年。

（彩圖10）十三世達賴喇嘛尊者靈塔，位於布達拉宮。

（彩圖11）小昭寺主要佛像。

（彩圖12）宗喀巴靈塔，甘丹寺。

（彩圖13）多沽塘大孔雀天篷，攝於一九三九年。

（彩圖14）大孔雀天篷內部。十四世達賴喇嘛尊者在法座坐床，這是尊者與林仁波切初次見面之地。

（彩圖15）林仁波切騎乘馬匹，前往羅布林卡夏宮的行進行列。

（彩圖16）十五歲的達賴喇嘛尊者登基為西藏精神及世俗領袖，攝於一九五〇年十一月十七日。

（彩圖17）直貢芒拉寺。噶當派大師甲域哇駐錫寺院，位於拉薩東北方八十公里處。攝於二〇〇七年。

（彩圖18）聞思增長林寺，西藏雅隆山南區。攝於二〇〇七年。

（彩圖19）十四世達賴喇嘛尊者扮為平民抵達印度邊境，攝於一九五九年三月。
畫面右手邊為侍衛長帕拉圖登奧丹。

（彩圖20）達賴喇嘛尊者與林仁波切出席新德里西藏之家開幕典禮，攝於一九六五年。

（彩圖21）
林仁波切主持火供，於喬菩拉之家附近。

（彩圖22）
芒域吉隆之王之塑像，
亦稱為「聖瓦帝桑布」。

（彩圖23）林仁波切、昆先生及僧侶，攝於於瑞士瑞康寺大經堂，一九六八年。

（彩圖24）林仁波切與學童們、老師拉克拉祖古，以及瑞士特羅根西藏兒童之家管理人。攝於一九六八年。

（彩圖25）林仁波切與赤江仁波切主持瑞康寺開幕典禮。

（彩圖26）林仁波切訪問德國波恩大學文化研究學系舒勒曼教授。

（彩圖27）林仁波切與十四世達賴喇嘛家族，以及西藏駐瑞士代表帕拉圖登奧丹。
攝於日內瓦，一九六八年。

（彩圖28）林仁波切、拉章總管洛桑朗瑞及達波仁波切。攝於艾菲爾鐵塔，一九六八年。

（彩圖29）兩位經師與圖登次仁、洛桑朗瑞、沙度久美、帕登次仁等人。攝於法國，一九六八年。

（彩圖30）林仁波切在法國布萊奈西藏兒童村與學童及養父母合影，一九六八年。

（彩圖31）林仁波切。攝於菩提伽耶，一九七二年。

（彩圖32）林仁波切訪問義大利，攝於一九八〇年。

（彩圖33）林仁波切與洛桑朗瑞放鬆休息。攝於前往義大利旅途中。

（彩圖34）林仁波切抵達紐約，穹拉惹對仁波切前來迎接。攝於一九八〇年。

（彩圖35）林仁波切造訪蒙古格西旺傑，攝於新澤西州的拉松謝主林寺（美國第一座藏傳佛教寺院），一九八〇年。左起為果芒闊本格西、格西旺傑、林仁波切、洛桑朗瑞、達波仁波切。

（彩圖36）兩位親教師、宋仁波切，以及拉章管家洛桑朗瑞、帕登次仁。

（彩圖37）林仁波切為外國人士講經。兜率天淨土中心，達蘭薩拉，一九八二年。

（彩圖38）塔拉祖古、什貢仁波切、達賴喇嘛尊者、林仁波切，在菩提伽耶正覺大塔施行儀軌。

（彩圖39）喇嘛圖登耶喜迎接林仁波切。兜率天淨土中心，達蘭薩拉，一九八二年。

（彩圖40）護送林仁波切法體乘轎的隊伍，從給桑耶喜的居所返回喬菩拉之家。攝於一九八三年。畫面左前方為穹拉惹對仁波切。

（彩圖41）六世林仁波切金身。攝於達賴喇嘛尊者在大乘法苑的居所，達蘭薩拉。

（彩圖42）位於哲蚌寺的六世林仁波切靈塔殿。蒙果，南印度。

（彩圖43）尊者達賴喇嘛認證七世林仁波切。攝於林仁波切拉章，一九八七年。

（彩圖44）七世林仁波切於大乘法苑獻哈達給達賴喇嘛尊者。攝於達蘭薩拉，二〇〇四年。當時尊者為林仁波切傳比丘戒，正值尊者從六世林仁波切受比丘戒後五十年。

（彩圖45）七世林仁波切，攝於二〇一六年。

（彩圖46）七世林仁波切於哲蚌寺洛色林扎倉接受格西學位。攝於蒙果，二〇一六年十一月二十一日。

（彩圖47）六世林仁波切於其居所喬菩拉之家。攝於達蘭薩拉，一九七九年。

（彩圖48）七世林仁波切於其居所喬菩拉之家。攝於達蘭薩拉，一九八八年。

The Life of My Teacher
A Biography of Kyabjé Ling Rinpoché

我的老師林仁波切

達賴喇嘛親自爲老師作傳

His Holiness the 14th Dalai Lama, Tenzin Gyatso
達賴喇嘛 著　張春惠 審訂　張明敏 譯

第六世林仁波切，圖登・隆朵・納傑・欽列
(1903~1983)

第二部
後續僧侶生涯及各項任命（1924～1953）

第三部
初次出國訪問（1954～1958）

第四部

流亡印度（1959～1980）

第五部
人生晚年（1980～1983）

本書涉及之人名、地名、法典等音譯，採用英文譯本翻譯，可能因各地習慣用法不一而有差異。本書牽涉層面與領域龐雜，審訂、譯者、編輯力有未逮之處，若出現錯誤、漏失或非官方稱呼，敬請指正及建議。

作者序
他是理想的化身

第十四世達賴喇嘛

我的已故上師至尊林仁波切的傳記得以出版，讓我深感歡喜。

長久以來，西藏有個傳統，就是弟子們必須為他們的上師作傳。而我很榮幸能為自己的親教師撰寫這本傳記，並得到穹拉惹對仁波切的協助，他是林仁波切最親近的另一位弟子。如今，不懂藏語的讀者們也能透過本書了解我的親教師為人，我非常欣喜。

至尊林仁波切名為圖登．隆朵．納傑．欽列，是二十世紀成就最為圓滿的西藏喇嘛之一，是眞正能體現爛陀傳承的理想化身——精進修行的僧人、嚴謹的學者、認眞的修行者。

一九〇三年生於西藏雅普地區，是從首府拉薩西北方走，一天路程可到之處。不到四歲，就被認證為前世林仁波切轉世。就讀於著名的哲蚌寺洛色林扎倉，二十一歲即考取第一等拉然巴格西①學位。後來進入上密院，在那裡歷經僧侶制度的各等級職務，最後升座為甘丹赤巴，也就是格魯派之首，以及西藏偉大精神資產的護持者。

我很幸運，打從年幼就由林仁波切擔任我的主要經師。一九五四年的傳召大法會（即祈願大法會），在大昭寺的釋迦牟尼佛像前被傳具足戒，是我修行的里程碑。而這讓我非常感動的重大盛會，就是由仁波切主持授戒儀式。

林仁波切就像是一位慈父般引導我學習，在他關注的目光下，我得以於一九五九年二月在拉薩的傳召大法會上，通過格西學位考試的最後一關。我們在印度流亡的最初幾年，我也總能依賴林仁波切的支持。

林仁波切對我的生命具有最舉足輕重的影響。因此，一九八三年十二月林仁波切圓寂時，我覺得自己長久以來一直倚賴的堅固磐石好像突然消失了。我深深懷念著他。然而，與其陷入絕望，我想，悼念他最好的方式，就是盡己所能去實踐他對我的期待與願望。

我很榮幸能記錄至尊林仁波切足為典範、充滿意義的一生。我非常感謝穹拉惹對仁波切協助我進行這項工作。知道全世界有興趣的讀者，都能夠有機會認識我的親教師一生中的事蹟與遵循的品德，我心滿意足。

同時，我也要感謝本書英文譯者蓋文．基爾提、編輯格西圖登晉巴，以及林仁波切拉章的成員，尤其是年輕的第七世林仁波切，共同協助進行本書的英文翻譯與出版事宜。

①編注。「格西」為藏傳佛教格魯派的學位總稱，共分四個等級。第一等級是拉然巴，意即拉薩的博學高明之士。

導讀
跟隨指標性人物，探索西藏精神與宗教藝術

格西圖登晉巴

在二十世紀偉大的西藏精神導師之中，林仁波切是一位指標性人物。出生於一九〇三年——正是英國陸軍軍官榮赫鵬①率領英國遠征軍入藏那短暫的一年，於一九八三年逝世於印度。林仁波切八十多年的生命，目睹了西藏這個國家在二十世紀悲劇性的發展。

至尊林仁波切之所以地位尊貴，尤其在藏傳佛格魯教派更顯如此，必須回溯到十八世紀。

①編注。英文音譯為佛蘭西斯．楊赫斯本爵士，也是十九世紀最著名的英國探險家之一。

第一世林仁波切（一六五五～一七二七）成爲第四十八任甘丹赤巴（或稱甘丹法座持有者，亦即甘丹寺宗喀巴法座的擁有者），同時也是第六世達賴喇嘛尊者倉央嘉措的主要上師；第二世林仁波切（一七二八～一七九〇）則是第七世達賴喇嘛尊者格桑嘉措親近的弟子，也是一位著名的學者；根據一項資料指出，第三世林仁波切十九歲就英年早逝；第四世林仁波切（一八一一～一八五五）是一位殊勝的上師，四十一歲時成爲甘丹赤巴，也是十一世達賴喇嘛尊者的經師；第五世林仁波切（一八五六～一九〇二）爲藏傳佛教重要的密續法門大威德金剛的名聞遐邇修行者，亦爲第十三世達賴喇嘛尊者的經師。

第六世林仁波切，我們這部傳記的主角，也是一位眞正殊勝的上師。他是佛法思想的至高無上學者、一位仁慈而且能啓發別人的教師、一位精進修行者，以及具有大成就的瑜伽士。

年輕時，林仁波切在知名的哲蚌寺洛色林扎倉就讀。據說，一九五九這一年，許多藏人跟隨法王達賴喇嘛尊者流亡印度時，哲蚌寺是全世界最大的寺院。他接受十三世達賴喇嘛尊者的教誨，也由知名格魯教派上師帕繃喀仁波切（一八七八～一九四一）指導，成爲西藏諸多殊勝教法傳承的持有人。

一九四〇年，林仁波切被正式指派爲年幼達賴喇嘛尊者的經師。一九五四至五五

第六世林仁波切。

年，林仁波切與同事至尊赤江仁波切一起陪同達賴喇嘛尊者正式前往中國拜訪，隨後更歡喜地前往印度，參加佛陀涅槃二五〇〇週年紀念活動。這趟印度的旅程，包括前往印度中部一些佛教聖地朝聖。

一九五九年三月，林仁波切又陪同達賴喇嘛尊者到印度，但這次是流亡，而且從此再也沒有回到家鄉西藏。

一九六五年，林仁波切登上宗喀巴（一三五七～一四一九）的法座，成爲第九十七任甘丹赤巴，因此成爲格魯派之首。此後，幾乎沒有一位格魯派的行者不曾接受過這位西藏上師的教導。

一九八三年十二月二十五日，林仁波切圓寂時，他以雙盤坐姿，安住於禪定狀態長達十三天，這是一種所有生命跡象都已停止，但肉身仍不敗壞的境界。根據藏傳金剛乘傳統，當時仁波切是處於死亡淨光狀態，所有粗分心識皆停止，只剩下微細淨光。

蒂卡·布羅奇是林仁波切少數的西方弟子之一，她描述親眼看到林仁波切當時禪定狀態的第一手經驗。她寫道：「十二月二十五日，當他進入禪定時，整幢房子的氛圍完全改變。那是筆墨難以形容的經驗。我曾說那就像是身在愛斯基摩人的冰屋裡，嘗試著傳達那種感覺——光亮、和平、純淨、靜止，所有一切似乎都清晰而純粹。」

經師、瑜伽士及大喇嘛

在導讀的這幾頁篇幅中，我首先最希望的就是提供當代讀者一個更大的脈絡，幫助各位了解這位偉大西藏經師的生命及傳奇。尤其是對藏傳佛教的教法及實修有興趣的人而言，我更希望透過闡述某人為佛法奉獻一生的意義，利用這篇導讀幫助他們與傳統西藏佛法教師們的生命連結，例如本傳記中的主角。

我個人與至尊林仁波切的第一次接觸，是在一九七〇年二月，當時我十一歲。我所隸屬的宗卡秋德寺位於達蘭薩拉。依照慣例，所有僧眾要在藏曆新年第一天接受仁波切的加持祝福。林仁波切的居所「喬菩拉之家」，位於山頂邊緣的平台，得以俯瞰當時還是個小鎮的馬克利奧德甘吉（一般稱梅洛甘津）。我記得從花園望出去的風景美得

第六世林仁波切在其宅邸的花園，印度達蘭薩拉喬菩拉之家。

令人屏息。

我們趕去仁波切的會客室，輪流頂禮獻白哈達。他把白哈達一一回贈給我們，掛在我們彎腰低下來的脖子上，並給我們每人一條加持過的加持保護繩。

對十一歲的小男孩來說，仁波切讓人留下深刻印象。他的身材很壯，頭頂剃得乾淨發著光，有一對長耳朵，前額很寬，顴骨很高，由於上眼瞼皮肉豐厚，所以看起來像是瞇著眼睛。一言以蔽之，他的法相尊嚴，讓我又敬又畏。幾個星期後，我又回去他的跟前，這次是爲了受沙彌戒，我提心吊膽地重複著他念的語句。這時候我得到了自己的法名「圖登晉巴」，其中「圖登」是來自林仁波切個人名字圖登．隆朵．納傑．欽列。

一九七〇年代及八〇年代早期，是藏人在印度復興西藏文化及精神的極盛時期。當時剛結束在達蘭薩拉緊張紛擾、爲期十年的西藏難民安頓工作，建立了新的學校，創立能夠運作的中央行政結構，而西藏流亡社群也準備好進行重大文化復興。自從一九七〇年達蘭薩拉舉辦大殿開光法會，達賴喇嘛尊者在此傳第一次於達蘭薩拉的時輪金剛法會，吸引了約三萬名信衆湧入這座山麓小城，西藏的文化復興便開始啓動。

達賴喇嘛尊者的兩位親教師至尊林仁波切與至尊赤江仁波切，也在達蘭薩拉公開弘法，並且開始巡視印度各地的主要藏人定居點。我還記得自己在達蘭薩拉參加了許多教法，有林仁波切傳所謂「父續」的灌頂，例如密集金剛以及大威德金剛；赤江仁波切則專注於教授「母續」法門，如勝樂金剛輪。

特別是對藏傳佛教格魯派的修行者而言，能夠得到林仁波切傳的大威德金剛灌頂，並從其座下得到大威德金剛教授，被視爲是最吉祥的事。林仁波切世系的傳承法脈與這特定的金剛乘本尊教法有特殊的業緣，因爲他們對於三年專修大威德金剛密法擁有一套不共教法，其稱爲「十八修行階梯」，是只對接受過其灌頂的人們開放的祕密教授之一。

當我有幸能接受至尊林仁波切的傳法時，他已經是一位尊貴的喇嘛與上師，也是達賴喇嘛尊者本人的高級經師，亦即「永津（導師）」。林仁波切尤以傳灌頂時以一系列的禪修，引導受灌者而著稱，這些經常是長時間停頓的沉默禪修。對一位十二歲的小沙彌而言，身處數百人之中體會集體的寂靜，可以感覺到威力十足。

然而，有時候這些午後法會一連數小時，直到太陽下山很久都還沒結束。我當時想的都是要摸黑穿越樹林走回寺院，因此變得坐立難安。年紀較長之後，我深感這些法會的彌足珍貴，它們引導我的內心感受到強而有力、深度沉浸當中的狀態。有些經典提及這是「嚐到法味」，而林仁波切就是擅於在灌頂過程中引發弟子的大師。許多人視林仁波切爲大修行者，自身已與本尊大威德金剛結合。

我成長過程中，不斷聽到西藏喇嘛們都說林仁波切是「大威德金剛化身」。已故的究給崔津仁波切（一九一九～二〇〇七）曾向達賴喇嘛尊者報告，他於一九七六年參加林仁波切傳獨勇大威德金剛教授時，曾觀見林仁波切以藍色雙角大威德金剛的形態現身。在林仁波切爲西方弟子舉行的少數教法中擔任口譯的亞歷山大·比爾森，曾描寫林仁波切被廣泛認爲是大威德金剛：「爲廣受認可的大威德金剛——文殊菩薩的忿怒相——人身化現，而文殊菩薩擁有諸佛菩薩的清淨、慧觀及智慧。永津林仁波切周身散發這股強大的清淨能量，同時也是一股如堅固磐石般的

林仁波切（左）與十四世達賴喇嘛（右）為新造不動金剛佛像進行開光。攝於達蘭薩拉大乘法苑大殿。

支持力量。」

就爲人品德而言，林仁波切一生中維持一貫的謙虛與慈悲。一位大喇嘛扎雅洛丹喜饒仁波切曾分享一件動人的往事。

達賴喇嘛尊者一九五九年抵達印度之後，第一個前往的主要城鎮是在印度東部的泰茲普爾。林仁波切與赤江仁波切在此等待達賴喇嘛尊者主持法會時，當地人則爲兩位上師準備了一間房，桌上擺著一盤水果。林仁波切叫喚年輕的扎雅仁波切進來，給他一根香蕉，說道：「這水果名叫香蕉，好吃又健康。來，給你。」扎雅洛丹喜饒以前從沒吃過香蕉，對這熱帶水果的獨特風味大感驚奇。

他也回憶道，當他們長途跋涉從拉薩前往印度邊境時，林仁波切和赤江仁波切每隔一陣子就會堅持步行，讓他們的馬匹不至於負擔太重。

林仁波切和赤江仁波切被尊稱爲「賈傑南怡」（藏音，字義爲「兩位主要怙主」）。在流亡印度早期，他們的存在、與年輕達賴喇嘛尊者的親近，對許多藏人來說是非常安撫人心且倍具信心的。在印度北部長大的我，幾乎在每戶家庭或僧房中，常常看到這三位大德的照片，尊者達賴喇嘛尊者被兩位上師左右包圍著。我後來發現，兩位上師幾乎每天都會接見前來請求加持或修行建議的藏人信衆，不論是僧人還是俗衆。根據一九七一年至一九八三年間不定期擔任林仁波切口譯的強巴・舒曼表示，林仁波切選擇在星期三接見西方訪客或弟子，即使對他來說，他們的提問與請求具有文化上的差異，他也總是慈悲且耐心地傾聽。

林仁波切承事達賴喇嘛尊者，爲許多大寺院提供諮詢建言，安撫一般藏人民心，並維持自己個人菩提道次第的進程。他也在達蘭薩拉及印度南部主要寺院定期弘法，每年也會在菩提迦耶，世尊悟道的菩提樹下講經弘法。第一世班禪喇嘛所造之著名的《上師薈供》，是所有西藏格魯派年輕僧侶都會背誦的法本。其中包括以下數句偈頌，可用來描

流亡期間，林仁波切主持一場大威德金剛灌頂。

述許多人對於林仁波切的虔敬：

能仁晝日時機漸式微，
無依無怙廣大諸眾生。
示現近似勝者諸事業，
依怙悲尊吾誠作祈請。

一九六八年，達賴喇嘛尊者首次出訪西方國家的五年前，林仁波切與赤江仁波切一起展開他們的第一次歐洲巡迴弘法。這趟行程首站是瑞士，兩位上師爲位於瑞康剛落成的西藏寺院開光。接著訪問了德國、法國及英國，並在這些國家爲藏傳佛教團體弘法。十二年後，林仁波切第二度走訪西方。這次除了歐

林仁波切在菩提樹下說法，攝於印度菩提伽耶。

洲，也前往北美洲。

我很幸運能參加林仁波切最後一次主要的公開說法。一九八三年一月，他在印度南部的色拉寺闡釋宗喀巴大師的《菩提道次第廣論》。當林仁波切透過宗喀巴大師的這部論典解說佛法「空性」的重點時，他常會閉起眼睛、停頓沉思。他完全融入，彷彿在描述細膩的個人經驗。我那時是甘丹寺的學僧，已經接觸了經典的佛學思想，因此能夠理解林仁波切精湛教誨的深度。這次特別的說法，由甘丹赤巴，亦即宗喀巴大師的繼承人來教授，是極具意義的。許多接法者都感受到這次教授有多麼特別，是偉大上師以心傳心的眞正傳承。

仁波切一九八三年十二月圓寂時，不只達賴喇嘛尊者本人，整個藏人社群都感受到失去他的重大損失。正如達賴喇嘛尊者在本書的序言中寫道：「當仁波切一九八三年十二月圓寂時，我覺得長久以來一直仰賴的堅固磐石好像突然消失了。」

本傳記獨特之處

本書雖然依傳統的西藏宗教傳記或聖徒傳格式寫作，但其突出之處在於它是唯一一部由現任達賴喇嘛尊者撰寫的傳記。在藏傳佛教世界中，這工作有其特殊意義，不僅因爲主角的重要性，還因爲作者不是別人，而是達賴喇嘛尊者本人。在至尊林仁波切另一位親近的弟子穹拉惹對仁波切的協助下，撰寫這部傳記的達賴喇嘛尊者，將弟子爲上師生平作傳的古老西藏傳統發揚光大。

林仁波切是達賴喇嘛尊者的高級經師，主要負責訓練年輕達賴喇嘛尊者的佛學培育，他同時也是傳達賴喇嘛尊者具足戒的上師。二〇〇四年，達賴喇嘛尊者受具足戒的第五十週年，法王本人在印度將相同法脈傳承，傳給第七世林仁波切。

除了宗喀巴大師的《菩提道次第廣論》及其他佛法教授外，達賴喇嘛尊者也從上師林仁波切那裡接受主要的密法及灌頂。例如，一九五二年在布達拉宮，尊者由林仁波切傳時輪金剛灌頂，爲期超過三天。此後，達賴喇嘛尊者則在世界各地傳了三十次以上的時輪金剛灌頂。

本書一開始對備受尊崇的諸多重要對象——例如佛陀——致上皈敬頌，祈求獲致寫作本書的靈感。本書中，林仁波切的生平是由虔誠的弟子達賴喇嘛尊者所寫。同時，在人們記憶中的林仁波切是廣受尊崇的殊勝上師，因此即使陳述作者寫作本書意圖的開場段落，也明顯可見帶有虔敬的語調。從開頭第一段，提及林仁波切時都是稱呼其法號，幾乎不用他的俗名。

林仁波切的生平，被視爲一段心靈覺醒旅程的典範，他主要的事蹟都具有超越個人經驗的意義。事實上，喇嘛的傳記，藏文發音爲「namthar」，字面上的意義是「徹底解脫」，意指這樣的作品主要是爲了啓發虔誠者，並引其達到眞正的解脫。就某種意義上來說，傳統西藏喇嘛的傳記，例如本書，可視爲是宗教的藝術，其目的超越了僅僅做爲作品藝術的價值。以下節錄自達賴喇嘛尊者於本書最後一章的句子，傳達本書背後這種更宏大的宗教願望：

為了未來弟子的利益，林仁波切拉章總管，洛桑朗瑞正式請求我為無量慈悲的上師寫作其生平及言行的傳記。我無法直呼金剛總持親教師暨林仁波切世系的名字，但出於必要而提及時，我以最大的敬意稱其為「圖登・隆朵・納傑・欽列」。在他平凡弟子們的眼中，林仁波切的言行包含了通往殊勝佛陀教法的入口，還有透過他的智慧、品德和慈悲，對廣大經典之海的聞思修、著述、教授、辯經，以及為佛法及眾生的貢獻……願看見、聽到或與這部傳記有所接觸的人，都能喜樂地得到如這位殊勝上師——大乘佛教精神導師——之眷顧。

對於虔誠的藏傳佛教徒，尤其是已故至尊林仁波切的直屬弟子而言，這部傳記最重要的面向之一，是仁波切本人接受的正規教法，以及他傳這些教法的日期與地點之詳細紀錄。

這些資訊是收集自仁波切本人，或親近的私人侍從所記錄的大量日記，提供弟子們關於重要精神指導傳承的關鍵性資訊，而這些傳承必須是自法脈起源至今無有間斷，任何將來可能傳承法脈傳給學生的佛法弟子，都需要根據像這樣一本傳記做爲諮詢對象，看看自己是否已經接受了得自林仁波切的傳承。一旦學生們能夠明白這一點，那麼他們就能對照仁波切本身接受的教法紀錄，查看仁波切是從哪裡獲得傳承。

因此，對認眞的藏傳佛教弟子來說，這部上師的傳記以及他「接受傳承的紀錄」，是確認重要教法法脈的重要來源。

對於像我這樣的西藏文化史研究者而言，這部傳記的一個特殊貢獻在於它精確記載上密院的重要歷程。上密院是格魯派兩大密宗學院之一，另一學院爲下密院。上、下密院都持續進行與大乘佛教金剛乘法相關儀軌的正規學習以及持修。上密院是貢噶頓珠於一四七五年創建，其爲十五世紀西藏的主要宗教人物。直到一九五九年，拉薩的小昭寺都由上密院管轄。小昭寺曾經供奉釋迦牟尼佛等身像，據信是由與吐蕃王松贊干布和親的唐朝文成公主帶至西藏。

林仁波切在上密院一路升任爲糾察師、副堪布[2]，最後成爲堪布。我從不曾讀過像這樣關於上密院僧人詳細的生平細節記載，以及西藏上密院的學年課程有哪些特定的學習、修行與儀軌。

毫無疑問，這部傳記將會成爲重要的歷史資源，同時也是提供上密院學僧的一本指南。對藏傳佛教的學者與學生而言，本書這個殊勝的部分實際上將能提供一個珍貴機會，理解格魯派僧伽如何結合大乘教法中的經乘與金剛乘。

給當代讀者

這部傳記超越了記載某人生平事蹟的意義，而能將其視爲一位重要宗教上師在西藏如何接受正規培育訓練的詳實紀錄：從童年時期被認證爲重要前世的轉世靈童，乃至於培育成爲年輕僧人；從關鍵性經論的學習到整個傳統教育的架構，最後，在獲得著名的拉然巴格西學位後（相當於佛學領域的博士學位），一名喇嘛進入正規的金剛乘培育——所有這些過程都是林仁波切受培育的脈絡。因此，本書讓敏銳的讀者了解一位西藏學者高僧的智識及哲思，是如何形成的。

如前所述，這部傳記的主要目標之一就在於記錄林仁波切接受及傳授的正規教法。

這些教法的重要層面之一，在於它們提供了一個鍛造、強化喇嘛與其親近弟子、功德主間關係的平台。一位或多位功德主們正式請求說法開示，並贊助這些教法是很常見的，也因此替許多弟子提供獲得這些教授的機會。第七世達賴喇嘛尊者一篇有名的祈願文中，就提過這樣的合作關係：

願喇嘛們——佛法之光——長久住世。
願佛法持有者普及於世間。
願佛法功德主擁有地位及繁榮。
藉由如此吉祥，願佛法長久流傳。

或許本傳記與當代最重要的連結，就在於它幫助我們理解林仁波切對於第十四世達賴喇嘛尊者的影響，尤其是尊者身為學生那段形塑思想的時期。

---

②編注。原為藏傳佛教中主持授戒者的稱號，其後只要是通過特定寺院提供深通經典的喇嘛，而為寺院或扎倉的主持者，皆稱堪布

林仁波切以精通殊勝的印度經典、擅長佛法理路辯論，以及他如雷射般專注於錯綜複雜的系列思想而聞名。而我們也能在當今的達賴喇嘛尊者身上，明顯觀察到所有相同的特質。提及林仁波切做爲經師的身份，達賴喇嘛尊者曾寫道：

就我個人的習氣與天賦而言，在所有的上師中，我認為自己和林仁波切是較接近的。可以這麼說，林仁波切是我人生中最具影響力的人③。

林仁波切與達賴喇嘛尊者的特別關係，首先是從一位老師，後來成爲親近

法座上的十三世達賴喇嘛，羅布林卡夏宮

的共事者與知己。我們可以想像，當達賴喇嘛尊者慢慢成爲心靈導師及全球領袖，林仁波切的存在一定發揮著強力定心丸的作用。達賴喇嘛尊者處理所謂「多傑雄登」相關的爭議④，就證實了與林仁波切緊密的共事關係，對達賴喇嘛尊者來說是一股強大力量來源。

尊者曾告訴我，林仁波切從未與多傑雄登修法有所關連，這對他來說是一股安慰與信心的來源。達賴喇嘛尊者對林仁波切十分虔敬，並將他視爲自己的主要上師，由此可見達賴喇嘛尊者極爲虔誠與傳統的藏傳佛教徒面貌，在當代與尊者有關的文獻中，這是鮮少能發現到的一點。

理解林仁波切所扮演的角色，對研究二十世紀西藏文化歷史的學者而言尤其必要。

正如他的共事者赤江仁波切一樣，林仁波切存在於兩任達賴喇嘛尊者的交接時期，是新、舊西藏關鍵性的交叉路口。在此期間，林仁波切還必須代替年幼的達賴喇嘛尊者處理爭論性的西藏攝政政權——熱振仁波切與達扎仁波切這兩任的私人衝突，使得西藏的建設四分

③節錄自《相對世界的美麗：達賴喇嘛的科學智慧》一書，二〇〇六年。

④編注。一九七〇年代藏人社區為了是否禁止格魯派傳統信奉的多傑雄登而產生的事件。第十四世達賴喇嘛多次公開反對。

五裂，導致展開一段勾心鬥角的不幸時期。衝突的內在轉向，讓他們幾乎沒有餘裕去注意東方正蓄集危險的歷史與政治力量。等到共產黨的威脅喚醒西藏建國意識時，爲時已晚。

僅次於與達賴喇嘛尊者的關係，是林仁波切與赤江仁波切的來往。他既是親近的共事者，也是達賴喇嘛尊者的另一位經師。這兩位上師不僅分擔培育達賴喇嘛尊者的工作，也彼此互傳教法。這部傳記告訴讀者，他們之間的特殊關係有多麼緊密及特別。當一九八一年赤江仁波切圓寂時，林仁波切心中是多麼沉重。

閱讀林仁波切的傳記，再輔以赤江仁波切的自傳，更能強烈感受兩位殊勝的西藏上師之間的特殊關係。他們共同形塑了整個世代的藏傳佛教經師與學者的生命、性格及思想，也持續奉獻生生世世，護持及弘揚西藏珍貴的精神及文化遺產。

簡而言之，不論是身爲達賴喇嘛尊者的高級經師、在弟子請求下旅行各地傳法、深化自己的修行證量，或是加強經師、弟子與功德主之間的連結，至尊林仁波切一生的奉獻就是：承事佛法來幫助他人尋找眞正的寧靜與安樂。

在他圓寂大約十年前，林仁波切曾寫下一份簡短的自傳性筆記[5]，其中提到：「直到現在，我將自己在印度的時間致力於振興示微的佛法，以及護持第二佛陀宗喀巴大師的教法，它們就像是精煉的黃金，是經、續的無垢結合。」

但願林仁波切這部傳記的出版，能夠啓發許多在覺醒道路上摸索的行旅者。

（本文作者為故至尊林仁波切之謙卑弟子）

⑤正如本書二十一章所述，林仁波切曾被請求寫作自傳，於是他交出了相當簡短的版本。這篇自述後來由洛桑諾布措那瓦翻譯為〈克傑．林仁波切自傳〉，刊登於《西藏期刊》八卷三期（1983），pp.45–61。

林仁波切與赤江仁波切，瑞士，一九六八年。

英譯者的話

從殊勝一生的顏料箱中，繪出賢者自身的光芒

蓋文・基爾提

當我受邀翻譯至尊林仁波切的傳記時，我的思緒重回一九七〇、八〇年代的達蘭薩拉小鎮馬克利奧德甘吉①上方的小林木區。那裡有名為喬菩拉之家的大木屋，建於英國殖民統治印度時期（一八五八～一九四七）。林仁波切住在那裡時，年約七十歲上下，身邊有管家洛桑朗瑞照顧（又稱昆貢拉」，此外還有其他侍者及僕人。那時候，喬菩拉之家四周還沒有圍籬或鐵絲網，任何人都可以自由地在附近漫步。下午四點左右，當林仁波切坐在陽台上，我不只一次不小心遇見他本人，他總是微笑對我揮手。

①達蘭薩拉分上下兩部分。下達蘭薩拉海拔一二五〇公尺，基本是當地印度人居住。海拔約一八〇〇公尺的上達蘭薩拉稱為馬克利奧甘吉，為藏人定居點，居民只有八千多人。

當時我和妻子賈姬與兩個幼子，住在離喬菩拉之家很近的一間小石屋裡。當地極為寧靜，偶爾猴子們一陣嘻鬧，或是狗兒們突然沒來由地吠叫，才會擾亂安靜的空氣。

喬菩拉之家是山丘林區裡的主要建物，周圍還有赤江仁波切的弟子若特格西曾住過的「賢者之家」（Rishi Bhavan）、耶喜喇嘛與梭巴仁波切固定傳授西方人佛法的「兜率天淨土中心」，以及「伊莉斯恩之家」，我們就寄宿在附屬於它的獨立小石屋之中。

大家都知道至尊林仁波切住在喬菩拉之家。他是山丘上的大喇嘛，但是當時很少人能見到他。他常說自己退休了，教導達賴喇嘛尊者的工作已經結束了。因此，他待在達蘭薩拉期間，並沒有固定弘法。不過在本書中所示，每年冬天他還是會在印度南部和比哈爾邦世尊成佛之聖地菩提伽耶說法、授戒。

然而，每當有人向他請求教授佛法，他卻從未拒絕。偶爾，他也會受邀到附近的兜率天淨土中心為西方人說法。我記得自己曾在那裡，與位於馬克利奧德甘吉的大乘法苑聽聞他的說法開示。他經常與自己的藏人弟子私下會面，其中多位都是殊勝的大喇嘛。每個禮拜有一天，他會接見在喬菩拉之家外面排隊求見的西方人。我很榮幸能偶爾為林仁波切擔任口譯，和加拿大籍的喇嘛強巴．舒曼一樣。

林仁波切沉默寡言，但說出口的總是真知灼見、鞭辟入裡的言語。

我和家人有一個關於林仁波切的生動記憶。

曾有好幾個星期，我們在下榻處遭受床蝨攻擊。只要對床蝨略知一二，都知道牠們百毒不侵。晚上，我的兩個孩子因爲被從床縫爬出來的床蝨咬痛而哭醒。早上一看，全家身上都布滿紅色咬痕。我們想方設法要撲滅牠們，例如擦洗床身，把床腳泡在水桶裡。還找遍床的裂縫想把臭蟲揪出來，但牠們非常機警，把自己藏得好好的。實在無計可施之下，我想到可以徵詢林仁波切的意見。其實我不知道他會說些什麼，但是我們實在走投無路了啊！

某一天，我走了幾分鐘到喬菩拉之家去，看到昆貢拉臉上帶著開朗的笑容。我問他是否可以拜見仁波切，他說：「仁波切現在正在忙。」

一定是我的表情太沮喪了，因此他問我：「你要問什麼問題呢？」

我告訴他全家遭到床蝨攻擊的困境。

「請等一下，」他說：「我去請教仁波切。」

過了一會兒，昆貢拉回來了，他說道：「仁波切說自己對床蝨一竅不通。」

於是我垂頭喪氣地回家了。我們試了所有方法想擺脫這些小惡魔，只差沒把床鋪燒了。而現在最後的希望也沒了。

那晚我們絕望地上床睡覺。但隔天早上，我們全家人身上都沒出現紅色斑點，半夜沒有人被咬醒，沒人再哭鬧又抓癢的。太神奇了！雖然我們還是不抱什麼希望，然而沒想到從那天起，我們的房間裡就不再出現床蝨了！

對我來說，這件事反映了林仁波切一項特別功德：他謹言慎行，不會閒聊。但在他心中一定散發著得道、甚深正覺之光。

雖然我就住在喬菩拉之家幾百公尺外，我卻覺得自己並不瞭解他。當我爲他口譯時曾短暫見到他、漫步到喬菩拉之家時也曾偶然遇見、在公開活動中也會看到他，還有接受他的教授時瞥見這位偉大修行者，這些都只是瞭解之門的窄縫而已。

因此，能透過翻譯本書來理解這位殊勝喇嘛的生平，我的欣喜之情不難想像。在我眼前展現的是一位大喇嘛的修習、紀律、慈悲、全心的奉獻、耐心以及謙遜的特質。儘管正如尊者達賴喇嘛尊者指出，由外在觀察到的林仁波切只是他內涵的一小部分，但已足以填補我住在他居所附近時，心中許多拼圖缺片。

林仁波切這位大喇嘛，其功德遠遠超過讓床蝨消失不見。林仁波切引導並培育年輕的丹增嘉措——白蓮花的持有者，協助造就他成爲現今充滿自信的達賴喇嘛尊者。尊者如此敬愛林仁波切，害怕這位根本上師圓寂後，自己會像是一隻遺世獨立的孤雛。然而，當今世界正因爲無畏無懼的尊者之慈悲而受到加持。我們尊敬他，並因世上有他而心生感謝。而達賴喇嘛尊者本人提及自己上師林仁波切的慈悲時，則表示那是一種直到成佛爲止，他都無能回報的無量慈悲。

即使到現在，當我偶爾行經喬菩拉之家時，總會想起那位曾住在這裡，謹言慎行卻有話直說的喇嘛。現在，我能從他殊勝一生的顏料箱中拿取豐富的色彩來塡滿他的肖像畫，也祈願自己的翻譯能夠展現這幅肖像自身的光芒。

第一章
禮讚及簡介

嗡！願善樂！

諸佛智慧紅黃黃丹粉，
相好盛器，
以文殊菩薩而聞名的最傑出本尊，
贈予我禮物——無限語業的信心。

他們以內、外、密的形相生起
做為閻魔半神半人大軍的殲滅者①，

①slayer of Yama，為著名觀想本尊，是文殊菩薩化身的忿怒相。

如神一般幸運人物的唯一護法，
薄伽梵，萬神之王，賜予吉祥豐盛。

於此末法時間之敵王[2]
虛以平凡歌舞之喬扮，
惠施無量眾生增上生
與決定勝絕妙大歡筵。

在靈性大師們的黃金群山之間，
您聰慧維護萬能聖者的教法（圖登），
受尊稱為經典與慧觀（隆朵）的偉大堡壘，
每個方向、每個部分
都由您的證悟事業（納傑）、尊勝（欽列）日月雙寶鬘裝飾[3]。

菩薩行儀開枝散葉，

枝頭低垂結實纍纍，饒益眾生，
您數世生命的如意寶樹
美化了所有派別教法之大地。

您尤其以教授及修行的堅定雙手
善巧地將格魯派如意寶珠
置於輪迴與涅槃的頭冠，
讓許多人攝受您的教法。

您非凡的三密④展現，
與明亮日光同等照耀，

②Yam ntaka，是大威德金剛的一個稱號。
③括弧內的皆為林仁波切的名字——圖登．隆朵．納傑．欽列。
④編注：即身密（結手印）、口密（持真言、持咒）、意密（觀想）。

唯有一切種智能了解此法象；
稚兒之心如何將之囊括？
然而，在此描述他的些許片段事蹟，
用來引導凡俗眾生之例，
以不可動搖的三信⑤畫筆描繪，
做為讓智者欣喜的畫像。

謹以上述偈頌表達對殊勝上師的禮讚，書寫媒介也被賦予了語功德。

這位偉大上師在無數賢劫之前已完成了圓滿本願、成熟有情、嚴淨佛土，以十方諸佛菩薩的三德實證究竟果證，並藉由任運無間的悟證事業，對需要調伏的人們及遍滿虛空的十方三界眾生現身說法。凡此所有，以及其他不可思議之事似乎有違常理。這些超越的眞理，由那些已成法身佛⑥的大德驗證，凡人很難理解這樣的現象。

此外，過去證得圓滿的數世偉大學者與行者，從善於教化凡夫俗子的大弟子優陀夷，到尊貴的林仁波切前一世，洛桑・隆朵・丹增・欽列，他們就像一串珍珠，而林仁波切是他們的繼承者。

還有無數值得記述的事蹟，例如他們不分新舊密教傳承而承辦的弘法利生事業等。然而，我不會在此一一記述所有實例，而是專注於我這位上師的事業。這位殊勝的轉世，藉由在佛陀教誨之中圓滿聞思修，也藉由他的教授、著述及辯經，爲他後繼的追隨者與被賦予智慧寶藏的人們，闡釋眞實而精深的道路。

⑤即清淨信、勝解信和希求信。

⑥三身之一：應身、報身、法身。法身以兩種不同方式顯現色身。其一為具有身形的化身，也就是一般衆生以不淨的知覺所體驗到的佛，另一為純淨的色身稱為報身或圓滿身，是有純淨知覺的衆生，也就是高證量的菩薩所見到的佛。

第二章
憶林仁波切之行儀

我的親教師①林仁波切，態度一向謙遜而低調。然而，一旦西藏遭遇危機、佛陀教誨面臨挑戰時，他就會挺身而出，展現威嚴與果決的一面。

在此茲舉一例。一九五一年，當我們撤離拉薩暫居藏南卓木之際，對於我們應該前往印度還是重返拉薩，西藏政府內部意見相左。於是他們進行占卜，好決定採行哪一種行動比較恰當。占卜的結果是要我們重回拉薩。然而，有些人還是強烈堅持己見，認爲此舉風險太大。親教師因此給了我以下意見：「佛法僧三寶是我們可靠的上師，我們藉由占卜請示三寶，占卜結果是回拉薩，那麼我們就應該照辦。如果您認爲這很難辦到，那麼您大可不必理會我說的話。」他毫不遲疑提出這番建言。後來，當我回想起這件往事，很訝異親教師是如此果決而堅毅。

通常，當我到林仁波切的拉章②拜訪親教師，或邀請他到我的寢宮時，主要都是爲了接受經續教法。然而有些時候，我也會針對其他事情向老師徵詢意見。久而久之，我們之間進行了許許多多的討論。不論在任何情況下，我從沒聽過親教師看別人過失、諷刺別人，或是抱怨他自己的處境。

他總是嚴謹、知足而喜樂。

因爲肩負著全體西藏人民的責任，我有時候會向親教師分攤自己的煩惱。不論我的問題爲何，他都會跟我討論。有時候他會逗我笑，讓問題變得似乎不那麼嚴重，也善巧安慰我、讓我放心。這對我的心靈大有裨益。

有時候，他會以隨和、充滿喜樂的態度告訴我：此時此刻，我就像是「量身訂做的錦緞」，在宗教與世俗的世界都能完美套用。因此，不論處境爲何，我都毋須憂慮。這些話語都讓我感到身心安頓。

不僅是當我心有疑慮與親教師討論的時候，即便只是拜訪親教師，我總覺得造訪後都變得更愉快，並且保持一股清明及殊勝的喜樂。這是緣於他那不可思議的慈悲。同時，我卻也

①這是十四世達賴喇嘛稱呼六世林仁波切的主要方式，有時也稱其為金剛總持親教師。

②轉世仁波切的公館，隨著轉世而代代相傳。

意識到：親教師有一天終將離開我們，我該如何面對失離依止之苦？我又該如何承受？幾年前，這樣的恐懼與苦惱開始在心中折磨著我。

因此，誠如我在本書各章清楚記載，我盡己所能，反覆地祈祝上師長壽住世，並爲他舉行長壽法會等等。

親教師絕不對外顯示自己的種種功德。於是，他那不可思議的身、語、意功德，遠遠超乎我們所能理解、所能描述。然而，我曾親眼見識過他擁有天眼通，能夠清楚預見未來的事件。以下是我記得的兩次經驗：

前坐者左起為薩迦法王、林仁波切、達賴喇嘛及赤江仁波切，後排立者為竹巴圖塞仁波切、敦珠法王及卡盧仁波切。攝於1960年代早期，菩提伽耶正覺大塔前。

當親教師從貢布明雅仁波切那裡接受《時輪金剛根本續》與《時輪金剛略續》的合併傳承，以及布敦仁波切的《時輪金剛無垢光注疏》的文本傳承時，貢布明雅仁波切不太確定還需要哪些法本才能圓滿這次傳承。因此，在西藏時，我只得到布敦仁波切的《時輪金剛無垢光注疏》的傳承，沒有得過時輪金剛根本密續合併傳承及其注釋的合併。

後來我們抵達印度，我對親教師提及《時輪金剛》的根本續及注疏可能就此失傳，而這會是多麼重大的損失。親教師回答說：「那傳承確實已經在印度了。我們必須找到它。」他百分百肯定地表示它在印度，但我們並不知道誰傳承了它。後來，經過一番調查，我們發現完整的教法傳承在克帝參夏仁波切③那裡，這消息也呈報給親教師。後來，克帝參夏仁波切把這法脈傳給了什貢仁波切④，我再從什貢仁波切那裡領受傳承，才得以保住這個差點就要失傳的法脈。在它被找到之前，親教師林仁波切即非常確定地宣稱這傳承已在印度。這是他擁有非凡神通的實例之一。

③編注。完整的佛法持有者，曾說佛講授的佛經內容及眾祖師大德對佛經的釋論，目的都是在調伏內心。

④本書所指什貢仁波切，或助理經師什貢仁波切，其全名為色貢謙俠昂望洛桑圖登拓久（Ngag dbang blo bzang thub bstan tobs byor），1914-1983。

而且，當我針對修行及其他事務向他請益時，不論在宗教或世俗世界，仁波切通常都贊成我的思惟，說我已經過縝密深思。然而有些時候，他會提供與我當時的想法及意願相左的建議。歷經一段時間之後，我會發現親教師的建議，能完美適用於當時的情境，而我自己的想法顯然沒有發揮作用。

諸如此類的經驗，讓我不禁懷疑我的親教師擁有神通能力。因此，有一次與他會面時，我曾對他說：「您似乎有神通，這是眞的嗎？」

他答道：「有時我會想，如果這不是眞的，結果會怎樣？」他是一位絕不會違反僧侶戒律，誑言自己「超凡入聖」的上師。而探究他的這番話語，似乎是在表示自己具備神通。我感到自豪，自己何其有幸能受到這樣一位上師眷顧。

親教師的天性嚴謹，也不會立刻將欣喜或哀慟形諸於色。然而，每當他發現衆生受苦，例如聽到狗兒被打而哀嚎，他的淚水會奪眶而出，說道：「噢，眞可憐！」這是他具大悲心的徵兆。

正如本傳記中所述，親教師曾對穹拉惹對仁波切說：「我只求取我認爲自己能夠修行的教法。」確實如此。西藏有位名叫阿旺念扎的僧侶，在達隆扎閉關修行，每當我的高級經師，金剛總持親教師帕繃喀講授重要法門時，阿旺念扎都會通知林仁波切。一次，達扎仁波切傳彌扎百根灌頂，阿旺念扎通知親教師這個消息，並問他是否有意來參加。林仁波切幾經思量，認為自己無法修，因此沒有接受灌頂⑤。

林仁波切考量的重點在於未來是否能夠修行，而不是一味收集各種法門。這為我們豎立典範，同時也是對於修行而言不可或缺的絕佳教示。

⑤編注。未受灌頂者不能修習法門和相關經典。且灌頂儀式必須由金剛上師執行。

第三章
日常作息

上師金剛持每日作息行程如下：

五點起床，修起身瑜伽。接著他到浴室洗手、洗臉，修持儀式性的沐浴瑜伽。然後他喝一杯溫牛奶，到戶外散散步。坐在陽台上，一開始先念誦「尊聖度母汝鑒知……」，修七支供養，持誦度母祈請文三十五次。回到室內，他先對大悲佛頂禮三拜，然後背誦皈依文，最後再以三次頂禮結束。接著坐在法座上，使用帕繃喀仁波切所造之《至尊白度母如意輪隨身課誦長生匯粹》進行自生本尊，再接著修朵瑪獻供儀軌。

七點半，仁波切與拉章管家洛桑朗瑞一起用餐，早餐是糌粑和三杯茶，在食用之前先進行膳前供養儀軌。對三寶，他念誦「我等與眾生……」，對於曾經接受教導的喇嘛上師們，他念誦「諸佛諸本尊化現……」。此外，亦分別對事業本尊的度母，他唸「救脫輪迴達瑞母……」；以及觀修的本尊大威德金剛，他唸「赫赫卓然最暴相……」。以及「曾於出有壞尊前……」等供養以供養護法神衆。

然後他回到禪修室。通常他會持修並數次供養自己設置的壇城，一直到十一點半。到了中午，他持誦《隨念三寶經》，進行午餐第一部分的供養，然後與管家洛桑朗瑞依照進食瑜伽法一起用膳前，修內供養加持。午餐結束後，再施食給餓鬼並供養訶梨帝母護法①，念誦「我今施汝供……願以此功德……」，將功德迴向。

兩點開始，仁波切面帶笑容接見每一位訪客。他簡短詢問身體安否，任何關於佛法的問題也都會詳細回答。每星期三的時段開放給西方人士，透過口譯人員回答所有提問。三點是午茶時間，仁波切會喝三杯茶。侍者將茶杯放在桌上，由仁波切自行使用茶壺斟茶。

沒有訪客時，仁波切便閱讀法本。

到了四點，他回到禪修室，念誦《般若八千頌》的幾頁內容，反覆持誦宗喀巴大師的金剛薩埵百字明咒及六字大明咒。六點，他依循進食瑜伽用晚餐。然後坐在陽台對拉章管家和侍從講話。有時候，他會提到以前在哲蚌寺及上密院參加的法會及講經說法，也會提到教導自己的喇嘛上師們之偉大功德，甚至偶爾還會模仿他們的聲音。他提及往事，是做爲調伏弟

①編注。也稱為「鬼子母神」。原先是神通廣大的鬼道神靈，後來受到佛祖慈悲教化，成為佛教的重要護法神之一。

子心性的方便法。他只對弟子們講佛法相關的主題。沒有人看過他帶著貪瞋等煩惱說話。

八點左右，仁波切回房去，修持大威德金剛供養儀軌，對乃穹護法供養朵瑪，等等。之後，他持誦祈願文，並將自己的功德迴向成就佛果。然後，他花費很長的時間為所有與自己相關的人們祈願，偈文內容如下：

以此功德之力量，
願以慈悲滋養我的父母，
願引導我發菩提心的上師們，
願與之共同受戒的金剛兄弟們，
願以實質方式結緣的人們，
願為我所乘坐，我飲其乳、食其肉而被殺生的動物們，
祈願他們皆速證菩提聖果。

念誦偈文後，仁波切行三頂禮，便至寢室修持睡眠瑜伽後才入睡。這些是他在自傳中記載的每日作息。

依照金剛總持親教師帕繃喀占卜後的指示，林仁波切接受獨勇大威德金剛做為他的特別觀修本尊。

獨勇大威德金剛具有五大殊勝。林仁波切專注於大威德金剛的寂忿合修。大威德金剛瑜伽法是他主要的持修，但也會合修上師供養儀軌與觀修大威德金剛，施行四灌頂的深廣加持。他也會每日修持嘿嚕嘎②身壇城、金剛瑜伽母、密集金剛的自生本尊。同時觀修這三本尊，是延續三界法王宗喀巴大師的修行傳承。

仁波切也念誦他曾直接受教的二十九位老師稱號頌，包括：

一、閱讀老師——上密院的阿旺倫珠

二、前世林仁波切的侍者——強巴洛桑

三、經師：哲蚌寺娘熱康村的格西，丹巴究津

四、十三世達賴喇嘛尊者——阿旺洛桑圖登嘉措

②梵文Heruka之音譯，意為飲血尊，以「血」表輪迴有情之煩惱。飲盡輪迴有情之煩惱，即表除其煩惱。

五、帕繃喀上師——強巴丹增成來嘉措
六、布杜金剛持——洛桑益西丹巴堅贊
七、經師，惹對寺前堪布——洛桑桑登
八、達扎金剛持——阿旺宋饒圖塔丹巴堅贊
九、康薩金剛持——阿旺圖登究給旺秋
十、卓尼格西仁波切——洛桑嘉措
十一、蒙古格西——帕登桑波
十二、赤江金剛持——洛桑益西・丹增嘉措
十三、甘珠爾喇嘛——洛桑頓登
十四、前甘丹赤巴——明雅耶喜旺登
十五、西莫仁波切——強巴阿旺貢嘎丹增
十六、拉尊金剛持——洛桑圖登格列拉傑
十七、塔爾寺③——明雅阿旺列舍嘉措
十八、札什倫布寺，喜嘉仁波切——洛桑帕登究給旺秋
十九、上密院——耶喜拉傑

二十、上密院儀軌僧助理——慈誠
二十一、德陽寺助理經師——丹增成來．奧色仁波切
二十二、章嘉赤巴——甘饒雲丹
二十三、來自上密院的登傑
二十四、夏佩祖古——阿旺但卓洛桑
二十五、上密院的昂然巴④格西——洛桑尼瑪
二十六、昆努喇嘛仁波切．丹增堅贊
二十七、大法座持有者——圖登尼傑
二十八、惹對扎雅東貢祖古——圖登格列嘉措
二十九、扎葉巴寺——成來旺扎

③藏語稱為「貢本噶丹賢巴林」，位於雪域宗喀蓮花山中，是佛教界譽為「第二佛陀、雪域高原智者莊嚴頂飾」的格魯派宗師，至尊宗喀巴大師的誕生聖地。
④於上、下密院深造通過考試，便可取得「昂然巴格西」學位。

林仁波切將多種法本分別放置在盒子裡，以供日常持誦與閱讀。由此可以推斷，當他得空時便會修持它們。這些法本包括：

- 《文殊真實名經》
- 猛力勸請聖佛母如意輪祈請
- 每日念誦取自寶源百法、旁教百法的成就法——密誓守護西藏的護法神咒語
- 洛桑堅贊桑傑的《金剛鑽：智慧獅面空行母成就法》
- 瑪哈嘎拉住心：上師與怙主之祈請招引悉地鐵勾
- 大黑金剛護地奪力自在祕密教授
- 《普賢菩薩祈願文》
- 寂天菩薩《入菩薩行論》第十品〈迴向〉
- 《菩提道次第廣論》科判——修學顯密教典法
- 貢卻丹白仲美《研讀經續之方法》
- 貢卻丹白仲美《世故老人箴言》
- 達波洛桑津巴的《菩提道次第觀修要點》
- 貢唐仁波切《三戒學處攝頌》

■奢摩他筆記

■大威德金剛圓滿次第解說

■修心要義

■土觀洛桑卻吉尼瑪《結合大威德上師相應法——依五尊閻羅復原所損誓言》

■揚千竹巴多傑《黃能怖延壽法——無死命柱》

■離戲詛破普除障礙

■密教修行者必備儀軌法器之圖畫

■氣脈圖解

■嘉木楊協巴《七緒品注疏——耳傳寶鬘》

第一部

童年時期及早年僧侶生活

1903～1924

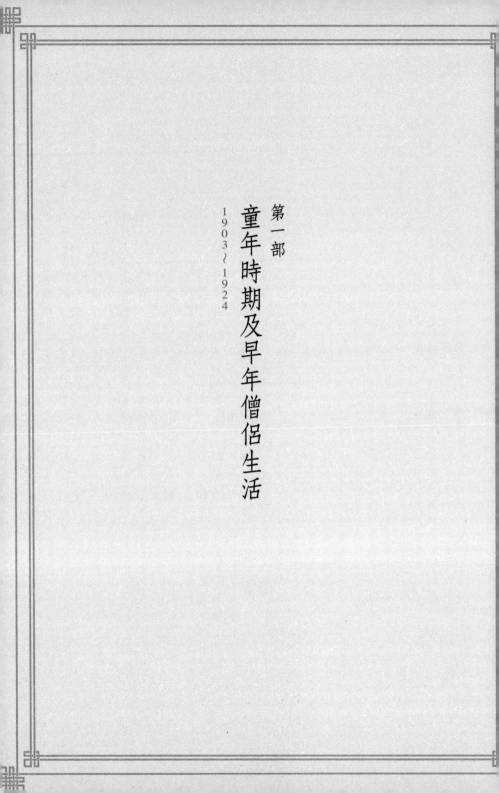

第四章
林仁波切誕生之地

我們的土地被一片冷冽的雪山環繞，分爲西藏與大西藏。過去在三大法王[1]統治時期，西藏再被分爲衛藏四區[2]。林仁波切出生於烏魯區中部，實際的地點是紀守，是十善功德普及之地，亦稱爲雅普，是勝樂金剛與其明妃所在聖地。此地位於首都拉薩西北方，約須一日路程遠之處。

這片土地的形狀像是三角形的法源[3]。遠方的山巒看似堆疊的珠寶，周圍山丘的邊緣形

①三大法王為松贊干布（七世紀）、赤松德贊（八世紀），以及赤惹巴千（九世紀）。

②藏區傳統和文化上的一個地區，也是西藏文化的中心地域。衛藏（Ütsang），是「衛」和「藏」兩個地區的合稱。其中衛又稱「前藏」，包括烏魯及Yoru，相當於現今拉薩、山南和林芝；藏又稱「後藏」，包括Yeru及Rulak，相當於現今日喀則。最早由藏傳佛教的兩個不同教派統治：「衛」由格魯派統治，「藏」由薩迦派統治。

狀像是藏文的子音和母音字符。熱薩阿蘭若座落在較前方的山丘之中，有如一條垂掛的絲巾。這裡藏有許多聖物，主要供奉一尊金剛瑜伽母佛像，是殊勝的那洛巴尊者觀修之本尊，祂曾多次針對提問給予口說答覆，賜予人們「見即解脫」的強大加持力量。在仁波切誕生的卡柏村和熱薩阿蘭若之間，有一條宜人的捷徑，被稱為「空行母山丘步道」。

遠方的山脈上，可以看到一堆岩石，被稱為「勝樂金剛宮」（彩圖5）。因為這個典故，此地區被命名為雅普，因為藏文「雅普」字義為「父親」，也被用來指稱壇城觀修之主要男性本尊，即勝樂金剛。這表示來自拉薩及各地虔誠的僧俗信男信女，川流不息前來此地進行供養。此外，也有幾位殊勝人物在此修行獲致證悟的許多事蹟。

平凡如我，很難精確判斷這位偉大人物的意樂為何。然而，若要推測他為何降生此地，我會說，在他凡俗弟子們的眼中，我們這位根本上師藉由依止勝樂金剛雙尊，以及大威德金剛的金剛乘道次第，已經成就高證量的菩提次第。這位大師現在教授他的弟子，他們也應該發願速證七支和合勝果位④，並應依止諸如此的本尊修持。同時，他也能透過這地域人們的見、聞、識，以及與他有所連繫，來眷顧他們。

我找不到可靠資訊，能夠查證上師雙親家庭的背景。不過他本人誕生於卡柏村一個貧困家庭，附屬於曾是十世達賴喇嘛屬地的玉多卓欽莊園。林仁波切的父親名為貢嘎次仁，母親爲索南德紀。古來偉大上師中，有些出身皇室，其他分別生於富裕、貧窮或小康之家，都有其特殊因緣。我認爲，尊貴的親教師刻意生在貧困之家，首要原因是眷顧其父母親，亦即他們兩位已經累積了多世資糧，並祈願能成爲殊勝尊貴的上師雙親。其次，仁波切教授我們，護持及弘揚佛法的工作並非由家族血脈來決定，而是依賴聞、思、修的功德而定。正如佛陀曾親說：「在我的教法中，傳承法脈與家世並非主要考量。佛法修行才是。」

我們的上師出生於一九〇三年（第十五次六十年繞迴藏曆水兔年），十一月的第六天拂曉。據說，他出生後仍被羊膜囊包覆著，他的母親看了不知如何是好。未料那時他叫道一聲「阿耶！」揮動雙臂，於是破囊而出。

尊貴的前世林仁波切——洛桑隆朵丹增欽列，圓寂於水虎年八月八日（一九〇二年），得年四十七歲。從某方面來看，他的人生似乎尚未過完。然而事實上，他又重返人世化身爲殊勝的轉世，來引領我等衆生修持佛法。當佛法仍在雪域佛土寶光照耀時，他從許多學問淵

---

③藏文記為「Chos' byung」。在佛教密續中，法源代表生成本尊的觀修來源，其形狀與顏色的方位，也代表無上密宗成就的特質與目標。法源可以畫成倒三角、交疊的六角星或倒三角形的金剛岩。

④根據金剛乘傳統，「七支和合」為圓滿證得佛果境界的稱號。

博、證得成就的大師座下聽聞及接受所有的灌頂、口傳、核心教導。他成爲教證具備的上師，從而傳承釋迦牟尼佛的教法，特別是專精第二佛陀宗喀巴大師的教法。

因此，他的轉世出現時機恰到好處。尤其打從我——第十四世白蓮花持有者，大慈大悲觀世音菩薩的化身——學會讀寫之後，他完整地教導我經續佛法，充實的程度彷彿水從瓶口滿溢而出。尤其正如佛陀預言佛法將從北方北傳然後再傳至中央區域，當佛法幾乎已在雪域佛土消失殆盡之際，顯然林仁波切在聖地印度繼任甘丹赤巴，以第二佛陀宗喀巴大師的攝政之姿確保佛法繼續如大日照耀。毫無疑問，他出生在此時機就是爲了成辦這些事業。

我們殊勝的上師是家中長子，下有弟弟奧色與妹妹巴卓。林仁波切還在母親腹中時，他的父親拉著驢子前往拉薩販賣牛糞，那載貨的驢子在拉薩死亡了。我想，發生諸如此類種種障礙，是摩羯魔和他的同夥從中作梗，要阻撓這位偉大人物弘揚第二佛陀及其他上師的教法。正如俗話說：「道高一尺，魔高一丈。」我不清楚仁波切的父親何時、爲何過世，但仁波切告訴他身邊的人說，他從未見過自己的父親。

無庸置疑的是，即使在他年幼時，殊勝的林仁波切之特別，已經遠遠超越凡夫俗子。然而，至於上師的童年早期，我沒有發現其他可靠依據，因此無法寫下更多相關的內容。

第五章
尋訪林仁波切轉世

第五世林仁波切圓寂之後，他的姪子兼侍者強巴洛桑向十三世達賴喇嘛尊者請示占卜，並針對林仁波切轉世問題，向乃穹寺及嘎東寺的兩位神諭召請降神。乃穹護法神的回覆是：「轉世就在不遠處，位於羅布林卡格桑頗章①所屬寺院的西北邊。」此外：

根據前世所在時空考量，
在南方，將發現萬無一失的轉世靈童，
集身、語、意證悟於一。

①羅布林卡夏宮興建的第一座宮殿，以七世達賴喇嘛的名字格桑嘉措命名。

偉大的嘎東護法也宣稱那地方一定是雅普。因此，這顯然是其出生地，排除了在那裡尋找轉世靈童的所有疑慮。雅普在羅布林卡格桑頗章的西北方、前世林仁波切出生地彭波熱瑪的南方，就位於兩地之間。

經過更進一步仔細探尋，有三位出生在雅普小定居點，具有特別徵兆的孩子被指認了出來。他們分別是：哲蚌寺一名行政僧官蔣喀洛巴的兒子——洛桑嘉措；另一位是卡柏村的孩子——索南旺登；以及布波切莊園的承租人之子——耶喜南達。最後，向噶東護法神請求進行占卜，詢問三人之中哪位能獲得認證。由於護法神的答覆並未明確指

十三世達賴喇嘛坐在布達拉宮法座上。

出靈童是哪一位，而針對解決這個問題的方法，護法神的回覆是尋訪團應該要前往中國和蒙古，因爲「見即具義」的大師②正造訪該地。因此，侍者強巴洛桑一行人由拉薩啓程。

離開之前，強巴洛桑透過神諭召請偉大的嘎東護法神，祈請這趟前往中國與蒙古認證眞正靈童的長途旅程沒有障礙、任務能圓滿成功。護法神的回覆是：「這次路程中將遭遇一些阻礙，但就像過去一樣，我將會協助你們度過難關。」這預言很準確。因爲一些侍者並不想走這次長途旅程，他們祕密策畫於某天晚上在北方平原上割斷帳篷的繩索、丟擲石頭等行動，所幸並未造成什麼損害。那些涉及這起事件的嫌疑侍者，立刻被遣返拉薩。侍從強巴洛桑是乃穹護法神信徒，平時就在房裡供奉乃穹護法的雕像。那次旅途，他把乃穹護法的小雕像帶了出來。據說事發時雕像身上錦緞的幾個小鈴叮叮作響。

無論如何，因爲在依誓約護持息、增、懷、誅四大事業的護法們協助下，尋訪團安全抵達蒙古空行清汪達庫熱寺的扎什倫布林寺院。那時十三世達賴喇嘛正停留於該地，一行人立刻行長磕頭頂禮，並向達賴喇嘛報告此行尋訪尊貴轉世靈童的詳細狀況。他們向十三世達賴

②通常指稱偉大的修行人物，此指十三世達賴喇嘛。

喇嘛請求占卜，透過他的殊勝智慧來認證三名孩子之中哪一位才是萬無一失的靈童。他用印蓋在卡柏村的索南旺登名字上表示認證，並命名他為圖登・隆朵・納傑・欽列。尊貴的十三世達賴喇嘛也做了長壽祈願文，題名為〈無死滿願勝賜長壽祈請文〉。在其著作全集之中發現的這段祈願文，其文末寫道：「雖然我還沒接到林仁波切拉章總管需要我協助尋找轉世靈童的請求，但我緬懷尊貴的上師，並對於向摩訶拉者（此處指乃穹護法神）請示的結果深具信心。」當時林仁波切的拉章總管是出身山南地區達吉林寺的僧侶，由於有一位山南地區的孩子可能也是靈童，總管認為他應該就是轉世，因此對他抱持很高的期待。那總管似乎並沒有對其他

拉薩上密院的正殿，亦稱為小昭寺

靈童人選表示同樣的關心。

如前所述，前世林仁波切的出生地在彭波熱瑪，而這一世轉世的出生地是熱薩，這兩地名都包含了「熱」這個音節，在在說明林仁波切是熱譯師③的化身。

十三世達賴喇嘛尊者詳細指示侍者強巴洛桑舉行升座典禮的相關任務。因此，當林仁波切抵達拉薩時，隨即被換上一套僧袍，帶到夏巴阿蘭若（彩圖6），升坐於前幾世林仁波切加持過的法座。那天清晨，他從出生地卡柏村被護送前往，當他抵達小昭寺附近的轉經路線時，上密院正好敲起早課的鑼聲。資深的僧侶表示，這顯然是個吉兆，象徵這位偉大的人物未來將進入殊勝的上密院就讀，在浩瀚的密續之海中圓滿聞思修，成爲偉大的密續上師，證悟「十地」「十力」準則④，並延續及弘揚密續教法，彷彿金剛總持親教師貢噶頓珠再現⑤。

---

③十一世紀著名西藏祕密行者、大威德金剛密續瑜伽士。彭波熱瑪（Phenpo Rakma）、熱薩（Ratsa）、熱譯師（Ra Lots wa）三字皆含有「熱（ra）」這個音節。

④具格的金剛上師應具備的十項外在、十項內在能力，列於《佛說金剛場莊嚴般若波羅蜜多教中一分》之最後章節。

⑤編注。一四八五年拉薩河上游洪水泛濫，危及拉薩，密宗大師貢嘎頓珠到河畔誦經祈禱，使拉薩躲過了水災。因此，貢嘎頓珠受賜小昭寺為修行處、傳承密法，更名為「上密院」。

第六章
童年

我不確定實際的時間與日期，但林仁波切應該是在四歲時開始學習母音和子音。識字是通往所有學習、使用語言文句表達的基礎，也是偉大經續的入門基本功。他的閱讀老師是來自上密院普康康村的阿旺倫珠。大約八個月後，十三世達賴喇嘛派遣這位學者前往中國與蒙古，是上密院八位儀軌僧的團員之一。因此，侍者強巴洛桑必須擔任林仁波切的學習與持修老師。這時的林仁波切必須背誦經書，例如《文殊真實名經》、彌勒菩薩的《現觀莊嚴論》，以及月稱論師的《入中論》。

阿旺倫珠出生於鹽井縣，被送到卡達寺出家。在那裡，他背了許多課誦祈禱的法本。後來他進入上密院學習，很擅長唱誦及背誦，例如高低音調的唱誦等。當十三世達賴喇嘛進行觀修大威德金剛本尊閉關時，阿旺倫珠是來自兩所密宗學院的八位僧侶之一，也在羅布林卡夏宮參與閉關。他曾在多位上師座下聞思經續法本，並獲得高證量的修行。因此當他七十八歲圓寂時，示現了輕鬆愉悅之境。

仁波切八歲時，送給阿旺倫珠一顆乳牙，後來這顆牙齒裝藏於金剛持上師貢噶頓珠的雕像內，是位於印度摩恩丹增剛①藏人定居點的上密院主要聖物。

藏曆土鳥年（一九〇九年），十三世達賴喇嘛結束中國與蒙古的訪問，返回西藏首府拉薩。當他抵達那曲地區時，林仁波切年僅七歲，還特地去拜見他。達賴喇嘛非常尊敬地對待林仁波切，例如當林仁波切被帶領穿過侍衛隊的警戒線時，達賴喇嘛從他的住所走出來，並站在門口迎接。前世林仁波切曾是十三世達賴喇嘛的老師，這也暗示此位轉世靈童未來將成爲我尊崇的偉大對象。一進入居所裡，仁波切便對達賴喇嘛行三頂禮，並獻上壇城、象徵佛陀身語意的佛像、經書及佛塔。會面期間，達賴喇嘛面帶笑容，讓林仁波切感覺輕鬆自在，彼此愉快交談。

林仁波切的老師阿旺倫珠也跟著達賴喇嘛回來了。仁波切馬上認出他來，並喊他一聲「根拉！」，意思是「尊敬的老師」。

①印度東北方阿魯納恰爾邦的一處難民定居點，上密院原本重建於此。如今主寺已遷至達蘭薩拉附近的西德浦，只留一小部分在丹增剛。

回程的路上，仁波切造訪了熱振寺。這裡是噶當派教法傳承來源地，他在那裡朝拜如覺沃江白多吉②佛像等聖物，也與四世熱振仁波切進行輕鬆的會面。

直到他八、九歲起，會輪流居住在夏巴阿蘭若或拉薩的林仁波切拉章。有一次，九世班禪額爾德尼特別前來夏巴阿蘭若朝聖。仁波切獻上壇城、象徵佛陀身語意的佛像、經書及佛塔之後，兩人在交談中渡過愉快的時光。

藏曆鐵豬年（一九一一年），仁波切九歲時，哲蚌寺娘熱康村的格西，丹巴究津（以「彭措」之名爲人所知），是一位在學術上及禪修方面都實至名歸的大師，應邀擔任仁波切的經師。於是，林仁波切開始接受攝類學③的論證理路訓練，學習如何提問及回應三段論法，並背誦由嘉央喇嘛曲拉唯色，所造之《惹對攝類學》開場部分。

丹巴究津出生在梅堆達辱家族，隸屬於察雅寺分寺。父親是喜饒堅贊，母親是貢嘎措莫。他很年幼就受沙彌戒，在哲蚌寺讀書，也在那裡獲得拉然巴格西學位。他從許多殊勝的上師接受廣泛的灌頂、傳承及教法，並能圓滿實修。因此，他成爲一位經師，在哲蚌寺教授學生經典。

這時候，林仁波切拉章對偉大的嘎東護法，提及兩位做爲林仁波切靈童的經師候選人：丹巴究津，以及洛色林扎倉娘熱康村一位頗負盛名的學者貢嘎。丹巴究津被認爲是較適合的人選，於是他開始住在林仁波切拉章。不久後，他回到自己的出生地，被授予察雅寺主寺及分寺的法座持有人頭銜，那也是他轉動法輪之地。執行諸如此類的任務，讓丹巴究津成爲一位偉大人物，爲弘揚佛法從事廣大事業。

②或稱覺沃絳巴多吉，為阿底峽所依止的本尊。「覺沃」是對佛陀的敬稱、「江白多吉」則是密集金剛的別稱。

③為僧侶教育課程的初階學科，以辯論形式介紹基本哲學現象，訓練學生以基本論理邏輯展現辯論技巧。攝類學雖然引自八世紀因明學經典——法稱的《釋量論》，但普遍認為十二世紀西藏哲人堪布確吉森給是西藏辯經制度的創始者。

第七章
初級教育

我不太記得確實的日期，應該是藏曆水鼠年（一九一二年）的某個時間點。林仁波切滿十歲時，第一次踏進輝煌而殊勝的哲蚌寺——學習及修行的偉大佛法之湖。那裡有數百萬名如白天鵝的學者及修行者，拍動著經典與因明邏輯的雙翼，已實現其願（彩圖7、8）。在拉薩，這一年被稱為「中國戰爭的水鼠年」，因為那時西藏與中國之間爆發紛爭。因此林仁波切拉章的侍從們，必須在淩晨讓仁波切從阿蘭若悄悄遷往哲蚌寺。

後來，仁波切對他人表示，當一行人抵達巴日山腳時，他聽到拉薩傳來的槍聲。

以往前世林仁波切都在哲蚌寺聞思，當林仁波切初次踏入哲蚌寺林康村時，獲得招待茶水、甜飯等。在哲蚌寺的管理會議之後，哲蚌寺洛色林扎倉、林康村的堪布、官員，以及其他人們都對仁波切獻上白哈達，以及象徵佛陀身語意的佛像、經書及佛塔，林仁波切也都欣喜接受。依照傳統，林仁波切拉章也回送禮物給哲蚌寺管理單位、扎倉官員等人。

在一個吉日早晨，正當林仁波切要走進哲蚌寺大經堂時，前世仁波切的侍者強巴洛桑的姪子侍者敦珠，把林仁波切的僧袍放在自己的肩膀上，然後走到大經堂入口處。接著，林仁波切自己拿著僧服進入大經堂，坐在放置於後排右手邊的座墊上。因爲已經事先背誦，林仁波切能夠與僧眾一起念誦祈禱文。早課用茶時間結束之後，他前往哲蚌寺洛色林扎倉的大經堂，坐在前排右手邊前頭，也在那裡和僧眾們一起誦念祈禱文。這次贈送給僧團以及洛色林扎倉的入學供養金等等，都遠比平常來得豐厚。

當正式辯經課開始時，林仁波切加入其中，並坐在經典與因明的上師——堪布明雅蔣揚永登座前，聽聞堪布從頭開始背誦《惹對攝類學》。堪布．方才背誦的經文，林仁波切立刻可以憑記憶複誦出來。之後，林仁波切進入教室，跟一個學伴坐在教室前面，一起背誦《惹對攝類學》。然後教室裡一位僧侶立了幾個辯題，仁波切針對它們進行回答。

當天辯經課程結束後，仁波切登上了大經堂上備好的法座。那時候十三世達賴喇嘛還在印度，由甘丹赤巴，策墨林仁波切代理攝政。因此，來自布達拉宮的達賴喇嘛代表獻上了祝賀哈達及保護繩，接著是攝政代表也獻上哈達。仁波切站上法座，親切地讓代表將兩條哈達掛在頸上。然後哲蚌寺的堪布對他行了三頂禮，並獻曼達①、獻身語意供養的佛像、經書及佛塔。之後，哲蚌寺管理單位要員、哲蚌寺洛色林扎倉的堪布及官員、林康村、娘熱康村、浙霍康村等康村的經師們，以及其他受邀而來的賓客，依次對林仁波切獻上哈達，林仁波切都欣然接受。儀式的尾聲，林仁波切拉章提供精緻的筵席招待所有與會賓客，並餽贈多種贈禮、供養金、茶水、西藏湯麵及米粥，給林康村和鄰近康村的僧眾。

幾天後，林仁波切拜會西藏當時的攝政，策墨林仁波切，並拜訪前任甘丹赤巴，洛桑堅贊。他們兩位都建議仁波切要遵行前世林仁波切樹立的榜樣，持續精進所有的聞思修，以及解釋經書、辯經與著述等工作，不要荒廢這些事業。因此林仁波切繼續接受攝類學的辯證理路訓練。

哲蚌寺洛色林扎倉大經堂，拍攝於一九三〇年代。

世親論師在其著作《阿毗達磨俱舍論》中表示：

> 守戒具足聞思慧，極爲精勤而修行。

因此，依照先前於一九一三年初的一項請求，藏曆水牛年一月八日，當林仁波切滿十一歲，首先接受了完整的五根本戒，接著受持八戒、十戒，最後是沙彌戒。受戒儀式在布達拉宮的薩松南傑殊勝三界殿舉行，由十三世達賴喇嘛尊者——雪域毘那耶持有者之頂嚴——擔任授戒的大堪布。儘管仁波切那時年紀還小，但因爲數世以來證悟的串習相續，他不僅立誓守戒，同時盡其所能遵行三十六條沙彌戒律之取捨。

受戒者離鄉背井而出家，主要任務在於聞思經、律、論三藏，並潛心修行菩提道次第的戒、定、慧三學。正如在經續論中普世稱頌，「聞」是入門最重要的修行。因此，仁波切

---

①不僅指藏傳佛教四個教派的不共加行中，第三加行的獻曼達（也稱為大供養法），指密教行者須透過供養上師、三寶，來表示自己的虔誠和敬意。同樣也指稱一般供養時的儀軌。此處乃指後者，常使用於弟子向上師進行象徵身語意的供養前，對上師即可獻曼達。此外，領受灌頂之前後，必須各獻一次曼達。

決定致力聞思教佛法各部經典，甚至非佛教的典籍。尤其要聞思殊勝「二勝六莊嚴」②的論著，這些殊勝上師莊嚴這個世界，並且以無誤的核心教法及經典法本，導入戒、定、慧三學的訓練。

因此，完成了攝類學的訓練後，仁波切開始學習佛陀繼承者彌勒菩薩的《現觀莊嚴論》。這本著作呈現大乘修行思想，明確闡述三智境、四加行道和法身果等八大綱領以及七十要義（即《般若經》的「莊嚴」），建構了《般若經》的隱義。仁波切已事先背誦這部根本頌，因此坐在他偉大的上師前，聽取對《般若經》的注疏《般若總義母義明燈》一書中清楚而直接的說明，這是由廣修經續的大師班欽索南扎巴③所著。在辯經場上，與其他經過嚴格訓練的學生們一起，他藉著仔細驗證這些殊勝法本中的立論，來精進自己的聞思學習。

在學習法本中「了義」與「不了義」的主題時④，林仁波切背誦了宗喀巴大師的《辨了不了義善說藏論》。進行跨班辯經時，仁波切也跟其他程度相當的班級一起進行，並聆聽論辯大師耶喜旺登（後來成為九十三任甘丹赤巴）的辯證理路。我聽說，仁波切曾向人表示，這位大師依據《辨中邊論》和《瑜伽師地論》⑤所說的斷除增益方法，依其二者的差別而作因法後陳。

較高年級與低年級的班級辯經時，林仁波切負責立宗辯及回答。課堂及辯經休息之間，晚上他會到仁波切拉章的屋頂上背誦直到深夜。每天他都必須在老師面前背誦新背的經文，這也是考試。彭措經師住在林仁波切拉章，但有時他會被召去修法而外出數日。這時候，仁波切就要在娘熱康村的格西布亞跟前背誦。他是彭措經師熟識的朋友，也常造訪林仁波切拉章。

被問及，他身爲孩子，玩樂的情形爲何？林仁波切答道：「我經常從住所的屋頂眺望外面。此外，我花時間閱讀法本、傳記等等。如果我很調皮，尊敬的侍者強巴洛桑會罵我。」他也很喜歡製作糾察師的黏土模型等等。有時候哲蚌寺丹巴野餐區會連續幾天搭起天篷，仁

---

②六莊嚴指古印度佛學大師龍樹及其弟子聖天、兩位唯識宗大師無著與世親，以及佛教因明學的創立人陳那及法稱；二勝，亦作二聖，指功德光與釋迦光，藏傳佛教認為這是戒律的權威。

③班欽．索南札巴（1478–1554），為藏傳佛教格魯派中極具影響力的作者，同時也為歷史學家、文學專家、哲學家，以及三世達賴喇嘛的經師，造論疏經哲蚌寺洛色林扎倉及甘丹寺夏孜扎倉教科書。身為哲蚌寺洛色林扎倉的學生，林仁波切也必須使用索南扎巴的著作，做為研讀偉大印度佛教經典及格魯派創派者（宗喀巴與其兩大弟子賈曹傑及克主傑）的主要教科書。

④編注。聞思時，有幾種方法是開啓佛經寶藏之門的金鑰匙，了義和不了義都屬於其中之一。其中，「了」字既指清楚、明白之意，也有全面了解、毫無保留的意思。「義」則指佛經內容

⑤漢傳佛教的《瑜伽師地論》是彌勒菩薩著說，共一百卷，分成五分：〈本地分〉〈攝決擇分〉〈攝釋分〉〈攝異門分〉〈攝事分〉。藏傳佛教所傳的《瑜伽師地論》則由無著菩薩所造，也分成五分。

波切在休息時間會受邀前往，在那裡玩君王與諸侯的遊戲。他也很擅長用石頭玩遊戲。其他時候，林仁波切拉章總管丹巴拉和其他人，會沉迷在骰子和骨牌的賭局裡。仁波切曾說，這些人完全投入賭博的情景讓他感到驚奇，賭局對他們是那麼重要，即使去洗手間也會馬上回來，不會浪費時間左顧右盼！

拉章的部份財產、一些畫軸，以及用於供養儀式的物品，放置於哲蚌寺及夏巴阿蘭若。但拉章所有值錢的物品及文件，則藏於拉薩林仁波切拉章的幾個小房間裡。藏曆水鼠年⑥（一九一二年），拉薩林仁波切拉章的建築遭焚燬，財務狀況因此變得相當拮据。這表示仁波切的每日膳食雖然並非粗茶淡飯，但食材肯定不是頂好的。同時，洛色林扎倉所有轉世喇嘛中，仁波切穿的僧袍質料總是最差的。然而，正如他已承襲數世以來串習所得的尊者四種生活特質⑦，因此他毫不介意。

仁波切總是會出席課誦及辯經課。除了因爲堪布出席晚課而沒有辯經，他不會錯過任何的夜間集會。

與乃穹護法神的特殊關係

某年的西藏新年，在仁波切大約十二歲的時候，乃穹神諭前來拜訪。

在正式會見的時候，乃穹護法神忽然降神，似乎指出仁波切那年的健康狀況可能會發生一些障礙，需要修特殊的儀軌來化解。由於降神事發突然，在場人士一陣騷動之下分了心，沒有注意到護法神到底說了什麼。降神結束，那些與會人員互相詢問乃穹護法到底預言了什麼，卻沒人說得準。經過一番討論，大家同意再度召請護法神。降神後，請問了護法神：「剛才您預言時，我們太過混亂，記不得您說了什麼。請再為我們清楚地重複一次。」於是，護法神以輕鬆但詳細的態度，謹慎地重複了先前的預言。

雖然護法神建議的儀軌確實都修了，那年仁波切還是因爲膽氣鬱塞相關因素而發燒，病了好一陣子，不過還是逐漸完全康復。

這段往事是在一次會面時，我的親教師親口告訴我的。時間大概是當我們得知乃穹神諭曾被政府處罰，禁止召請乃穹護法神、向祂提問。然而，一些和他親近的朋友圈似乎曾經私

⑥一九一二年之「水鼠年起義」，迫使清軍及官員全數解除武裝。經尼泊爾駐拉薩代表從中斡旋，西藏透過英屬印度，將這些前清人士引渡至中華民國。水鼠年起義後，西藏成為事實上的獨立自治政體，直到一九五一年中國人民解放軍進入西藏為止。

⑦四特質分別為滿足於（一）衣著樸實、（二）布施窮人金錢物資、（三）寢具簡單、（四）樂於持修及苦行。

下召請護法神。倘若我們深思那年新年乃穹忽然降神的意義，可能是因為親教師從小時候就和乃穹護法神有特殊的一層關係。

有次一位資深僧侶問仁波切：「最近你有聽到消息嗎？」對此，仁波切答道：「我什麼都沒聽說。」那僧侶繼續說道：「有人說『要注意擦瓦、普、杜這三名哲蚌寺洛色林扎倉康村的總管』。」

仁波切答道：「這可能與某些文件指出，他們三人與中國軍隊密切連繫的消息有關，導致政府將他們逐出哲蚌寺、判刑入獄⑧。」一些較衝動的僧侶，因為對那些總管被捕及其他事件不滿，不願服從僧官的領導，而引發了事端。一些洛色林扎倉的僧侶在羅布林卡

達扎仁波切。

宮占領一片平台，匐伏在地，喊叫著他們的訴求等等。這違反了國家的法律。轉世高僧達扎仁波切⑨，那時候並未擔任政府官職，出於護持佛法的考量，特別前往哲蚌寺總管們的辦公室強烈告誡他們，喇嘛、祖古⑩或其他任何人挺身反抗政府是極爲不當的行爲。提出這項告誡時，達扎仁波切身上最外層披衣滑落腰間，看來好像腰部圈圍著一個很大的輪子。林仁波切說那可能是一個控制儀軌進行的統攝輪寶⑪。

由於部分洛色林僧侶們挑釁的行爲，引發哲蚌寺的動盪與不安，因此林仁波切拉章的總管決定把最有價值的資產從洛色林的拉章遷往拉薩。從政府那裡買來的一匹淺棕色蒙古馬，被套上華麗的馬鞍，披上中國編織的襯墊和馬鞍座，卻突然間無故暴跳，弄壞了馬鞍。林仁波切表示，這看來像是衆護法神對於把這些寶物運送到別地不滿的反應，藉此暗示不需要搬動它們。

⑧此指一九二一年因逮捕三位僧侶而引發的洛色林起義，他們是洛色林扎倉擦瓦、普、杜三個康村的總管。然而這些事件並不符合本書中的編年順序。

⑨十四世達賴喇嘛的初級、高級教師，並於一九四一年起擔任西藏攝政王。

⑩藏語中對藏傳佛教轉世修行者的稱謂。

⑪儀軌的法器，用來制伏其他人。

後來那匹馬死亡後，頭骨被放在甘透章惹將拉章的一間馬廄中。仁波切常常問總管洛桑朗瑞，那馬兒的頭骨是否還在。總管說，林仁波切相信牠是非比尋常的馬匹。

前世達賴喇嘛曾在十二丹瑪護法⑫神殿，命令祂們派遣夜鶯等禽鳥飛往羅布林卡宮。林仁波切對總管洛桑朗瑞說，他曾看到鳥兒在晨間飛到羅布林卡宮、晚上離開，這是護法神遵守達賴喇嘛命令的事蹟。

藏曆木虎年（一九一四年），在巴林喇嘛仁波切請求下，林仁波切從十三世達賴喇嘛那裡接受宗喀巴大師的《菩提道次第廣論》傳承與教導。自六月四日起，爲期十天。那些教法是在羅布林宮格桑頗章東邊樹林中搭起的天篷下所傳承。林仁波切說，在當時的學習及辯經中，他已經接觸了菩提心的主題。

之後，達賴喇嘛前往聖地葉巴朝聖。回程途中他造訪了夏巴阿蘭若，在前任林仁波切——殊勝上師甘丹夏孜曲傑——尊貴的洛桑隆朵丹增欽列靈塔前進行供養等活動。一天，十三世達賴喇嘛坐在夏巴阿蘭若後方草坪愉快地休憩，當時林仁波切也受邀參加。前任林仁波切過去豢養的幾隻小家犬在吠叫，仁波切叫牠們「安靜！」，但達賴喇嘛告訴他應該對牠們更有禮貌，要說「請靜下來」。林仁波切後來常常提起這件往事。

不久後，遍主帕緔喀仁波切受邀到夏巴阿蘭若來，林仁波切從他那裡領受了獨勇大威德金剛——亦即殊勝閻曼德迦的偉大灌頂，以及那洛巴傳承的金剛瑜伽母的四灌頂加持。從那天起，爲遵循傳統，仁波切每天都修持這兩位殊勝本尊的成就法，或是自生本尊儀軌，並進行六次上師供養。

我不記得確實日期，但當金剛總持帕繃喀受請求占卜，以決定林仁波切與哪一種修持具有強烈的業緣，以及應該依賴哪一位智慧尊。以下的偈文就是占卜的答覆：

唯一的父親，諸佛智慧之舞，
已捨棄祂非比尋常的年輕相，
以藏紅花覆蓋的化身示現，
寂靜而調伏，成為雪域之光。
願祂——征服者洛桑⑬，眷顧您
您的功德如同聖者一般，

---

⑫編注。是分布于西藏各地的土地神，藏語稱「丹瑪久妮」。
⑬此指宗喀巴，在西藏傳統被尊為智慧菩薩文殊菩薩的化現。

經由一連串的生命滋潤成就圓滿，
即使年輕，仍值得禮讚。
至高的榮耀，無上的轉世，
我已收到您讚美話語的白蓮花，
有如滿溢甘露的美妙贈禮；
您尊崇為金冠上寶珠的那人，
只是一塊泥土。

您隱藏的願望及意樂，
無明如我未能明瞭，
但請思量這種種徵兆，
來自對上師本尊專注一趣的要求。

時間之敵的殊勝大師，
生圓二次第的本尊，

從熱譯師到前世轉世一心一意觀想，
只有一位至高無上，讓祂成為您的觀修本尊。
密集金剛、勝樂金剛、大威德金剛的二次第：
永保在您心中，其他亦不離不棄。
此即文殊菩薩的心髓。

唯一的父親，身體如月光般，
祂帶來機鋒便捷的智慧寶藏，
以馬諦傳承[14]最是無與倫比。
因此，藉此修行增上智慧。

同樣重要的是，
精進於由經驗積累的口傳中發現之

⑭編注。由拉里塔金剛所造之白文殊修法《黑降閻魔尊三品》，由薩桑・馬諦班欽尊者（1294~1376）傳承下來。

寂忿合修的不共修行要義，
據此修行，即使稍做觀想
也將創造如火焰熊熊燃燒的智慧。

持續修行
能生成三密金剛之法的儀軌，
藉由聚集在您心識中心
殊勝的輪迴與涅槃的不死甘露。

由廣大甚深的研究擷取意義，
將其導引至經、續道次第，
並以經驗傳承進行觀修，
深入貫穿重要奧義。

慈悲教導眾生

您已行經之道路，
藉此，讓您的日光照耀
現已衰損的洛桑扎巴（宗喀巴）傳承。

我的祈願鼓聲迴響著
「願您的願望圓滿實現」，
以純淨及喜悅之心，
我連同純淨潔白的哈達獻上。

藏曆火蛇年（一九一七年），在哲蚌寺哈東護法密宗殿，林仁波切接受殊勝的金剛總持，布杜仁波切授予的廣大傳承，包括金剛鈴尊者傳承的五尊勝樂金剛灌頂、殊勝的馬頭明王祕密成就灌頂，以及出自《寶源百法》⑮及《旁教百法》的灌頂、六座上師相應法的教

⑮漢譯為「修法寶源」「寶源百法」，是藏傳佛教覺囊派祖師多羅那他，在遍學當時各種灌頂隨許傳承，包括幾乎瀕臨失傳的各種教法，整理出的這套本尊灌頂隨許法。此法共有三〇五位本尊，含攝了觀音、怖畏、勝樂、密集以及六臂貢布隨許法十三種大教導總集．如意珠等事部、行部、瑜伽部和無上瑜伽部等四部諸本尊。

授、馬鳴菩薩的《事師五十頌》等。

林仁波切研讀《般若經》時，不只學習彌勒菩薩的《現觀莊嚴論》，也研讀相關的僧院教科書，以及師子賢所造之《般若波羅密多要訣現觀論明義釋》、彌勒菩薩的其他四部作品，例如《寶性論》等注釋。仁波切研讀了這些法本與注疏的作品，例如一切遍智宗喀巴大師的《現觀莊嚴論金鬘疏》（簡稱《金鬘疏》）、賈曹傑的《現觀莊嚴論攝義寶鬘論》等等。此外，仁波切還另外花工夫比對其他扎倉的教科書。如此一來，他便能完美地理解《般若經》經文深義。

仁波切在自己簡短的自傳中曾提到，也曾極謙遜地對哲蚌寺洛色林扎倉，夏闊康村的前堪布尼瑪堅贊說：「以前我研讀《般若經》時，曾以爲自己能爲班欽索南扎巴的《般若總義》做一部釋疏。我怎麼會產生那樣的想法呢？」

哲蚌寺有一項傳統，在學習佛法法脈的主題時，洛色林扎倉及果芒扎倉會挑選最聰明的人站在大殿中間，再由經師認可後，便得以參加正式的站立辯經，主題由自己任選。

林仁波切所立自宗與《現觀莊嚴論》第四品相關。從藏曆二月春季課程直到正式辯經當天，按照傳統，林仁波切在扎西南嘉——因明邏輯學者的寶珠之一——陪伴下，參加了春夏課程在哲蚌寺洛色林康村、課堂上、大殿廣場前舉行的不同辯經活動。後來，果芒扎倉一位知名蒙古學者丹巴和其他學者都前來，並與林仁波切針對如何綜論與修行「三智境」進行辯經，主題取自《現觀莊嚴論》第四品。我從曾親自參與當時辯經的學者那裡聽說，林仁波切毫不遲疑就答出令學者們滿意的答案。

藏曆七月八日，在殊勝的雪頓節⑯十萬龍供法會期間，林仁波切和果芒扎倉的貢布嘎興夏仲在供茶時段，站在哲蚌寺四扎倉⑰全體僧眾面前進行正式辯經。嘎興以兩行偈頌展開辯經，點出適合聽聞般若諸經及其相關的特質：昔承事諸佛，佛所種善根。（彌勒菩薩《現觀莊嚴論》4:6）

仁波切則以「摧伏魔力等」的句子開場。（《現觀莊嚴論》4:12）

---

⑯「雪頓」意指酸奶，雪頓節即為吃酸奶的日子，於藏曆七月初左右舉行七天，藏戲團體皆前往拉薩各地區進行會演，也有盛大的曬佛儀式等活動。

⑰哲蚌寺四大扎倉為：洛色林扎倉、果芒扎倉、德陽扎倉、阿巴扎倉。

第八章
進階學習

完成般若的學習後，林仁波切接下來研讀的內容包括「殊勝論師」龍樹①的中觀理聚六論。這些著作建立了空性的層次，亦即《般若經》各法本之中教授的顯義。

此外，仁波切也研讀殊勝印度上師月稱的《入中論》，及其本人注釋的《入中論疏》。就甚深意義及廣大菩薩修行而言，這與前述龍樹中觀理聚六論之一《中觀根本慧論》有關。林仁波切亦修習宗喀巴大師的《龍樹中觀根本慧論廣釋之正理海》《入中論善解密意疏》，以及班欽索南扎巴的《中觀要義》及《中觀辯析》。

總的來說，除了研究這些注疏中觀哲學的著作，他同時也詳細探究這些著作中有關中觀的許多難義，包括責難迴遮、二諦、破量、破我等。

聞思「量」，亦即因明學的法本，是確見中觀論點深義不可或缺的功課。因此有了所謂「中觀因明雙獅交頸②」之說。位於拉薩曲水縣聶塘的惹對寺，主要專精於因明學的教學。

每年十一月初起，惹對寺在拉薩西邊的姜村舉行爲時一個半月的盛大冬季辯經大會③。每到此時，包含三大寺在內的各大寺院學僧都會前來參加，以俾精進他們對於因明學的學習。因此，我們的上師和他的親教師都會參加。來自哲蚌寺娘熱康村和林康村的僧眾，與惹對寺娘熱康村的僧眾，一起下榻在屬於娘熱康村的僧房，並享受佛法修行與歡慶的活動。

起初，仁波切參加論理學的課，他在那裡學習量論及理路，包括殊勝的法稱論師之《釋量論》。這是法稱論「量」七部作品中，最重要的著作，也是陳那菩薩的《集量論》釋疏。陳那菩薩，師承世親菩薩，一切種智第二。陳那菩薩因比其師世親在因明學方面更精通而聞名。林仁波切也學習由賈曹達瑪仁欽（亦即「賈曹傑」）注釋法稱《釋量論》的《釋量論疏：闡明解脫道》，以及班欽索南扎巴的《釋量論釋難善顯密意》。

當彼此針對五部大論（因明、般若、中觀、俱舍、戒律）的主題論辯時，他們會使用肢體語言或動作，並且擊掌。這是肇始於古來理路大師們的修行方式。

①編注。龍樹是西元二世紀，印度初期大乘佛教最有力的鼓吹者和理論家。由於他致力於理論的奠基工作，使得大乘佛教大為興盛，甚至取代了小乘佛教的地位。

②意指既通中觀又精通因明之士，如同雄獅交頸，無人膽敢與之抗衡。

③惹對寺於每年藏曆十一月三日至十一月二十八日主辦姜貢曲辯經大會，約為期二十五天。

姜村的辯經大會在冬天舉辦。由於那裡的冬季氣候嚴寒，因此，仁波切與其他僧衆辯經時，加上經常擊掌的雙重作用下，他的手指會裂開流血。然而，由於他沉浸其中，毫不自覺，回到僧房暖了手之後才知道疼痛。仁波切提到，這是司空見慣的事。

在僧院的夜晚辯經時段，他坐著採取答辯者的姿態。這是因爲他反應敏捷且有深度，許多對辯者都無法反駁。

冬季辯經大會近尾聲時，林仁波切和察雅東貢祖古——後來成爲帕繃喀仁波切《掌中解脫》的第一位抄寫員——一起在寺院前進行正式的站立辯經。察雅東貢祖古以背誦《大寶積經》〈迦葉問品〉的內容開場：

迦葉。譬如月初生時。衆人愛敬踰於滿月。如是迦葉。信我語者。愛敬菩薩過於如來。所以者何。由諸菩薩生如來故。迦葉。譬如愚人捨月禮事星宿。智者不爾終不捨離。菩薩行者禮敬聲聞。

於是，林仁波切對此進行回答，接著進行討論。

冬季辯經大會結束後，林仁波切造訪了聶塘惹對寺，並在那裡的娘熱康村待上一天。他在寺院中禮拜，並祈願因明學教學能夠長久延續等等，然後再返回哲蚌寺。

我不確定他參加其他活動的細節，例如有多常參加姜村的冬季辯經大會。但回到哲蚌寺後，他會參與研究因明學法本的課外活動。如此一來，他了解某些外道者持著痛苦無因，某些雖以爲痛苦有因，卻以爲痛苦是從共主相、自在天等不相符因產生的，因而作了無意義的苦行、自在天灌頂等，執著不是爲是，非解脫爲解脫。總之，就以這些從事基道果的修行，建立顚倒的宗派。佛教宗派則以無垢正理反駁了他們。

大約在林仁波切修習中觀的期間，主要經師格西丹巴究津回到他的故鄉。於是，由哲蚌寺娘熱康村的格西洛桑桑登（或稱洛雅仁波切）接任林仁波切的經師。他出生於隸屬哲蚌寺分院管轄的地區。我不太確定他父親的名字，但他是一位寧瑪學派的優秀修行者，母親名爲慈誠卓瑪。洛雅仁波切非常年幼就開始接觸佛法，在哲蚌寺求學。他對佛法窮究甚深，廣爲人知，並以慈悲聞名。

有人說，洛雅仁波切解釋法本經文遠比其他老師容易理解。向他學習佛典的弟子，不僅來自哲蚌寺洛色林扎倉，也有些來自殊勝的色拉寺及甘丹寺。林仁波切取得格西學位後，尊貴的十三世達賴喇嘛任命洛雅仁波切爲惹對扎倉的大堪布，在那裡的十年期間，他只專心教授經典法本。後來，他擔任桑普寺的夏仲④達三年，然後返回家鄉長住薩喀阿蘭若，爲信衆開示經典等等，都是利益佛法的佛行事業。

林仁波切完成中觀論的學習後，便開始學習毗奈耶，亦即戒律。戒律的法本主要在教導僧侶行爲端正有紀律，是佛陀教誨的核心寶藏。律藏法本包括針對比丘及比丘尼所編著之《波羅提木叉經》（又稱《戒經》），以及論戒律的四部法本集。這些根本法本及其釋疏，目的在於教導如何受戒、如何守已受之戒、如何回復已經退墮的戒律等等。

戒律可以總結爲：（一）被禁止的、（二）須守護的、（三）被開許的。修行戒律這三大種類的相關重點，在功德光論師的《律經》、由措那瓦尊者所造之《律經》注疏《戒律明注日光》、第一世達賴喇嘛根敦朱巴的《律疏．寶鬘》，以及班欽索南扎巴的《毗奈耶辨析》中都有解釋。以這些著作爲基本教科書，林仁波切不但學習了一般的戒律法本，並專研毗奈耶之十七要項，包括五組儀軌、共通斷墮、五罪聚、受戒總示、淨治學處三事。

之後，他閱讀俱舍論的根本教科書。其中包括《阿毗達磨俱舍論》，世親這部作品解說了七部論釋俱舍論的殊勝相關著作，而這七部作品建立了小乘佛教修行的思想基礎；欽央堅尊者的《俱舍莊嚴論藏釋》等注疏；尊貴的根敦朱巴《光顯解脫之道》。如此一來，仁波切接受了聲聞乘阿毗達磨廣大主題的完整訓練，亦即所知五基的自相與總相、四諦趣入與退轉、徹知道與補特伽羅，聲聞與獨覺道的研究、廣示共與不共功德下部阿毘達摩論等等。

各學期間的休假，林仁波切的經師洛雅仁波切會授予明確的指導，有時候會講上一整天，逐字解說欽央堅尊者的《俱舍莊嚴論藏釋》，以及措那瓦尊者的《戒律明注日光》。因此，仁波切提到，辨論戒律及《俱舍論》時，他對內文每一段落無不熟悉。

林仁波切在自傳中寫道：

那時候我年紀還小，常會分心找樂子，非常怠惰。然而，幸虧我有很棒的侍從和殊勝的老師，他們運用慈悲與耐心，交相使用平和與強迫的善巧方法確保我的身、語、意都能確實投入學習。再者，他們非常仁慈，細心地鼓勵我精進聞思。同時，聰明的辯經同伴，運用直言不諱的因明邏輯和經文，讓我以許多不同方式理解了經典的難義之處。因此，經過十二年不夠努力的學習與修持過程中，我才能在心中弄懂殊勝佛法寶藏之海的粗略意義。事到如今，我仍由衷懷念那些善知識。

④一種稱謂，本意為「行足禮的對象」，通常用來指稱尊貴的喇嘛、轉世等。

第九章
受比丘具足戒

一九二三年，林仁波切二十歲。

那年傳召大法會期間，在布達拉宮（彩圖9）的薩松南傑殊勝三界殿舉行戒會儀式，一切皆遵照傳統，由尊貴的十三世達賴喇嘛擔任得戒上師，僧侶依規定人數與會作法見證。於是，林仁波切接受具足戒律成爲比丘，奠定修行的完整基礎。

那年某日，洛色林扎倉堪布，覺沃洛卓堅贊，邀請仁波切前往他的住所，要授予林仁波切格西候選人資格。林仁波切到了洛色林扎倉樓上的堪布房間。在那裡，他頂禮三拜，獻給堪布哈達，以及象徵佛陀身語意的佛像、經書及佛塔。堪布稱讚仁波切至今的學習成果，而且表示在即將來臨的木鼠年傳召大法會上，仁波切將會正式獲得拉然巴學位①。「因此，即使現在，你還是必須繼續像以前一樣努力學習。」說著，堪布也向仁波切獻上哈達。

接下來的一年，從春季課程一開始，林仁波切參加了所有正在學習的佛法課程，並在辯經中擔任答辯者的位置。在修行方面，他參加一些其他扎倉康村的課程，旁聽大約三次高級課程，其他課程則至少兩次。

有一次他在洛色林扎倉的浙霍康村擔任答辯者，一位知名的學者亞瑪澤帕根據阿毗達磨系統開始辯論「獲證九邊②」，仁波切覺得很難答辯。

此外，在由果芒扎倉和洛色林扎倉聯合舉行的《阿毗達摩俱舍論》及《毗奈耶戒論》盛大辯經期間，仁波切和其他人辯論《阿毗達磨俱舍論》根本法本中「他」一字所有起源間的關連時，由蒙古學者丹巴擔任答辯者，他說道：「我來這裡不是要背誦《阿毗達磨俱舍論》的根本頌，如果你有什麼要辯論的，就請開始吧！」由於沒有其他同伴幫忙回答，因此林仁波切很快就累了。這些軼事是後來林仁波切自己說的。

那年第五個月，仁波切和其他將參與木鼠年拉薩傳召大法會的各扎倉之拉然巴候選人們，都參加了在羅布林卡宮日光殿舉行的辯經考試。這些辯經考試的監考人包括甘丹赤巴、

①第五世達賴喇嘛執政期間，在拉薩傳召大法會上，對於能夠掌握傳統佛學五大部的學僧，授予「Lhaden Rapjampa」頭銜，意指「來自拉薩飽學大量法本之大師」，後來被簡稱為「拉然巴」，現為格西最高等級。

②親近善知識、修行正法不行邪業、恆喜獨處、不耽著世樂、少病無患、不多畜積財寶、不貪著衣缽好器、勤行精進心不散亂、聽聞法義便能知解，隨時聽法無有厭足。《增壹阿含經．卷第四十一．馬王品第四十五（二）》。

甘丹寺夏巴曲傑與絳孜曲傑、色拉寺傑扎倉嘉絨康村的堪布阿旺彭措、果芒扎倉的堪布蒙古人奧色多傑，以及德陽寺助理經師、丹增成來奧色。候選人不能選擇自己的辯經主題，必須針對由「稱夏」③選自法本的段落及困難的論題進行辯論。當仁波切坐著擔任答辯者，他根據中觀應成派論點，立自宗提出命題，如洛色林扎倉教科書中所闡述，滅諦是勝義諦，但並非空性。對此，色拉寺傑扎倉嘉絨康村阿旺彭措、拉瓦耶喜等人進行了相當精彩的辯論，但仁波切成功地辯護自宗的立論。

過去，格西學位是由各個寺院的堪布透過實施辯經的方式所頒布，政府完全不插手這項考試。然而，幾年前，爲了提升寺院扎倉的教學標準，尊貴的十三世達賴喇嘛開始在日光殿舉辦這些辯經考試。無法達到考試標準的人，就會遭取消拉然巴候選人資格。因此，仁波切的老師洛雅仁波切給了他以下建議：「有些候選人若跟你辯經時立場比較薄弱，而你的持論非常堅定時，如果你駁斥他們的辯論，提出了很具說服力的論證，這表示他們之中可能有人因此無法加入拉然巴格西的行列。這樣不太好，最好不要這麼做。」

由此足見師生二人都珍惜他人勝於自己，以菩提心做爲修行精髓，値得大大稱頌。

在冬季課程期間，林仁波切奉茶及供養金給哲蚌寺大法會的僧衆，並供養茶、湯麵、米粥、錢幣及一般補助品，給哲蚌寺洛色林扎倉及各康村。

在哲蚌寺洛色林廣場舉行爲期兩天的辯經中，林仁波切正式擔任答辯。到了辯經大法會的茶供時間，他邀請自己的同學和格西們到拉章，招待他們享用茶、糌粑及酸奶。早上九點左右，拉章還提供了蕃薯，接著是豐富的午餐與晚餐。

除了參加辯經，林仁波切一直與他的客人討論佛典之中的不同論點。他不僅準備自宗答辯，也教導那些要擔任答辯者的格西們如何回答。

③指專門陪同辯經的辯經搭檔，通常由學業優異的學僧擔任。

第十章
獲得格西學位

藏曆木鼠年（一九二四年）一月十日，拉薩的傳召大法會上，來自各寺院僧眾的辯經大會終於在幾千名僧眾之中召開，包括堪布、喇嘛、祖古、喀然巴格西①、專精因明學的僧侶及三大寺與上下密院的許多學者。

一早，在辯經廣場上，最好的低年級學僧與林仁波切針對攝類學、「量」的類型、因明邏輯以及法稱論師《釋量論》中的主題進行辯論。下

藏曆新年第二十四天，傳召大法會抛撒朶瑪典禮使用的朶瑪雕塑，展開遶境遊行。

午，在大昭寺主殿外的廣場，由最優秀的高年級學生跟他辯論中觀哲學與般若經。晚上的辯經，主要由喀然巴格西們和林仁波切針對俱舍論和戒論展開辯論。

在這些辯論中，不論辯題有多難，林仁波切都能立刻答出讓智者滿意的答案，臉上也保持著自然流露的微笑，風度溫和又嚴謹認眞。因此，他身爲博學之士、持戒清淨及稟性慈悲的風評便開始廣爲流傳。

隔天，哲蚌寺的管理單位，以及扎倉及康村的堪布、糾察師、功德主及其他相關人士，都向林仁波切獻上哈達表達祝賀之意。幾天後，林仁波切按照慣例，全程參與所有格西都必須加入的短辯論大會、三支作法②及相關佛典的辯論，以及早、午、晚的長時間祈願法會供茶，還有不同僧衆間的辯論、教法與下午的誦經祈願。

到了二十四號，進行傳召大法會的拋撒朵瑪儀式③之後，會在辯經廣場上的日光殿，公

①三大寺以外的各個扎倉學僧完成所有課程，並在該扎倉通過辯經答辯考試者所獲之學位。等同於卡舉巴格西學位。

②編注。因明學論式，亦稱「三分作法」「三支推論式」。由宗（論題目）、因（理由）、喻（例證）組成。舉例：此處有熱（宗）；由於有火的緣故（因）；有火的地方都有熱（喻）。是從古因明五支作法修改而來，為因明學史上重大變革，使因明的論式更符合人類邏輯思維。

③法會儀式結束時，常拋撒朵瑪，表示供養給諸佛、菩薩和相關的本尊法門。

布成績與進行前幾名候選人的授證。依照慣例，由尊貴的十三世達賴喇嘛親自主持。

獲頒第一名的是色拉傑嘉絨康村的洛卓饒揚，第二名就是我的親教師。第三名則是色拉傑的拉瓦耶喜，後來他成爲夏巴曲傑，亦即副甘丹赤巴。達賴喇嘛侍衛辦公室的一位僧官在日光殿入口宣讀所有名單，格西們依照排名順序進入廳堂，接受達賴喇嘛的禮物與頒獎。

第二部

後續僧侶生涯及各項任命

1924～1953

第十一章 進入上密院

完成顯宗殊勝經論的聞思修之後，林仁波切決定應該著手聞思金剛乘，尤其是無上瑜伽密續。在此末法時代，對於有幸修習者，無上瑜伽密續能提供於此五濁惡世有幸者，在短暫此世迅速證得金剛持雙運果位無瑕且圓滿方法。只要如法修持這些法門，便可以很快使一切浩如虛空的如母有情眾生，從輪迴與涅槃的危險中解脫。因此，林仁波切跟隨他前世們的腳步，進入上密院學習。

十五世紀時，殊勝的密教行者貢噶頓珠（曾擔任強巴林堪布十年、上密院堪布十三年），是下密院前後兩任堪布，布喜饒僧格及津巴帕瓦的心子①，他在上中藏的強巴林寺對一群弟子教授密集金剛。他們共有三十二人，符合密集金剛的不動金剛三十二尊壇城的數

①編注。藏傳佛教中，盡得高僧上師加持及傳承的弟子。

字，這團體便逐漸發展爲現今所知的上密院。

上密院入學的前三個星期，藏曆木鼠年第二個月（一九二四年），普康村的昂然巴格西阿旺倫珠，也就是第一位教導林仁波切初識藏文字母的老師，寄給上密院官員一封正式書信，裡面說明林仁波切已經準備好進入密教僧團了。

那三週的最後一天早上，依照密宗寺院的傳統，仁波切穿上僧袍，隨即前往上密院所在地小昭寺。他穿的僧袍料子是尋常的西藏羊毛，而不是昂貴質料或進口絲、棉。他的老師格西阿旺倫珠權充嚮導，帶他去堪布和副堪布（亦稱「喇嘛翁則」）的房間拜訪。他頂禮三拜，並獻上哈達。然後，他前往戶外的集會區，坐在隆多石階上，這是十七世紀偉大的苦行密行者隆多喇嘛，阿旺羅桑來到集會區時的座位。晨間法會結束後，林仁波切與僧眾們前往經堂參加早午課。他坐在領誦師對面的格西左後方。那天是至尊赤江仁波切（他後來亦成爲十四世達賴喇嘛的經師）離開上密院的日子，而整個集會期間，他們倆併肩而坐。

入學後最初三天[2]，普康村的儀軌助理耶喜熱傑擔任仁波切的嚮導，並陪著他參加法會，告訴他新生必須遵從的規定：向僧官們奉上入學茶供之前，不能在誦經時擊掌；出入集會區時要抓住僧袍上方左手邊的角落，把它們折到左手臂上；在念誦祈禱文的各節之間，不能由經堂正門進出。他也教仁波切上密院的寺規和行爲規範。

三天後，早課集會之後，林仁波切向僧官們供養入學茶飲，是品質很好的茶。這時候，仁波切和輔導員③赤腳站在經堂的入口左邊。供茶結束後，僧官們同意安排林仁波切坐在座位最前面，這是對殊勝轉世修行者的禮遇慣例。和卸任的糾察師們一樣，他也被允許請假不參加寺院集會。然而，整整一年，仁波切就像一般僧眾出席集會，並認爲保持全勤是很重要的事。那天午餐時，林仁波切拉章供養了兩場供茶，外加米粥，也捐款給上密院，以及供養金錢給寺院每位僧侶。

第三個月，仁波切前往上中藏的直門達參加上密院春季課程。依照慣例，僧眾們必須步行到拉薩或附近不同地點參加院外的課程。然而，有慢性疾病的僧人或是轉世大修行者，如果向僧官提出申請，就可以騎馬前往。仁波切申請了，騎著馬前往直門達。然而，當僧眾要放置他們的坐墊那天，在距離僧房不遠處，林仁波切加入其他僧侶的隊伍，列隊前往大經堂，由糾察師持香監護。林仁波切彷彿和佛陀最早五弟子之一的憍陳如尊者④一樣，沉靜地

---

②上密院新生入學前三天為試驗期，若學生品行或個性未能通過觀察，三天後即會被退學。

③密宗學院的特別職位，工作是在新生入學的前幾天帶領他們。

④編注。為釋迦牟尼的舅舅。全名阿若．憍陳如。佛教五比丘之一，是釋迦牟尼僧團第一位證阿羅漢果的僧侶，有「聖首」之稱。

走向入口，背上背著經篋，手拿化緣鉢、敷具、和手掌同寬的密宗飯碗，以及一小袋糌粑。

糾察師不疾不徐地向僧眾介紹直門達各節課程，然後，僧侶們赤腳走進大經堂，放下他們的坐墊。接著，再回到廣場穿上僧袍、半月形大氅等後回到經堂裡。仁波切坐在前排右邊佛壇附近，在祈願法會時跟其他僧眾一起誦經。之後，僧侶們回到他們各自的康村。在拉章安排下，仁波切前往附近洛森巴莊園的康貢宅邸。

在比較大型的課程中，新進格西要遵守習俗擔任答辯者，時間達三天以上。因此，晚上仁波切前往辯經場，由較年長的僧侶跟他辯論。大約十點左右，仁波切以頭枕著右手、向右側臥的獅子臥姿⑤和其他僧眾一起入睡。遵循過去大德們決不允許犯戒超過一天的表率，按慣例在晚間睡前要懺悔並淨除白天積累的惡業，早晨則必須懺悔淨除前晚積累的惡業。因此，每天清晨仁波切起身漱洗後，會在大經堂外頂禮，並修持懺悔儀軌三次。之後，他念誦比丘戒律，然後回到大經堂，在那裡與其他僧眾修密集金剛的自生本尊等等。

過了三天，早課之後，仁波切和色拉寺傑扎倉格西拉瓦耶喜，以及他的根本上師——哲蚌寺洛色林扎倉娘熱康村的格西洛雅仁波切一起參加法會，聽取殊勝的堪布明雅耶喜旺登，講授上密院的教科書：由尊貴的貢噶頓珠所造之《密集金剛續》釋疏。下午，法會結束後，他們聆聽《密集金剛根本續》的四部注釋合併教學。

《密集金剛根本續》是密續之王，共十七品，專研修行幻身法門，是證得佛果時轉化為佛色身的近取因，也是追求解脫者的究竟目標。他們聆聽的四部注釋分別是：

一、月稱論師所做的《燈明廣釋》，揭示隱含於封印根本續「六邊四理」的證悟意趣之明義；

二、闡釋月稱論師所造注疏中難義的逐行注釋；

三、針對特定論點進行分析的《密集難義決斷寶苗》；

四、《密集金剛根本續》的節錄綱要。

後三部皆為尊貴的文殊菩薩化身——宗喀巴大師所造。以上就是四部釋疏。林仁波切就是以這種方式渡過上密院的學習生活。

晚間，仁波切參加辯經，僧眾們引用《密集金剛根本續》的內容，並對這部密續進行詳細分析。

據說大概在這個時候，一位剛入學的僧侶一直因附在身上的非人所困擾。試過所有方法

⑤編注。此睡姿也稱「吉祥臥」，佛教的一種修行姿勢。佛說《長阿含經》卷第三遊行經記載：「爾時，世尊自四牒僧伽梨，偃右脇如師子王，累足而臥。」說明釋迦牟尼臥著時採右側臥姿勢，世上許多臥佛佛像也都是右側臥姿。

都無效後，有人向林仁波切索取一些具淨化力的加持物，在那僧侶面前燒掉。如此照辦之後，非人就再也沒附在那僧侶身上了。

春季課程結束後，林仁波切跟著上密院僧眾到甘丹寺，全名爲「卓甘丹南巴傑衛林」⑥，是一切種智宗喀巴大師法座所在。仁波切在那裡參加法會，繼續聞思。根據習俗，在法會與課程之間，仁波切下榻於寺院所屬的康村。這次是在主動安排給仁波切的甘丹寺夏孜扎倉羅巴康村。

第二天，仁波切與上密院普康村的幾位僧侶前往羊八井寺。在一切種智宗喀巴靈塔前（彩圖12）頂禮，敬獻哈

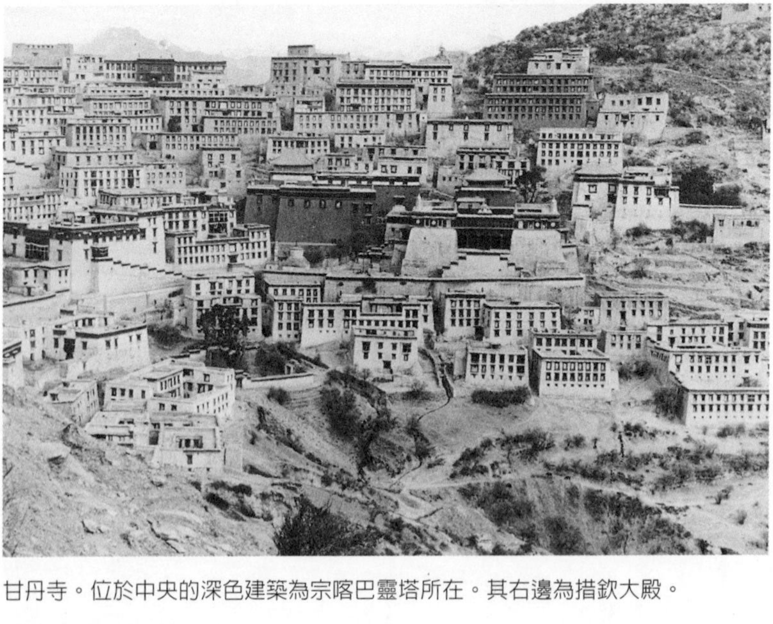

甘丹寺。位於中央的深色建築為宗喀巴靈塔所在。其右邊為措欽大殿。

達，並呈上無數實物及觀想供品。接下來幾天，他還是多次去靈塔拜謁，頂禮並繞塔，並且懇切祈願成就修與思、沉浸於廣袤的密宗大海。此外，他還對羊八井寺的聖物呈獻哈達與貢品，例如被稱爲「世尊戒律母」（清淨戒行之象徵）的釋迦牟尼佛符號。他也對甘丹寺夏孜及江孜扎倉各個經堂的主要聖物進行供養。至於甘丹寺的大經堂、兩個扎倉、羅巴康村和其他地方，仁波切也廣大供茶、食物及供養金。然後，他又前往甘丹寺轉經道，滿懷好奇心地探視在那裡發現的自生聖物。

他爬上以標誌世饒王人身、廣受尊敬的三十三任國王松贊干布於第七世紀登基之地而得名的登基峰頂。他在那裡懸掛風馬旗⑦，並以淨化香之雲供儀軌，布施上下層級的非人。之後，他便返回拉薩，在住所休息數日。

仁波切回到小昭寺參加上密院課程。到了七月底，他前往色拉寺上課，在夜間辯經中擔任答辯者，傑扎倉和昧扎倉的頂尖學生都來與他辯經⑧，正如在甘丹寺時一樣。他參加僧眾

---

⑥編注。其中「卓」指卓日吾齊山、「甘丹」為藏語「兜率天」、「南巴傑衛林」則是尊勝寺。

⑦編注。藏語稱為隆達。分別指的是藏語的「風」「馬」，故漢譯為「風馬旗」。經幡布上繪有馱運佛法僧三寶的馬，表示藉由風之力，如同馬匹載運經文送到各地利益眾生。

⑧編注。色拉寺建寺之初原有四扎倉，後歸為二：昧扎倉與傑扎倉，簡稱「色拉傑」。

法會、朝聖、供茶，並捐款給經堂、扎倉及色拉寺所屬的康村。

扎葉巴寺是非常特別的地方，古今許多殊勝及神聖的人物都曾前來造訪，包括學者與修行者，例如法王松贊干布、蓮花生大士，以及無上的阿底峽及其弟子等，因此該地也受到加持。在這裡，七月十五日，林仁波切和其他密宗僧人受結夏安居的戒律。

從尊貴的堪布那裡，他聽了三部佛典的傳承與教示：

一、五十一品的《勝樂略續》，主要專注於修成淨光，其爲證得佛的身之不共因；

二、殊勝的文殊菩薩化身宗喀巴大

色拉寺，1936年。

師所做之根本續釋疏《勝樂略續廣釋隱義普明科判》；

三、《勝樂略續廣釋隱義普明科判》釋疏之總結綱要。

來自安多康村的昂然巴格西洛桑尼瑪，原是儀軌助理，後來成爲精通繪製壇城盤格格線、彩沙壇城、朵瑪製作的大師。仁波切跟隨他學習如何繪製密集金剛、勝樂金剛及大威德金剛的壇城，更學會如何繪製四業火供儀軌所必須的畫格度量。仁波切表示，他事先聽說格西洛桑尼瑪很喜歡喝茶，在繪製壇城盤格課程時，常供養他上好的濃茶。在來自安多康村的儀軌助理慈誠的指導下，仁波切也完美習得立體壇城的工明。

扎葉巴寺全景，山巖間散見隱修洞穴。

殊勝的繪製壇城盤格繪製考試爲期三天，由堪布和副堪布主持，他們針對壇城盤、彩沙繪製，還有立體壇城的製作及這些創作的象徵意義進行提問。對於所有提問，仁波切都給予傑出的回答。

有時候，仁波切會造訪且供養、供奉由瑪頓法源樹立彌勒菩薩像的彌勒殿、供養由仁增佑瑪打造的千手觀音像，並對第二佛陀蓮花生大士的月亮洞進行供養。他也對扎葉巴扎倉供茶、供養金錢等。

八月三十日，舉行結夏安居圓滿法會。返回拉薩途中，仁波切在夏巴阿蘭若停留幾天。回到拉薩後，他參加兩期秋季課程、一期布達拉宮課程、甘丹寺的冬季課程及哲蚌寺課程。

那一年，仁波切與他的格西法友們一起參加不同扎倉課程，因此感情非常好。依照習俗，在各大扎倉舉行的密續課程，該密宗學院過去的學僧們必須提供食物及飲料給法友們。因此，有一天在哲蚌寺，仁波切邀請他的格西夥伴們，並以豐富的盛宴招待，大家在輕鬆的交談中共渡愉快時光。

一九二五年傳召大法會期間，新年過後，除了參加下午法會等活動，仁波切留在拉章，經常參加正殿前大廣場的夜間辯經，和修習那些經典的拉然巴們辯《論俱舍論》或《戒論》。

一月二十四日，那天舉行傳召大法會的撒朵瑪法會，仁波切觀賞了儀式和古裝的行軍遊行。這次，他專注於完全平定所有人們的錯誤行爲及念頭，像是心懷摧毀衆生幸福與佛陀教誨這種有害的願望。

二十五日早上，賢劫千佛的第五尊彌勒佛的佛像，用轎子護送到轉經道中間地區。此舉目的在於建立一個吉祥的連結，好讓第五尊佛的法光能在未來綻放光明，我們將生下來做爲祂的首批弟子之一⑨，而且我們心中的蓮花也將綻放，將像一群蜜蜂享受著彌勒菩薩深廣的教法花蜜。林仁波切特別參加這次遊行及祈願法會，也開心地觀賞了古代傳

傳召大法會期間，在大昭寺正門前的觀衆們與身著古裝的騎兵。

統運動，包括摔角、舉重、賽馬及其他體育活動。

新年第十五天供養時，仁波切到一間名爲「尼泊爾珍珠」的店裡，從那裡觀賞盛大的供養。十五日供養特別引人注目的活動之一，就是公開展示由上下兩密院僧人藝師製作的精美酥油朵瑪雕塑。另一天，一位年輕的僧侶隨侍陪著仁波切走完轉經道，因此觀賞到所有的供養物品。他也到拉薩最古老街道八廓街東北方的甘丹寺，參觀豎立祈願旗竿，以及東方黎明祈禱旗竿。我聽說，林仁波切年輕時參加這些節慶活動，過得很愉快。

一如傳統，藏曆木牛年春天（一九二五年），仁波切參加覺摩隆寺扎倉的密宗課程。這所寺院是中藏地區六所殊勝密宗僧院之一，成立於早期噶當派弘法時期。這六所密宗學院包括覺摩隆寺、嘎東寺、蘇普寺、德瓦干惹對寺、桑普寺、促貢塘寺。林仁波切和參加課程的其他格西一樣，早上在堪布面前聽誦經，下午聽密續注疏的開示，晚上參加根本續的讀經。在覺摩隆寺時，仁波切爲「禪定柱」聖地遺跡進行供養。「禪定柱」這一稱呼的由來，源自十四世紀，當僧衆們在大經堂持誦《般若波羅蜜心經》時，宗喀巴大師坐在這根柱腳，心無旁騖地觀修空性四門——色即是空、空即是色、色不異空、空不異色。因爲專注於觀修，宗喀巴大師並未察覺誦經結束，而待在那裡直到僧衆全部離開。後來這根柱子被安置於尊貴的第五世達賴喇嘛金身靈塔裡。

仁波切也供養覺摩隆寺的僧衆們。他走訪「天水池」，在那裡餵魚。這是由蓮花生大士，在第八世紀奇蹟般地製造的池子⑩。

在一整年中參與的所有外部密宗集會及其他活動，林仁波切都成爲密宗扎倉僧衆撒花讚揚的對象。他主要以無垢的因明邏輯，仔細分析密續的意義。同時，他也訓練自己能圓滿修儀軌，例如自生本尊、前生本尊和密集金剛、勝樂金剛、大威德金剛的寶瓶儀軌、佛法護法神的酬懺法會、朵瑪儀軌、開光儀軌等。

曾在上密院參加密教考試的拉然巴格西們，必須在羅布林卡考試。藏曆木牛年（一九二五年），堪布告知林仁波切這個消息。在羅布林卡，於尊貴的甘丹赤巴夏孜曲傑及江孜曲傑面前，仁波切首先擔任答辯人。兩位格西輪流針對六大主題——量、般若、中觀、戒論、具舍論及密續與他辯論。然後其他格西擔任答辯人，由仁波切針對相關主題向他們提問。

---

⑨彌勒菩薩是釋迦牟尼佛的繼任者，將在未來降生成佛，成為娑婆世界的下一尊佛。

⑩編注。有次為了降魔，益西措嘉佛母變成一頭老虎，蓮師騎著此虎追魔。結果，魔跑到日沃白瑪神山後躲進山洞。當時老虎也累了，蓮師就用金剛杵在地上一挖，隨即流出清水。老虎喝了聖池之水得以歇息，該地也成為蓮師聖池。

這次辯論考試的結果，殊勝的林仁波切獲得了第一名。因此，這一年他必須再考密宗辯論。於是他背了班欽索南扎巴所著的《論釋密集金剛圓滿次第》之著作近半本，以及上密院的教科書。他也自修四續方面的著作，包括宗喀巴大師所造之《密宗道次第廣論》以及《勝集密教王五次第善顯炬論》，以及許多經藏與其他殊勝的印度、西藏修行學者所造之注釋。

在扎葉巴結夏安居時，八月二十五日，仁波切參加了午課，坐在左前排最前面，面對著副堪布，誦經師帶領僧眾持誦祈請貢噶頓珠。之後，全體僧眾充滿喜樂、信心及欣喜，聆聽仁波切優美柔和、令人振奮的聲調，彷彿鹿隻也沉浸在他的聲音中。他憑記憶、一字不差地背出月稱論師的《燈明廣釋》，以及由貢噶頓珠對《燈明廣釋》闡釋的著作。經由堪布暗示之後，仁波切停止背誦，此刻恰巧停在闡述人們是否了解「耶旺」（e-vaṃ）⑪這兩字之中的「如是」所造成利益及缺失的部分。這段特別經文是這樣的：

了解「耶旺」兩字真言乃封存八萬四千法蘊的意義，而依此修行的人，將速證金剛持果位，並將為一切有情眾生轉法輪。

仁波切停止念誦後，副堪布馬上從座位起身，展開關於圓滿次第的簡短辯論。那天，拉章比平時供奉更多茶、湯麵、甜飯，以及提供給個人與寺方的供養金。午餐後、夜晚時，仁波切在辯論中擔任答辯者。同時，在五天期間，當那些人前往葉巴，仁波切就擔任答辯者，從最資深等級的僧侶們開始，依序與他辯論。回到拉薩後，這程序再重複了五天。在小昭寺的辯經場，包括然絳巴⑫在內的所有格西，都與仁波切辯經。

不論被問到怎樣的問題，仁波切都毫不遲疑地回答，眾多正直的學者們都為他撒花表示讚賞。

---

⑪密續特色之一，幾乎所有的密續都以此兩字開始，意義等於顯教經典中的「如是我聞」。這兩個字涵蓋密續的整個意義，不僅是密續的字面意義，還有其確定意義。同時，密續的整個意義可以分成根、道、果三部分，因此一切密續也可以包含在e-vam的意義之中。可參考第十四世達賴喇嘛官方國際華文網站。

⑫學問等級較低的格西稱謂之一。

第十二章
任命為糾察師

一九二六年，該是殊勝的親教師林仁波切擔任糾察師的時候。有回拜見尊貴的十三世達賴喇嘛時，林仁波切向他請示自己是否能夠推辭。達賴喇嘛回答道：

你要當糾察師。你應當培養對密院的守則、規範的熟悉度與自信，接著擔任副堪布，再接任堪布。

我聽說，在另一次會面時，前世達賴喇嘛說道：

最近我介紹了在結夏安居時，背誦廣博甚深的《波羅提木叉經》（即《戒經》）中的戒律。在我們正規的一個月兩次（弦月、滿月）的懺罪時，只背誦導論部分。至於其他（違犯戒律等章節）部分，必須包括以下聲明：「這些僅每半個月出現在《波羅提木叉經》的背誦中，因此他們不是之前聽過，就是未來會聽到。然而，如果不背誦這部淵博的經典，那麼我們應該說：「之前沒聽過這些，未來也不會聽到①。」

一般來說，十三世達賴喇嘛非常嚴肅看待管理的工作，以及師徒之間的神聖關係。他並沒有進行許多公開的佛法開示，但是他非常重視並監督僧院中心的學習狀況。每年，他會爲來自全國各地數千名自願受戒的人們主持授予沙彌戒及具足戒的儀軌。就弘揚殊勝佛法（無論是教正法或證正法實踐）而言，他留給後世的功德廣大無邊。

儘管仁波切通過辯經考試還不到一年，但因爲他是第一名，所以在藏曆火虎年的十月八日（一九二六年），堪布派了糾察師的助理來通知仁波切，表示他將成爲冬季學期的糾察師。仁波切立刻會見堪布及副堪布，與他們討論嚴格執行寺院規則與紀律等等。然後，十月十日，糾察師的助理再次前來仁波切住所，幫他拿披單、僧袍、經篋、托缽等物品，然後陪

---

①英譯者原注。此處達賴喇嘛的重點是，如果沒有背全整部《戒經》，也就不會在結夏安居背誦。這意味著每個月兩次固定簡短持誦這部經時，所做的聲明也會是虛假的聲明。

著他到獅面空行母殿，在那裡等候早課結束。

早課結束後，在前任糾察師陪同下，林仁波切會見了堪布及副堪布，在他們面前單膝行禮。然後，他前往大經堂，在前排正中央面向諸佛菩薩頂禮三拜，將一把穀物撒向空中，做為供養的豐盛供品。林仁波切對瑪哈嘎拉（大黑天）護法的唐卡獻上哈達，召請祂助自己一臂之力，好好服務僧團。接著他對小昭寺的主要聖物不動金剛頂禮三拜，獻上頂級哈達，頭觸佛像雙膝求加持，並持續念誦祈禱文（彩圖11）。

然後他前往小昭寺主殿頂樓。前任糾察師交給他一面銅鑼，仁波切敲了三響。他們走下正殿到大經堂，前任糾察師坐上法座，林仁波切徵求他的同意，往後可以將自己的坐墊放在糾察師法座上、將典禮高帽放在肩上、拿起糾察師的皮鞭在僧眾坐位之間巡行，以及允許換他對僧眾發號施令。當兩人身份互換，仁波切登上糾察師法座後，前任糾察師恭敬地向林仁波切徵求許可，讓他把坐墊移到僧眾之中、加入卸任僧官的行列，仁波切隨即表示同意。

接著，來自不同扎倉的經師們，向林仁波切提出病假、短期事假、一年事假等請假申請。扎倉管家則列出新舊任僧官為期長短不一的請假申請。然後林仁波切在糾察師助理陪同下，前往辯經區，在那裡沿著堪布法座繞行三圈。接著他前往大經堂入口處。

屋頂傳來早午課的銅鑼聲，全體僧眾魚貫前往辯經場，在那裡等候進入大經堂。仁波切用右手示意僧眾前進，由領誦師領頭，學弟僧眾緊接在後。待所有僧眾入場，仁波切在行列之中巡行，檢視僧眾是否確實按照輩份就座，以及坐姿是否符合大日如來（摩訶毗盧遮那佛）的七支坐法②。

到了用茶時間，仁波切在前兩排座位之間行三次頂禮，並說道：「懇求你們慈悲允許那些值得用茶的人們也享用茶供。」以此請求參與法會者分享茶供養。對此，僧眾異口同聲大聲回答：「就那麼辦。」然後，他朗讀供茶的功德主大名，並應他們之請進行祈禱。

早午課用完茶後，仁波切回到他的僧房，那些親近他的人獻上哈達求個吉祥。

晚上九點左右，他回到小昭寺。寺院總管提醒就寢時間已到，僧眾便聚集到大經堂入口，在那裡頂禮膜拜，同時念誦懺悔文，修每日淨除罪行的儀軌。接著，他左手持酥油燈、右手做出指示，恭敬引導僧眾入內躺下。當所有雜音都消失後，仁波切就在行列間巡視，檢視僧眾是否按輩份就位，以及是否以如法睡姿就寢等。然後，在殊勝的瑪哈嘎拉唐卡前，仁波切手持幾杜香，祈請瑪哈嘎拉護法協助他透過僧眾間的和合及純淨的戒律，來弘揚佛法與

②編注。即蓮花座、法界定印、挺胸、雙眼微閉、收下顎、舌抵上顎、目視一物。因為人的身心緊密相依，依此坐姿可以幫助修持者較快速穩定地進行打坐。

修行。他從座位的後方對僧衆行了三次頂禮，並在糾察師的座位橫臥入睡。

隔天清晨破曉時分，仁波切被喚醒，他從後排對所有睡夢中的僧衆行三次頂禮，並念誦戒條等等。他敲打石鑼，象徵從四天女的妙音中、從睡眠淨光中轉醒，並逐漸增加音量來喚醒僧衆。早課第一次用茶時，他在僧衆行列之中來回巡視，檢視他們是否確實誦經，並叫醒打盹的僧侶。早午課之後，他到辯經場查看入學不到九年的僧侶們，是否使用石板進行聞思。

就這樣，從藏曆十一月十日到隔年的三月十日，除了休息時間外，仁波切從早到晚與僧衆爲伍，爲期四個月來回巡視僧衆等事情不顯疲態，扛起執行寺規的責任。對於那些自律不嚴而犯戒的僧人，他絕不會放任不理，而會給予訓斥、進行體罰等。有一次，明雅康村僧人喜饒多吉惹怒龍而染疾，因故被仁波切施予嚴厲的體罰，結果他的病卻因此痊癒了。後來這名僧侶去拜見仁波切向他致謝。當時在場的僧衆們一致證實確有此事。

有一名來自尙地的木匠，綽號叫烏龜，死後轉生爲惡鬼，騷擾許多民衆。人們向仁波切尋求協助後，這惡鬼很快就從鬼道獲得解脫，一切又歸於寧靜。也是在這段期間，林仁波切在哲蚌寺主持了一個祈請增加僧侶人數的修法，結果前來就讀的僧衆顯然增加了。這些都是我從老一輩僧侶那裡聽來的故事。

仁波切擔任糾察師的最後一天早上，在第一次茶供時間，他正如傳統一樣，站在僧眾中間向大家表示，任期內若因自己的不當處置或不夠細心，而有任何冒犯僧眾之處，敬請大家原諒。當仁波切在僧眾座位行列後方頂禮時，在領誦師帶領下，僧眾誦念懺悔文。早午課那節結束時，副堪布與康村經師們在寺院屋頂的聚會處，詢問他們仁波切在糾察師任期內的表現如何。所有人一致同意他的表現優異、無與倫比。於是副堪布獻上頂級哈達給林仁波切，並盛讚他圓滿達成任務。

第十三章 接受帕繃喀仁波切教導

尊貴的十三世達賴喇嘛希望能將自己接受的所有灌頂、口傳及教授，傳授給他的兩位親教師轉世：普究仁波切與林仁波切。同樣的，林仁波切也希望能從尊貴的達賴喇嘛那裡接受教示，一如水瓶盈滿瓶口。然而，達賴喇嘛尊者肩負政治事務的重擔，能接受他親自教導的機會少之又少。因此達賴喇嘛尊者告訴林仁波切，今後應向帕繃喀仁波切請法。

於是，當一九二七年仁波切圓滿糾察師的任務後，依照安排，帕繃喀仁波切將要授予吉布巴①傳承的勝樂金剛身壇城灌頂及說法。於是，林仁波切派遣一位侍者代爲請示是否能夠接法。帕繃喀仁波切回答說，當天他已經修前行灌頂，但如果林仁波切隔天要來，他可以爲仁波切另外授予前行儀軌。於是林仁波切立刻啓程前往扎西曲林寺，那天早上帕繃喀仁波切也特別爲林仁波切親授前行儀軌。下午，仁波切跟著大批僧衆一起接受了身壇城的灌頂，儀式直到晚上十點才結束。然而，之後還有完整的吉祥偈頌等誦經，念誦時音調綿長，伴隨著鈸等樂器伴奏。

這次法會的參與人士之中，包括一名來自安多拉卜楞寺的偉大學者卓尼仁波切②（剛仁波切）。帕繃喀仁波切曾從剛仁波切接受許多經典法本的教導開示。剛仁波切爲飽學之士。無庸置疑的是，在這次法會之前，他已接受過勝樂金剛身壇城的灌頂。林仁波切表示，剛仁波切會再接受一次灌頂，可能是因爲金剛總持親教師帕繃喀與勝樂金剛具有特殊因緣之故。

帕繃喀大師另行爲這位殊勝人物、我們的大師卓尼仁波切進行前行儀軌。儘管帕繃喀仁波切已經爲僧眾修過了，但要求接受灌頂的學生中，很難找到任何一位比這位如寶珠般具足一切功德的弟子來得殊勝。正如月稱論師的《燈明廣釋》所述：

戒律清淨學識淵，
具足智慧心專志，

---

①金剛鈴師。勝樂金剛法門共有盧伊巴、吉布巴、那波巴三支法脈，其本源皆來自盧伊巴。

②別名剛喇嘛仁波切更為人所熟悉，為格魯派備受尊崇的學者。他所造的《雜讚》最為聞名，為闡釋宗喀巴所著佛陀禮讚文《緣起贊》的偈頌。剛喇嘛仁波切所造偈文之英文選輯，由圖登晉巴翻譯（Shambhala: Boston, 2001）。

既聽聞已善宣說，
堪稱寶珠之士也。

這灌頂儀軌結束後，林仁波切坐著聆聽帕綳喀仁波切講授許多相關經驗教授。其中包括講述論釋勝樂金剛生起次第的三部著作：

一、《大樂明燈釋》。此部著作是十八世紀時，藉著勝樂金剛身壇城生圓二次第，成就實修的章嘉耶喜丹貝准美③所造。

二、《生起次第方便乘密道》。比較晚近的著作，由偉大學者——達波謝祝林寺④的修行者喀桑肯珠（又名究給多傑）所造；

三、《大成就者吉布巴傳規薄伽梵勝樂輪身壇城外供儀軌——殊勝福德喜宴帕》綳喀仁波切本人所造。

至於圓滿次第，仁波切同時受了以下的經驗教授：

一、吉布巴圓滿五次第的偈頌教學，含攝於十七世紀學者與修行者的寶冠寶珠羅桑卻吉堅贊、四世班禪額爾德尼的祕密法門之中；

二、喀桑肯珠身壇城圓滿次第的詳盡教法；

三、核心口訣教法，幾乎揭示了二十四大空行聖地諸空行的全部心血，是主要針對初修瑜伽修行者的修行。

此外，仁波切接受的其他法門還包括，甚深圓滿次第那洛六法⑤的經驗解說。那洛六法是大成就者那洛巴口訣傳承的精華，根據宗喀巴大師著述之《深道那洛六法導引次第論——具三信念》，以及由申扎鎮浙霍的洛桑登巴達傑所造之教科書進行教授。仁波切也接受瑜伽運動面授指導以鍛鍊身體。正如過去接受這些傳承的喇嘛們一樣，仁波切每天早晚都會整合這些教法的重點。林仁波切也接受了施身法⑥灌頂，源於溫薩耳傳施身灌頂。接著是由施身法教科書的注釋，十八世紀行者珠卓洛桑南傑根據口訣傳承所造之《求解脫者舵手注釋》，

---

③以章嘉若必多吉（Changkya Rölpai Dorjé，1717–1786）聞名。他是十八世紀學問淵博且具影響力的格魯派經師及作家。他論古典印度哲學家的著作《佛法峻嶺之莊嚴》，被譽為最能代表古典印度佛教學派觀點的論著之一。章嘉身為總編輯，監督將所有《甘珠爾》大藏經翻譯為蒙古文的計畫。章嘉的影響力，絕大部分源於他與清朝乾隆皇帝的密切關係，曾受冊封為大國師。

④宗喀巴第六代繼承人傑羅洛登巴創立的佛學院。

⑤亦稱那洛巴六瑜伽，是無上瑜伽部中，六種重要修煉方法的合稱，為那洛巴綜合密續中多種法門而成。

⑥編注。佛教術語。一種禪定練習的方法，起源於大乘佛教。佛陀在過去世進行菩薩修行時，曾經以自己的身體來布施給眾生。佛教修行者效法佛陀的行為，在禪定練習中，想像切割自己的身體，布施給一切眾生。

以及喀桑肯珠的導論《兜率修行傳承教法嚴飾論》。

一天，帕繃喀仁波切在他的房裡教授一些祖古及格西們施身法念誦的音韻。林仁波切說，他坐在前面，非常緊張，無法掌握念誦的訣竅。不過後來他跟著帕繃喀大師的侍從蔣揚練習，進步不少。多年後林仁波切回想，即使他現已年老，空閒時偶爾念誦起施身法那美妙而有力的音韻旋律，自然而然會湧生深刻信心。

以前，色拉寺傑扎倉一名名叫擦瓦彭措的僧侶，本來是色拉寺的雜役僧⑦。然而，在接受了菩提道深廣的核心教法之後，前往扎葉巴禪修多時，後來成爲「大成就者彭措」。擦瓦彭措快圓寂時，交代他人要將其爲數不多的個人財產妥善運用，亦即供養金剛持帕繃喀仁波切，請求他在扎葉巴寺

帕繃喀仁波切。

舉行大型講經說法。

因此，應扎葉巴寺持續之請，從藏曆火兔年八月二十八日起（一九二七年），帕繃喀仁波切特地向由三大寺及其他各地前來的五百位僧俗眾（包括格西、祖古等在內），針對菩提道次第授予經驗教法，為期一個多月。此次說法開示使用兩部著作：五世達賴喇嘛阿旺羅桑嘉措的《文殊口授・菩提道次第引導文》，以及出生於一六六七年⑧的五世班禪羅桑意希之《菩提道次第捷徑面授法》。這些教法後來成為《掌中解脫》⑨。教授結束時，彌勒寺送來一小尊彌勒菩薩像。此外，帕繃喀仁波切主持發願心及受菩薩戒的儀軌。林仁波切接了這些教法，也做了筆記。

我的親教師下榻處，有許多唐卡展示在四面牆上。而金剛總持親教師帕繃喀在開示時表示，睡覺時不能把腳朝向代表諸佛菩薩的物品。仁波切說，這些話好像是對著他說的，所以

---

⑦寺院中以不守紀律及態度不佳而聞名的一群僧侶。他們在背誦考試後即不再進修，轉而從事寺院中雜務，例如在廚房工作、與遊牧民族做生意，或在大型活動中執行保安工作。

⑧編注。五世班禪羅桑意希的出生年通常記為一六六三年，實應為一六六七年。

⑨又名《菩提道次第二十四天開教授》，是帕繃喀大師此次復興廣論、為僧俗開示修行菩提道次第廣論的心得。

他很緊張。之後，每當他晚上休息時，不論是在拉章或在其他寺院，他都要確認雙腳若朝向唐卡，這些唐卡會供奉於他處。

在菩提道次第的教法之後，以馬鳴菩薩的《事師法五十頌》為前行教授，仁波切接受了密集金剛神聖傳承的阿閦金剛三十二尊壇城、吉布巴傳承的勝樂金剛五本尊外壇城、十三尊大威德金剛壇城、三十七尊毗盧遮那佛（大日如來）壇城、阿閦佛九尊壇城等灌頂，以及吉祥女比丘尼傳承十一面觀音大灌頂、密集金剛及大威德金剛的隨許灌頂、勝樂金剛咒語，與噶當十六明點灌頂。在傳密集金剛灌頂前行儀軌時，仁

扎葉巴寺大經堂

波切投擲了尺木，它直立著沒倒下。在場的每一個人都感到驚奇。

受灌頂後，仁波切又聽了六座上師相應法的教導，以及密乘十四根本戒及八支粗罪、月官阿闍黎《菩薩律儀二十頌》的教法，這些都是林仁波切自己特別求法的。雖然他已經從布杜金剛持那裡接受過這些教法，但那些誓言要遵行大乘菩提道的人，會這麼再次接受教導，由諸佛菩薩擔任他們的見證人。這些教法應該要正確修行，行者必須詳細確知如何修持他們已發願接受的戒律。如果不這麼做，就徒具大乘行者之名。更有甚之，我們被教導，想要修行金剛乘，尤其是修行無上瑜伽部的人，應該將事師之道當成基本修行，甚至比大乘菩提道中解釋更形重要。他們應該信守密續誓言及戒律。因此，仁波切特別要求再次接受這些教法，無庸置疑是因為理解守護戒律的重要性。

林仁波切向帕繃喀大師請示，如果他去聆聽拉卜楞寺的剛仁波切講經開示是否合適。帕繃喀仁波切答道，剛仁波切曾在尊貴的喜饒嘉措⑩座下學習，他是口傳的核心教導寶庫，因此當然值得接受剛仁波切的教導。

於是，那一年藏曆十月二十一日起，林仁波切和帕繃喀仁波切及其他人接受了剛仁波切

⑩安多一位偉大的教師，也是許多口訣及口傳傳承的保管人。

的《般若經略本》、彌勒菩薩的《現觀莊嚴論》，以及月稱論師的《入中論》教導及傳承。十一月二十二日起，林仁波切更接受了宗喀巴大師的《辨了不了義善說藏論》，以及第一世嘉木樣活佛，華秀俄昂宗哲論印度論師的根本法本教法與傳承。

當帕繃喀仁波切接受剛仁波切這些法本的教導時，在早晚休息時間，應偉大的薩迦崔津法王、薩迦派希莫仁波切等人之請，在自己房間對包括林仁波切的幾位格西及祖古，以深廣的口訣教授阿努布地論師的《妙音聲明記論》。

一九二八年，藏曆土龍年四月十二日起，在確藏阿蘭若大經堂，由帕繃喀仁波切擔任功德主，林仁波切聽聞卓尼格西仁波切的教法，包括宗喀巴大師的《密咒道次第廣論》《淨除惡趣密續及旁注》《普明續義明論》、龍樹的《親友書》講說口傳《勝樂根本續》《隱義普顯》，以及它的科判《勝樂攝義三家合注》的講說口傳、拉卜楞寺的嘉央圖丹尼瑪《時輪金剛生起次第》、卓尼格西本人的著作《善說心要雜讚密意無漏開啓虛空藏大門圓滿云妙音》的教授與傳承。

林仁波切多次表示，卓尼格西仁波切富詩意的文字極爲殊勝，讓他的心靈受益良多。即使在平時對話，林仁波切也經常誦念的《雜讚》句子包括：

般若智慧的心湖⑪
諸佛菩薩之心要，
由龍眾之王龍樹統治，
月稱之月光遍照山谷，
納入羅桑扎巴⑫心靈之恆河。

以及：

「緣」謂不捨法性；
「起」謂世間示合理。

---

⑪指瑪旁雍錯湖，在西藏西部，靠近岡仁波齊峰。古梵文稱其為「瑪那薩羅瓦」，是由「瑪那」（心）和「薩羅瓦」（湖）兩個詞組成。

⑫「羅桑扎巴」即宗喀巴，意為「善慧」。此偈頌使用一種頭韻，在一行的第三音節，會反覆出現符合文意的名詞或名字，以託寓的形式表現語意，而非展現字義。般若智慧被視為「諸佛菩薩之母」，「諸佛菩薩」也由此借用，重複於第三音節出現。此外，「龍眾」取自「龍樹」，「月」取自於「月稱」，「心」（blo）則是「羅桑」（Losang）的第一音節。

或者：

當今日眾生抵達他們的旅途終點
在如意寶樹——詩王的馬車輪痕之路途上，
他們會與什麼樣的旅伴同行？

跟其他格西與祖古們一起接受上述卓尼仁波切的教導之外，林仁波切也接受了帕繃喀大師的教導，包括格魯派大師貢唐丹白仲美的《十怒尊猛烈守護迴遮之利劍》《網輪繪作甚深教授》、五世達賴喇嘛尊者對印度班智達檀丁的《詩鏡》注疏——《妙音歡歌》講說口傳，以及帕繃喀仁波切本人所造之《上師相應法——加持如意祕藏》的教授。

在詩學的課程上，林仁波切自己寫了幾首韻文，然後請示帕繃喀仁波切修改。帕繃喀仁波切對他說：「如果你要圓滿詩學的學習，研讀詩人克仙曼德拉的《本生如意藤》[13]是非常重要的。」因此，後來林仁波切從帕繃喀宅邸借來兩部相關書卷徹底研讀。它們是羅哲丹巴大譯師[14]關於《本生如意藤》之注釋以及索東吉美札巴的黑墨批注，還有拉吉滇汪究的紅墨批注。林仁波切原本計畫要印製這些文本，但後來未能實行。

通常仁波切不會跟人閒聊，但是他會說些佛陀前生的故事等等，這些都是他很有把握的典故。

林仁波切聽聞卓尼格西仁波切教導擦迪仁千屯祝（一七〇八～一七五七）對藏文主要創製人吞米桑布札的文法論述《文法根本三十頌》之注釋，他提到，介副詞「納」（na）[15]被用於位置格，是出自世親《阿毗達磨俱舍論》中「一禪之中具一切，未至定則不攝喜。」而來。

後來，帕繃喀大師傳克主傑大師論生起次第的《密續王密集生起次第論悉地海》，以及一切種智宗喀巴大師論圓滿次第的《密集圓滿五次第廣釋明燈論》之教導與傳承。這些是應色拉寺傑札倉的蒙古格西年扎之請，在扎西曲林阿蘭若的經堂中，授予大約三百人僧眾的教導。林仁波切也全部參與並接受這些教導。

---

[13] 此為佛陀本生故事的詩意演繹版本，記錄佛陀還未成佛（菩薩）的前生故事，由十二世紀迦濕彌羅（今之喀什米爾）的國王兼學者克仙曼德拉所著。

[14] 生活於十三與十四世紀之交，是藏族歷史上著名譯師和學者，有「雪域第一雄敦」之美名。大師曾先後七次赴尼泊爾等地學習梵語和翻譯，翻譯和校訂了許多顯密經典。

[15] 藏文中有所謂邏義格助詞（la don prepositional）。例如「na」，它有五種不同的功能，其中之一指示位置。在變體的邏義格助詞形態之中，「na」很少被用來指稱位置。

有一次，帕繃喀大師應林仁波切的請求，授予羅千達瑪師利尊者（一六五四～一七一八）的《成就法如意妙瓶》的教法，並使用土觀卻吉尼瑪的一部著作，教授天王五身（即乃穹護法）。當時帕繃喀大師對林仁波切說道：「昨晚我夢見一位紅色人物來找我，顯示極大法喜。天王五身對你非常忠誠。」

一九三〇年，林仁波切參加帕繃喀大師在楚桑寺辯經場進行的甚深上師薈供儀軌教導。當他聽到潛心祈請的段落時，來自聞思增長林寺的代表前來護送林仁波切前往該寺（彩圖18）。由於該寺長久以來都在邀請林仁波切前去造訪，因此林仁波切必須暫停聆聽帕繃喀大師的教示。

現在，帕繃喀仁波切對上師薈供儀軌的教法已有一些注釋了。後來，林仁波切也再度從至尊拉尊仁波切、赤江仁波切那裡接受了上師薈供儀軌的指導。本書三十一章將再詳述。

後來，林仁波切應邀在藏南（山南）待了六個月。在貢巴寺，林仁波切針對菩提道次第給予經驗教學法，使用五世班禪羅桑耶謝的《菩提道次第捷徑面授法》，並以發菩提心的儀軌做為結束。這是他殊勝的一生中，第一次對菩提道次第進行說法。同樣的，他也在亞桑寺說法，並對這兩間寺院都提供廣大供養。他也造訪了雅礱河谷地區一些聖地，同時進行供養及祈願，包括昌珠寺、達欽布巴阿蘭若、雍布拉康宮、密勒日巴弟子的惹瓊巴崖洞、南傑寺、澤當的那曲寺，以及桑耶無變任運成就寺（全稱「桑耶明就倫珠帕祝拉康」，意爲「無邊寺」。）。此外，應他們的請法，林仁波切也爲當地許多出家及在家衆說法，因此有利衆生並帶來極大法益。

就在仁波切停留在聞思增長林寺時，他的侍從強巴洛桑、前任林仁波切的姪子患了嚴重的胃病，引發彷彿被牛角撞到般的腹痛，結果無法痊癒而逝世時，林仁波切爲他進行許多供養。這位隨侍打從仁波切年幼時就跟著他，教導仁波切閱讀寫字，敦促背誦禮讚祈請文等。他就像是仁波切的私塾教師，林仁波切也把他視爲自己的上師之一。更有甚之，每當仁波切提到他時，都會尊稱他爲「Kushap Sölpön-la」，意即「尊敬的已故隨侍」。

停留在澤當的那曲寺時，未來的林仁波切拉章總管洛桑朗瑞才十歲，由他的姑母帶到林仁波切跟前。後來，洛桑朗瑞十八歲時，就進入林仁波切宅邸擔任侍者。他第一次拜見仁波切時，獻給仁波切五枚嶄新的硬幣當做紀念。仁波切用紙張把它們包好，上頭寫著當天日期，並把它們放在他用來存放私人用品的小盒子裡。這個舉動，彷彿林仁波切用他的天眼通預見洛桑朗瑞將會一輩子侍奉林仁波切，依照林仁波切的意願而行。

在達扎桑登寺，林仁波切也從至尊達扎金剛持那裡接受了四十五種壇城的灌頂，包含阿闍黎無畏笈多（亦譯爲無畏生密、阿巴亞卡拉笈多）、《曼荼羅儀軌金剛鬘》中的四十二本尊，並以由班智達明鏡阿闍黎《行部略要》⑯的〈善樂三曼荼羅〉做爲補充。

仁波切說，在那些接受灌頂的日子裡，某天艾卡仲祖古對學生們修淨化業障儀軌，仁波切彎身向前，結果香爐打到他的臉而流了些鼻血。

林仁波切請求帕繃喀大師開示寂天論師的《入菩薩行論》。帕繃喀答說，有人已經請法，他也答應了。如果林仁波切也一起來參加就太好了。然而，可惜的是不巧因緣未具足，這次說法並未舉行。

拉卜楞寺的蒙古格西帕登桑波，已經接受了許多珍貴教導，因此受拉尊仁波切之邀到拉薩去。林仁波切跟至尊達扎仁波切、哲蚌寺果芒學院的康薩仁波切及其他人一起，從帕登桑波那裡接受了智慧空行尼古瑪⑰傳承的三十三尊長壽佛白面寂靜相本尊內修、祕密修行的紅面忿怒二十三本尊、九尊紅面極密傳承、定賜無死白色九尊、十七尊白傘蓋佛頂，以及其他許多傳承的灌頂，都是依據十九世紀知名蒙古格西，洛桑達揚⑱的修行指導手冊教授。

仁波切還記得有一次，他接受帕登桑波對獨勇大威德金剛生成與圓滿次第的經驗教學法，因爲帕登桑波的口音很重，他覺得有點難以理解。但因爲康薩仁波切已聽聞了完整的教導，仁波切很有把握，覺得自己往後能從康薩仁波切那裡接受傳承。因此，林仁波切轉而前往僧伽學院去接受甘舉喇嘛洛桑頓登的《密集嘛略要》⑲傳承。

仁波切接了額爾德尼全集的傳承、十八世紀大師耶西尊珠尊者的著作、土觀洛桑卻吉尼瑪[20]全集，以及近代大師喜饒嘉措——拉卜楞寺所有學者及行者之中的頭冠寶珠——全集。仁波切經常讚揚甘舉喇嘛洛桑頓登具有學者與行者的雙功德。洛桑頓登也認爲林仁波切是能夠支撐佛法教誨的偉大棟樑，因此視他爲心子。此外，從人稱「甘朱爾喇嘛」的夏貝仁波切那裡，仁波切接受了曾一度失傳的傳承。

林仁波切也接受了其他教導，不過我不確定詳細日期。

他聽聞了所有帕繃喀大師的教法。包括：大威德金剛生圓二次第的經驗教學法，使用宗

---

⑯Bya ba bsdus pa, Kriyāsamgraha，若本書為收錄於《甘珠爾》中的同名經本，那麼作者即是Kuladatta。

⑰那洛巴的佛母尼古瑪（Niguma），建立了著名的《那洛六法》傳承，破瓦法（Phowa）即為六法之一，屬於香巴噶舉派。

⑱又名洛桑丹頂（Losang Tamdrin）。著作甚豐，包括許多古典佛教主題之論釋，尤其是佛教哲學相關議題。同時，他也翻譯了東晉高僧法顯的遊記。

⑲亦譯為《宗喀巴大師祈請文》，原為對宗喀巴的禮讚偈頌，後做為咒語廣為傳誦。後來建饒丹巴卻貝將與《密集嘛》相關的文本、儀軌，編纂為《密集嘛略要》。

⑳土觀為十八世紀具有影響力的作家。他是章嘉．若必多吉的學生，最著名及最受歡迎的作品為《土觀宗教流派鏡史》，其英譯版本被列為西藏圖書館經典系列。

喀巴大師《大威德金剛怖畏十三尊成就儀軌寶篋》，大威德金剛在此末法時代中，於五方面優於其他本尊；那洛巴金剛瑜伽母十一瑜伽的生起次第甚深教法，使用的金剛瑜伽母教本名爲《吠琉璃溶液之階梯》，由達普洛桑丹白嘉贊所造；夏魯寺前法座持有者洛桑建饒所造之《前赴空行淨土捷徑》，以及額曲達瑪巴札之筆記、《那諾空行生次十一瑜伽》《圓次中脈不共難思要訣斷除增益》，以及心棄捨與能所執連結等甚深教授，如大密學說的傳統作法，來學習帕繃喀大師的全集。

他也參加由至尊達扎金剛持、果芒扎倉康薩仁波切、甘舉喇嘛洛桑頓登、拉卜楞寺的蒙古喇嘛帕登桑波，以及卓尼格西仁波切洛桑嘉措等「法如意雲寺」的多數全集佛法。

總結來說，自從林仁波切完成上密院糾察師的任務，一直到他執行十三世達賴喇嘛的金身靈塔任務，都持續對道次第的教導、修心、密續灌頂及口訣教法求知若渴。藉此，他成爲口傳核心教法的殊勝寶藏。然而，因爲流亡之故，那些教法的紀錄資料都留在西藏，我無法再寫得更詳細了。

一九三三年夏日尾聲，因應赤江仁波切的請求，帕繃喀仁波切在曲桑山林處授予四面大黑金剛奪力自在十七相的隨許灌頂。林仁波切也參加這些教導。這次他沒有接受到瑪哈嘎拉（大黑天）的教法，但帕繃喀大師圓寂後，他在宅邸接受了希莫仁波切的教導，包括兩種四面瑪哈嘎拉的隨許灌頂：瑪哈嘎拉的祕密修行，主要是極密不共的修行；以及黑婆羅門相之瑪哈嘎拉的灌頂，這本尊化現的身份是位侍者㉑。林仁波切也接受了祕密瑪哈嘎拉的口訣教法。

林仁波切也經常接受長壽灌頂、消除業障儀軌等等教法。仁波切認爲希莫金剛持是已獲得高證量的大德，也對別人如此稱讚他。

㉑相傳年譯師從裡蘇空行母處獲得文殊密集金剛灌頂後，空行母又給予年譯師密集金剛本續中，極為祕密不共的四面瑪哈嘎啦護法灌頂。灌頂授畢，空行母賜給年譯師一位皮膚黝黑的婆羅門侍者，讓這位侍者隨著年譯師返抵西藏。當師徒二人抵達尼泊爾時，婆羅門侍者突然搖身一變，成為一位僧侶。年譯師圓寂後，這位侍者又繼續侍奉了南開烏巴大師（薩千貢噶寧波的上師之一），接著成為其身邊的侍者。事實上，這位婆羅門形象的侍者，是密集金剛本續中，忿怒四面瑪哈嘎拉的化現，後多以婆羅門造型出現，屬於密集金剛續的特別護法。藏文為貫西巴（梵文為Brahmarupa）。之後成為薩迦傳承中，極為祕密的不共護法。

第十四章
安排十三世達賴喇嘛喪禮

一九三三年，藏曆十月十三日，至尊十三世達賴喇嘛示現圓寂。羅布林卡宮達賴喇嘛管家辦公室發出指示，由林仁波切負責協助爲尊貴的法體進行清洗、更換防腐鹽等工作。那時，一位政府高官對他說：「立誓者爲誓言所縛①。」林仁波切說，那天達賴喇嘛的私人侍者土登貢培就要被逮捕②，因此羅布林卡宮附近發生騷亂，軍人及其他許多人都在附近徘徊行動。

林仁波切向帕繃喀仁波切徵詢關於這些喪禮任務的建議。從他當時的筆記顯示，在赤江仁波切及其他人的協助下，他圓滿地辦完喪禮，爲新的黃金靈塔奠基，並爲將要裝藏在靈塔中的咒語眞言做好必要準備。

早上喪禮儀式結束後，與下午時段的儀式相隔了一段時間。因爲布達拉宮沒有其他獨立分開的房間可供休息，因此林仁波切有點疲累。不過，他得以與赤江仁波切連續幾天望著布達拉宮牆上壁畫。後來他們和布達拉宮裡的尊勝寺（達賴喇嘛私人寺院）維那師成了朋友。他來自澤墨家族③，於是兩位上師得以在他的房間休息。

林仁波切負責辦理喪禮，時間達一年半。靈塔建造完成後，林仁波切和至尊達扎仁波切負責陵墓中的壁畫。首席藝師堅贊盛讚林仁波切用色，以及不同本尊的畫格（圖像的度量）等造詣極佳。林仁波切不僅擅長繪製精美的花鳥、神器、法器等，也喜歡木工與金屬工藝。結果，他在拉薩的拉章及阿蘭若都有工具箱，裡頭有各種尺寸的刨刀和鋸子等工具，可用來製作實用器具，例如桌子和小箱子等。有時候仁波切會磨利刨刀。

哲蚌寺果芒扎倉的蒙古僧普雷桑波，送給仁波切一部相機，並教他如何拍照、洗相片。因此，林仁波切能夠拍些好相片。有時候他會幫侍者洗他們拍的照片。不過他並不是常常從事這樣的活動。仁波切喜歡相機、手錶、望遠鏡等。他不喜歡戴手錶，但他收藏了十支品

①原指立下誓約的護法神受其誓言所束縛，此指林仁波切現在承擔此重任無法抽身。

②土登貢培因為未及時報告達賴病情的罪名被逮捕，監禁於布達拉宮夏欽角監獄。初判為死刑，後免除死刑而將他逐出拉薩，終生流放。

③澤墨亦譯為赤門。指赤門夏佩的親戚，赤門夏佩為保守派政治家，曾任西藏財務部長，是尋訪並認證十四世達賴喇嘛的主要官員之一。

質很好的手錶，放在一個白色盒子裡，大約每個月爲它們上一次發條。除此之外，仁波切沒什麼興趣擁有特別的私人財物。他還喜歡擺一些假花等等供養在佛壇上（彩圖10）。

林仁波切就任密教學院的副堪布之前住在拉薩，每天他會繞行轉經道，並造訪不同的寺院。

有一年，他造訪小昭寺附近的吉崩岡拉康④、里順康寺，以及拉薩所有寺院，進行供養及祈願。衛塞節⑤期間，他會請林仁波切拉章所屬剛托莊園送糌粑過來，當他繞行轉經道時也會布施給乞丐們。他也喜歡在街頭，聆聽民間說唱藝人喇嘛瑪尼瓦爲了利益衆生將咒語

十三世達賴喇嘛陵墓一角，一九三六年落成，攝於布達拉宮。

搭配旋律而唱，或是聽宗教說書人講宗教故事。

他很小就會打掃自己的房間，在佛壇供水，就像過去喇嘛們的習慣，而這是六加行⑥的一部分。他說，有一次他在阿蘭若上床就寢時，聽到木床架傳出抓刮的聲音，他猜想可能是老鼠。然而到了早上，他把床鋪移開打掃房間時，卻看到一隻蠍子，嚇了他一跳。

有一次他在主殿廣場行十萬遍大禮拜，雖然很累，也超過原先設定的遍數，但他還是全數做完。

林仁波切具有聰敏的慧根，他過去多世以來的修行習氣明確顯現。這表示他不必像其他人一樣在佛典傳承方面花費多年時間訓練；他悠遊在顯密、內外道經典的浩瀚綿長之海岸。透過正確運用這些經典的教法，獲致極高的證量功德。更有甚之，他的前前世赤欽阿旺隆朵

---

④「吉崩崗」指「供奉宗喀巴大師塑像的地方」，寺內供奉一尊二層樓高的強巴佛泥塑像，四周供奉宗喀巴泥塑像約十萬尊。

⑤Vaiśākha，指「月圓」。藏曆四月的滿月日被視為佛陀證悟涅槃的紀念日。不過衛塞節把佛陀誕生、成道、涅槃，都於同一日紀念。據記載，佛陀出生、悟道、涅槃那天雖都在五月的月圓之日，但非同一天。

⑥編注。佛教術語，為六種波羅密。以多修習「布施、持戒、忍辱、精進、禪定、智慧」六度萬行為筏，渡脫於生死苦海，得至究竟涅槃之彼岸。

雲丹嘉措，是十一世達賴喇嘛的親教師。後來，他的前世吉增洛桑隆朵丹增欽列成爲夏巴曲傑，亦即副甘丹赤巴，同時也擔任十三世達賴喇嘛的親教師，爲期七年，並成爲可能是當時知名的蒙古格魯派傳承擁有者中，最爲舉足輕重的喇嘛。

因此，密宗學院的僧眾們，對於這位殊勝人物是否未來也成爲副堪布，抱持很高的期望。更有甚之，副堪布候選人，依照傳統需要是曾經參加密教辯經考試的第一等拉然巴格西，而林仁波切已經參加辯經考試好幾次了。不過，十三世達賴喇嘛在世時，並未指派林仁波切擔任副堪布。原因很多，包括他當時還年輕，這職位會妨礙他繼續接受灌頂、傳承、口訣等。但主要是因爲達賴喇嘛預見未來，當一九五九年專橫的中國占領及壓制西藏之後，佛法將遭破壞殆盡、徒留其名，林仁波切將要挺身擔任文殊菩薩化身、第二佛陀宗喀巴大師的攝政，讓佛法浴火重生。因此，正如《妙法蓮華經》所說：所以者何？護法知其時。

然而，時候到了，林仁波切還是必須成爲副堪布。這一點可以從他請辭糾察師職務時，達賴喇嘛的回覆可以得知。如前所述，他的回覆是：「你要當糾察師。你應當培養對密院的守則、規範的熟悉度與自信，接著擔任副堪布，再接任堪布。」

第十五章
任命為上密院副堪布

一九三六年，出身於哲蚌寺洛色林扎倉娘熱康村的格西扎西南傑，其上密院副堪布的任期已滿，被延攬晉升堪布。同時，攝政熱振仁波切挑選了幾位副堪布的候選人。在隨後的考試中，殊勝的林仁波切名列第一。攝政眼見時機已到，便用印核准指派林仁波切擔任副堪布的職務。

熱振仁波切。

一個吉日早晨，林仁波切在拉章舉行了升座典禮。在洛色林扎倉各康村的五位經師請求下，仁波切登上了接待大廳的法座。那些教師們呈上攝政的任命書給仁波切，仁波切依照傳統站起來以雙手恭敬領受。林仁波切拉章、上密院、哲蚌寺洛色林扎倉、康村及許多其他代表獻上了哈達、佛像、佛經及佛塔等象徵佛陀身語意之供養物。仁波切拉章回贈所有嘉賓茶和米飯。

幾天後，正式典禮那天清晨，仁波切抵達小昭寺時，上密院糾察師、領誦師、上密院五個康村的經師及許多和他熟識的信眾，都前來賀喜並持香陪同。仁波切身穿儀典的黃僧袍、托著缽，背著內含《密集金剛根本續》及其他密續法本的經書篋。

之後，在早午課開始前，仁波切前往大經堂。他在大約前排正中央撒花並頂禮。接著，他至小昭寺佛陀像前，進行頂禮、獻哈達，並且祈願。然後他對瑪哈嘎拉護法的壁畫獻上哈達、坐上副堪布的專屬法座。他的經書篋被放在靠法座後方的柱子上。

領誦師開始念誦，林仁波切和糾察師及五個康村經師們，一起修持了密集金剛生起次第，接著是鈴加持、金剛杵，以及內供加持。接著上密院供茶與米飯給所有參加者。領誦師開始念誦起茶供養偈，以「無上本師……」開頭；接著是甜飯供養偈誦，以「美妙多樣的供養……」起始。完成後，林仁波切喝了茶並食用部分甜飯。那些持香護送他的人們先到外面去，僧衆們進入大經堂，誦師領導他們誦念克主傑所造之禮讚宗喀巴大師的偈頌，開頭是「殊勝大德，三界衆生之慧眼……」

上密院及林仁波切拉章，接著獻給仁波切象徵佛陀身語意的佛像、佛經及佛塔。當僧衆們用茶時，仁波切誦經將功德迴向。然後，持香者護送仁波切到大經堂頂樓的藥師佛殿，在那裡舉行周延完整的儀軌。結束後，仁波切前往布達拉宮參加就職茶敘，會見攝政及官員們。之後，返回小昭寺頂樓的副堪布房間，上密院、各康村、他的弟子及前世林仁波切弟子，不論出家或在家者，都來獻上吉祥哈達，他全欣喜地接下，並回送打上結的保護繩。

準備儀式典禮時，一張法座前的桌子是從哲蚌寺果芒扎倉宋朱康村的前甘丹赤巴，阿旺諾布的住所借來。歸還時，在桌子裡找到一雙這位知名堪布常穿的黃靴子。這被所有前來幫忙儀式典禮的人視爲吉兆，顯示林仁波切來日將成爲甘丹赤巴。

接任副堪布者，若不曾擔任糾察師，必須供奉每位僧人三份茶、藏式湯麵以及五枚最低面值的藏幣①，做爲購買糾察師一職的費用。若先前已經擔任過糾察師，就不必進行這樣的供養。然而，林仁波切拉章整天都供養全體僧衆上好的茶飲、湯麵及錢幣。

①最低面值的藏幣，一百枚等於一枚三桑（Srang），約三兩。

依照傳統，新任副堪布要花三天擔任密續法本誦經法會的主持人，也要與寺內僧眾共同就寢。因此，法會時，僧眾們聚集在辯經場，林仁波切和領誦師一起抵達、走進寺內，然後面對面直接坐在地板上，沒有坐墊或坐椅。僧眾們接力傳來一支金剛杵和一只鈴，最後傳到仁波切手上。接下來的誦經以三段落的朵瑪儀軌展開，緊接著念誦密續文本和《教法興盛祈願文》。然後，就寢鑼聲響起，林仁波切便加入僧眾，以獅子睡姿橫躺就寢。隔天凌晨三點左右，林仁波切比僧眾早起，複習每日任務、參加早課等等……這是那三天他的行程內容。

新任副堪布必須參加所有上密院的院外課程，時間長達一整年。

首先，藏曆第二個月，林仁波切前往覺摩隆寺。他把坐墊放在扎倉頂層的僧房後便去參加法會，晚上則和僧眾共同在大經堂就寢。隔天，他比僧眾早起，漱洗後參加早課。當僧眾們喝茶時，林仁波切便告誡他們，受持三戒——別解脫戒、菩薩戒、三昧耶戒——的密教行者們，應該如護眼守護所有三戒，以此爲基礎，聞、思佛法勤修精進，並以禪修斷除煩惱。他爲僧眾具體列出在覺摩隆寺課程中將修的儀軌與法會。

第二天，新任堪布主持誦經法會，林仁波切則擔任覆講師，重複一次堪布念誦的經論。之後，在辯經場上，參與這期課程的格西們和其他學僧圍成一區，仁波切在那裡覆講經論共三次。下午，他加入僧眾的行列，聽聞新任堪布進行說法，也參加密續法本誦經的晚課。

一週的課程結束後，在返回拉薩的路上，林仁波切前往達扎阿蘭若，達扎金剛持的居所，聆聽偉大的攝政達扎金剛持——百佛眷屬一切遍智的上師——說法開示。仁波切住在達札卓摩四周有圍籬之處所，當時洛桑朗瑞是他的隨侍。色拉寺昧扎倉的扎雅仁波切也參加這些開示，林仁波切遇見他好幾次。他們一起練習長調誦經以及壇城的畫格量度。據此，或許可以推測他們也接受鐵堡教授的教導，不過我不能確定。接受這些教法傳承後，林仁波切返回拉薩。

在小昭寺，每年有一個傳統：以彩沙壇城舉行爲期一週的盧伊巴②法脈傳承的勝樂金剛自我灌頂儀軌。前行根灌頂當日，仁波切參加集會，並教授這個自灌頂儀軌③等內容。沙壇城由儀軌助理砌畫完成後，仁波切再逡巡檢視是否尺寸大小和色彩都符合密續中描述之規格。

②編注。指藏傳佛教八十四大成就者之首咕嚕盧伊巴，放棄王子權位選擇乞食為生，恰遇為空行母的酒販施捨王子見而生厭的腐食，並批評若有分別心將難修行佛法。王子於是拋棄己見，專食漁人拋棄魚內臟修行十二年，終證得成就。

③灌頂亦分為道灌頂、果灌頂、基灌頂。一切主要皆由初受上師親自灌頂的基灌頂開始為基礎，方可持續日日之自我灌頂（道灌頂），最後成佛前受果灌頂。

藏曆三月，仁波切前往直門達，停留在洛森巴莊園的康貢宅邸。之前扎倉外課程時，他曾經來這裡住過。鋪下墊子後，仁波切對僧衆解說在直門達期間將修行的各種課程活動，努力維持不讓傳統沒落。

藏曆四月，仁波切造訪直貢芒拉寺，這是首位噶當口傳派傳承持有人，甲域瓦修奴——憧哦瓦④大弟子——的駐錫寺院。林仁波切下榻在該寺頂樓的僧房，雖然僧房並不舒適，仁波切感到歡喜且輕鬆。他應僧俗衆之請給予廣大教示，並對僧衆慷慨布施。有一天，林仁波切受招待觀賞名爲「芒拉色朵」的寺院儀式舞蹈，其中包括由十六位手持權杖、頭戴大帽檐黃僧帽之僧衆所表演的一段舞蹈，以及毘沙門天（多聞天王）和祂的八位隨侍馬夫表演的舞劇。接著，林仁波切也欣賞了來自下宗卡等地居民演出的藏戲。

在這地區，有一地方神祇名爲龐欽。仁波切訪問其住所時，依照習俗，需要神諭請祂出來。仁波切送給這尊神祇一件上衣、一件圍兜裙以及一頂帽子，都是由上好材質的錦緞所縫製，並囑咐祂要盡力使雨水準時降臨，並且要對該地區域民衆在各種事務的行事作法提供適當的建議。龐欽答道：「即使佛塔上下顚倒，塔身還是在中間⑤。」

有個故事與林仁波切拉章的一頭騾子有關。

有次牠和一匹馬玩耍，互相追著跑，結果騾子倒在一堆木柴上，被一根木柴刺穿了身體，導致牠十分痛苦。在當地民眾建議下，經由神諭召請這位當地神祇。藉由神諭手持長劍，將它用火燒熱，再把刀刃放在騾子傷口上，口持咒語，對騾子傷勢的痊癒大有幫助。

直貢芒拉寺的主要聖物，是由膏藥塑成的甲域瓦修奴雕像。當地耆老說，每當各世林仁波切身體健康且成就廣大弘法事業時，雕像的頭部會仰望天空；當仁波切顯示身體不好的徵兆時，雕像就會垂下頭來。據說，在那特別的時刻，雕像尤其神采奕奕仰望天空。彷彿為了要弘揚阿底峽的噶當法脈傳承，林仁波切就如十一世紀甲域瓦修奴。

大約從那時候開始，侍者圖登里津常被一尊神祇隨興附身。他是林仁波切拉章的員工，也是扎葉巴的上密院康村管家之子。仁波切表示，那附身的神祇可能是雅拉香波山神⑥。這尊護法並沒有專屬神諭。

---

④慬哦瓦．粗赤拔，藏傳佛教噶當派高僧。「慬哦瓦」在藏語中意為「眼前人」，因他經常隨侍在仲敦巴左右而得名。有關目前可得的噶當派紀錄及主要早期大師，參考《噶當上師之智慧》（Boston: Wisdom Publications, 2013），由圖登晉巴翻譯、導論解說。

⑤佛塔是戶外的神殿或舍利塔，建築格式標準易於辨識，它的中間有如山坡地的梯田。這位護法神祇的意思是，雖然他只是一個非人靈體，但祂承諾守護佛法的心意不變，如同階梯平臺的部份位於佛塔中央，即使佛塔上下顛倒位置也不改變。

⑥苯教信仰主要四位山神之一，西藏雅礱地區的地方神祇及護法，由蓮花生大士馴服。

聞此，來自山南的民衆信仰這神祇，祈請林仁波切讓這位侍者擔任雅拉香波神的神諭。林仁波切表示還是確認一下比較妥當，並送圖登里津到德木仁波切那裡進行「開脈門法會」。在這之後，圖登里津獲認證爲雅拉香波神的神諭，被派遣到山南。除了這次事件外，凡是被神靈附身的人都被帶來林仁波切這裡，而他都會轉交給德木仁波切辦理。林仁波切自身從未施行驅魔或立咒誓之類的法會。

直貢芒拉寺的法會結束後，林仁波切前往甘丹寺。途中，他在羅扎靈塔附近紮營三天，這裡是殊勝的羅扎大成就者虛空幢⑦的神殿。其實，他是尊貴的金剛手菩薩⑧、密續守護菩薩的化身。在凡夫弟子眼中，虛空幢由這位金剛手菩薩照顧著，而且每當他需要，就能從金剛手菩薩那裡接受口訣與教授，彷彿他們直接面對著面。宗喀巴大師甚至就從虛空幢這裡依據噶當派口傳教授傳統，以及噶當派道次第傳承，聽聞了菩提道次第的教法。

在這裡，仁波切按規定次數完成靜默繞行轉經道一五〇圈，並赤腳爲衆生祈願免受天上、地面上、地底下的惡力所害、祈願菩提道的不共證量迅速在無量衆生心中滋長，正如這位偉大修行者心中一樣。他的雙腳因此起水泡，後續幾天都相當疲累。剛開始，所有的侍從都和仁波切一起繞行轉經道，但只有管家洛桑朗瑞和他一起走完全程。

接著仁波切前往甘丹寺，下榻在羅巴康村頂樓的房間裡。他持續執行副堪布的任務，並參加密宗康村的集會。他去傑仁波切（藏人對宗喀巴的尊稱）的佛塔朝聖，並修千供儀軌及其他供養。每次他去甘丹寺都會這麼做。

甘丹寺夏季課程結束後，仁波切返回拉薩。途中，他們經過丹村。此處是十一世紀偉大密宗行者熱譯師⑨曾住過很長一段時間的地方，這在林仁波切過去生平紀錄中清楚記載著。仁波切朝向丹村佇足，對他的侍從及弟子敘述熱譯師的事蹟，以及在一生中曾授予過的法門等等。

藏曆五月十五日，世界煙供日⑩，仁波切返回他在小昭寺頂樓的房間。上密院全體僧衆在小昭寺舉行一年一度的法會，稱爲「妙善降霖撒淨」，這是在密集金

⑦Namkha Gyaltsen，音譯為南喀堅贊，噶當派及寧瑪派尊崇的大師，宗喀巴大師接受其教法，包括較為深奧的傳承。

⑧佛教極樂世界「無量壽佛」眷屬的八大菩薩之一：觀音菩薩、彌勒菩薩、虛空藏菩薩、普賢菩薩、金剛手菩薩、文殊菩薩、地藏菩薩、除蓋障菩薩。

⑨熱羅多吉扎。普遍認為他是林仁波切的前身。

⑩編注。又稱林卡節。相傳距今一千六百多年前，蓮師、藏王赤松德贊與寂護論師為了弘揚教法而興建寺廟，但是晚上卻被妖魔鬼怪破壞。此時蓮師收集香木、食物等美好事物，待入夜配合經咒燃燒殆盡以供養這些妖魔，因此獲得妖魔協助蓋廟。之後，蓮師迎請當時蓋寺院的護法鬼神一起，為他們獻上不可思議的煙供，因此成了世界煙供日的由來，並成為自利利他並快速累積福德資糧之法門。

剛、勝樂金剛、大威德金剛儀軌之間穿插進行的儀式，為上密院祭祠禮拜的一部分。仁波切根據傳統使智慧尊與三昧耶尊⑪合而為一，圓滿地修法。

藏曆六月底，密宗學院前往色拉寺，仁波切維持副堪布的傳統。藏曆七月十四日，仁波切與上密院及葉巴的僧眾們一起前往扎葉巴，在結夏安居末期受戒，並依傳統分發給僧眾一支黃色的短木籌碼，用來計算離開寺院到外面的僧侶人數。正如結夏安居的戒律所示，他列出規則、指定就寢僧房、分配床舖被褥等。七天的壇城繪製訓練之後，是為期三天的繪製考試，這時候他前往每個康村的繪製區域，仔細地測驗格西們立體三維壇城，以及它們的象徵意義，也測驗儀軌助理的壇城彩色畫格是否符合規定、測驗沙彌對於量度經的知識。在誦經的三天訓練中，仁波切到廣場測驗學生，每個前排的誦經者展開長調誦經，然後仁波切再加入念誦。

第一年的副堪布就任期間，承襲過往副堪布的傳統職責，仁波切必須擬定辯論題目，寫在紙張上提供給那些要參與密宗辯經的格西們，因為他們不能自選題目。八月二十五日，洛色林扎倉娘熱康村的格西旺度嘉贊，在大經堂擔任密宗學位辯經考試的答辯人。仁波切出的題目與身壇城有關，結束之後格西旺度嘉贊說考題難以回答。後來，在扎葉巴五天的課程，以及九月第一次五天秋季課程之後，仁波切總是擔任監試官，從頭到尾參加密宗辯經考試。

他決定每位挑戰者應該有多少時間作答，有時候也會參與辯論。

然後，仁波切返回拉薩。藏曆九月二十二日是佛陀天降日，是釋迦牟尼佛自天界下人間的紀念日。照慣例，那天上密院會接受來自政府（噶廈）的邀請。於是，包括副堪布及按照僧衆輩份資歷排序的隊伍，在噶廈僧官持香陪同下，在寧靜且愉快的氣氛中，緬懷憍陳如尊者，前往布達拉宮宏偉的有寂圓滿殿接待大廳。放下座墊後，他們進行晚課再返回拉薩。從隔天開始，仁波切參加瑪哈嘎啦朵瑪儀軌的所有法會。最後一天，林仁波切擔任在布達拉宮前方下的大門外拋撒朵瑪儀軌之金剛上師。朵瑪儀軌結束後，仁波切返回布達拉宮內，完成祈福迴向等結行儀軌。

到了藏曆十月第二階段秋季課程，林仁波切參加爲期一週的密宗辯經。

藏曆十月二十五日，宗喀巴大師圓寂日燃燈節，紀念文殊法王宗喀巴大師在中陰階段示現圓滿大樂幻身。那天，在布達拉宮召開定期的正式茶敘，請出十三世達賴喇嘛的僧袍，由攝政熱振呼圖克圖[12]主持，部長政務委員會也出席參加。一如慣例，林仁波切與上密院全

⑪「三昧耶尊」指被禮拜的對象，例如雕像或塑像、唐卡，甚至自己本人；「智慧尊」是指由這些禮拜對象所代表的實際人物，被迎請融入三昧耶尊。

體僧團也參加了這次冬季茶敘。結束後，仁波切利用私人時間朝拜觀世音菩薩聖像、被稱為「贊姆林堅吉（世間唯一莊嚴）」的尊貴五世達賴喇嘛靈塔，以及其他聖物，敬獻哈達並祈願。

在甘丹寺冬季班，未經格西學位考試而進入密宗學院就讀的新生，都被稱為「生起次第新生」，須聚集在大經堂入口。副堪布已事先進入大經堂，和領誦師坐在裡面。當入口大門一開，他們吵雜地坐在前排的地板上，開始以清楚清晰的聲音誦念《密集金剛根本續》⑬。從起始句子開始，慢慢背誦直到最後的十二品，以及勝樂金剛續的第一句偈頌、密集金剛的自生本尊和祈願迴向文。在這個測驗之後，林仁波切簡短致詞，說明進入這殊勝密院之目的、持所有戒律及僧院紀律的必要性，並提醒新生要投入顯、密經典的聞思修，尤其是密集金剛、勝樂金剛以及大威德金剛的修行次第等等。

一般密院的新生，資歷輩份通常在註冊入學時就已經決定了。然而在上密院，參加背誦考試的新生會平等地一起進入大經堂。按照慣例，糾察師的助理先把所有新生的念珠都收集起來，放在他的僧袍下，再把念珠隨機一串串拿出來，對照持有者是誰，藉此決定大經堂座位的順序。

背誦考試結束之後，副堪布回到他的房間，並根據每位新生的老師們所列出之名單發布許可，同意新生加入甘丹寺的僧團。

藏曆十一月底，仁波切前往甘丹寺參加冬季課程。第一天晚上，他前往大經堂，把座墊放下之後，就和其他僧眾一起在大經堂就寢。早上第一盞茶時間，他重點列出在甘丹寺冬季課程期間將要修的法會。一如慣例，在羊八井廳舉行的殊勝護法酬懺儀軌中，仁波切坐在僧團上位。

藏曆十二月，仁波切離開甘丹寺回到拉薩。在小昭寺鐵堡朵瑪儀軌舉行期間，他仔細檢視，確保儀軌助理根據密續法本正確製作九角鐵堡、供養的朵瑪等量度。儀式最後一天，他從早開始全程參與法會。在大經堂舉行了十三尊大威德金剛自生本尊，以及召請立誓護法的法王嘎拉路巴之朵瑪儀軌。在入口旁門外的石地板上，也施行「九種武器等的殊法儀軌」。之後則進行鐵堡火供儀軌。起初火沒點著，濃煙密布。突然間，一團火球突然升起，燒掉了塑像。然後又一個火球在空中爆發，發出很大的聲響。儀軌助理、僧眾以及旁觀者都發出驚

⑫清朝及民國初年對一部分高級藏傳佛教喇嘛所封的職銜，地位僅次於達賴喇嘛、班禪喇嘛，但高於一般的轉世喇嘛。這一職銜現已不存在。

⑬宋代施護已將《密集金剛本續》譯成漢文，名為《佛說一切如來金剛三業最上秘密大教王經》七卷。

嘆聲。之後，仁波切把朵瑪擲入火中，正如過去的大師們所做的一樣。

藏曆火牛年一月一日（一九三七年），在布達拉宮接待廳舉行新年慶典。林仁波切和來自普康村的宋祖古——甘丹寺夏孜扎倉堪布，站在僧衆中進行一場辯經。宋仁波切以引用世親《阿毗達磨俱舍論》的偈頌開場：

亦名為梵輪，
真梵所轉故。

在擔任副堪布第一年的某一天，林仁波切在小昭寺屋頂看到轉經道上有一名屠夫正要宰殺一頭羊。他立刻派了一位侍者下去，讓屠夫開價把羊買下，救了牠一命。他爲那頭羊取名次仁，意爲長壽。因爲小昭寺規定不能養羊，因此這頭羊就被帶到拉章。

那時候，至尊達札仁波切編輯了十三世達賴喇嘛尊者的著作，並爲他的靈塔「妙善如意黃金靈塔」編纂建築本身及內容的目錄。達札仁波切請林仁波切幫忙修改、校正。於是，法會等活動以外的空閒時間，林仁波切會帶椅子和傘蓋到水池林園找一個人少的地方，打開傘蓋坐下來，在寧靜不受打擾的環境下修訂那些稿件。小羊次仁也跟來坐在附近。和林仁波切較親近的朋友們告訴他，因爲他常去公園，寺裡的有些僧侶在背後說他壞話：「我們的副堪布不常待在自己房間，卻常跑到公園去。」對此，林仁波切答道：「他們不知道我爲什麼去公園，眞令人遺憾。」然後就將這些流言蜚語置諸腦後。

大約在這時期，一位精通各派別法門的大師庫努喇嘛仁波切，聽聞林仁波切博學多聞、持戒清淨、慈悲爲懷而逐漸名揚各地，於是前來小昭寺拜訪。他們討論佛法，都對彼此的佛學知識及功德留下深刻印象，也彼此傳予教法。林仁波切之前從金剛持帕繃喀那裡，接受了以阿弩布地論師的《妙音論》梵文文法教導，然而庫努喇嘛仁波切在聲明學的研究成就已達學術頂峰。

因此，有一天在仁波切的拉章樓頂房間裡，林仁波切聽庫努仁波切講授聲明學的《集分論》，使用十四世紀薩桑瑪底班欽所造之論疏，他是宗喀巴大師的聲明學教師。林仁波切也從庫努喇嘛仁波切，詩學的根本偈頌，接受寫作及詩歌的指導。他們心靈契合，後來流亡到印度，林仁波切繼續接受教導。他經常讚揚庫努波切是殊勝大師，不僅具出離心，並以菩提心爲修行精要之外，也能解答所有一般或較精深的科學問題。

林仁波切擔任副堪布的第二年，在扎葉巴結夏安居期間，他向成來旺扎學習星象圖的製作，並稱讚這位畢業於藏醫曆算院的扎葉巴星象學家爲人溫和，且是星象學飽學之士。

接受星象學的指導後，仁波切在一位被稱爲「卓木行者」的隱士住處，爲約四十人的團體傳大威德金剛灌頂的前行儀軌及正行灌頂。這位隱士是優秀修行者，到扎葉巴之前，他在西藏與不丹邊境的卓木拉日峰（亦名「王妃神山」）待了很多年。這場灌頂是應日喀則地區江孜鎮一位協助重建扎葉巴寺的僧官之請法。林仁波切非常欣賞這位隱士，每當他前來造訪，仁波切都會招待他用餐。他愛吃中國的雞蛋麵，所以只要扎葉巴拉章做了這道料理，仁波切就指示侍者在拉章屋頂旗竿掛上僧人的紅披肩，表示那天煮了雞蛋麵。據說，有天隱士請一位弟子煮饃饃（藏式包子或水餃），未料隱士吃了饃饃之後便示寂了。

除了格西和然絳巴新生，所有密院新生都要接受背誦經書的考試，包括背誦《密集金剛根本續》第一品至第十二品、《勝樂金剛密續》第一品，以及密集金剛成就法儀軌。然而，有些僧侶成了記憶之賊的受害者，背得一塌糊塗。寂天菩薩在《入菩薩行論》中寫道：

心無正知者，
聞思修所得，
如漏瓶中水，
不復住正念。

參加背誦考試者，必須完全自己背誦經文。仁波切在集會時提醒僧眾，除非每位僧人都牢記了經文，否則就會有考試，且無法正確背誦經文者會遭受處罰。仁波切警告了三次，之後他就讓那些背不好的僧侶補考。有好幾天，仁波切和領誦師、糾察師分別在小昭寺的走廊上主持測驗，一組七人。如果發覺某人無法自己背誦，他會要求那位僧侶自己背誦。

他要求一名僧侶背誦密集金剛成就法中，密集金剛建造天殿的段落。僧侶開始背誦，但卻將密集金剛、勝樂金剛及大威德金剛的壇城混在一起，因此仁波切要求他從密集金剛祈請文開始背起。僧人問道：「哪一段祈請文？」林仁波切答道：「首句不動金剛大智慧。」那僧侶太緊張，直接跳到「祕密之界我敬禮」⑭。

沒通過測驗的僧侶，必須到河邊扛沙石回自己的僧房，僧眾集會時間快到的時候，他們被安排背著沙袋站在廣場，由副堪布進行監督。他請糾察師用皮鞭抽打其中一位僧侶。這時候，有些僧侶會在背後說林仁波切的壞話，表示這種處罰方式簡直是把他們當成騾子看待。然而，這麼做卻大幅提升了誦經的品質，資深的僧侶都讚許仁波切這樣的處理方式。甚至，

⑭英譯者注。這只有一段偈頌，林仁波切背出第一行，而那僧侶直接跳到第四行。

當時西藏各地天花、水痘肆虐，據說那些搬運沙袋的僧侶，除了一、二位以外，其他人都從這疾病中痊癒了。

在一次勝樂金剛自灌頂儀軌中，堪布不能參加中午法會，所以由林仁波切代理主持儀軌。供養父續本尊（密集金剛），供品的排序必須從右到左，母續本尊（勝樂金剛）的供品則由左排放到右。然而林仁波切發現儀軌助理是根據大威德金剛的自灌頂放置供品，於是嚴厲訓斥，亦要求糾察師用皮鞭抽打助理好幾下。以沙壇城進行這殊勝自我灌頂的前行儀軌時，那位儀軌助理砌畫顏色時又犯了一個錯誤，林仁波切便罰他高舉裝置色沙的容器在僧眾行列間繞行。更有一次，護法神殿的領誦師在早課時睡著了，仁波切先令糾察師助理在那領誦師面前放一盞酥油燈，但他還是一再打盹。結果，那領誦師被罰在手上放一支金剛杵，罰站直到那一節課結束。

就像這樣，林仁波切嚴格要求僧眾遵守戒律。一九一〇年左右，滿州中國入侵西藏，時局不靖，導致上密院紀律鬆散。而林仁波切重整戒律的大慈悲功德，受到上密院高度稱讚。

第十六章
升任上密院堪布

擔任副堪布的前兩年，林仁波切都在扎葉巴主持繪製密集金剛、勝樂金剛、大威德金剛壇城及色彩的考試。到了第三年，他想要主持新的立體壇城構築考試。這是已經學習過構築壇城課程，並經過練習的學生才能參加的考試。然而，一九三八年，時任堪布扎西南傑驟逝，於是攝政熱振仁波切表示，接下來必須由林仁波切接任堪布一職。

我不記得確切日期，不過在某一吉日早晨，在早課及早午課之間，由五個康村的教師們、領誦師及糾察師組成持香隊伍，護送林仁波切從上密院副堪布居所下來。隊伍之首持有一幅九宮八卦圖。林仁波切從後門經過供養殿進入江繞集會廳，登上尊敬的貢噶頓珠法座後，上密院立刻獻上象徵佛陀身語意的佛像、佛經、佛塔三項供品，接著供奉茶及甜飯。就職典禮就在此舉行。當僧眾聚集進行早午課時，仁波切便從大門離開集會廳。

在廣場的一個角落，經過宣讀咒輪畫背後的題字，持香引領的隊伍進入大經堂，從佛壇到第一排僧眾座位排成一列。林仁波切在前座首位，站在幡幢傘蓋下，然後於手工編織的紅色羊毛墊上頂禮三拜。他向空中拋撒喀什米爾藏紅花染色的花瓣及大麥穀粒，這是獻曼達的部分儀軌。他在殊勝的瑪哈嘎拉唐卡前敬獻哈達。香燈師傳給他裝滿融化酥油的隆多供神燈盞，這是由隆多喇嘛阿旺洛桑供養而得名。仁波切點燈後獻上燈供，口中念誦祈願文。

仁波切拿起了他的披肩，當整體僧眾念誦到生起次第的對生本尊儀軌偈頌——敬邀諸佛由色究竟天降臨，安住面前虛空——他登上了法座，這是曾由佛法大師、上密院堪布們坐過的法座，他們都是能正確無誤詮釋密續的大師。上密院、林仁波切拉章、哲蚌寺洛色林扎倉等多方代表，分別獻上象徵佛陀身語意的佛像、佛經及佛塔。與他較親近的人以及其他信眾，則都前來獻上哈達，仁波切也欣喜接受。

那天，拉章對寺中主要聖物更行盛大供養，並整天提供全體僧眾食物，以及捐贈供養金並獻哈達。僧眾們念誦二十五堆壇城供儀軌偈頌，直到「我與他人之身、語、意」時，密續領誦師將堆起之曼達拉獻給仁波切。接著，他帶領念誦三次皈依及菩提心偈文，以這樣開場：「天人與非人、人與非人王等」，敦請諸神、龍王等具德欣喜前來聽聞佛法。接下來他念誦一會兒《密集金剛根本續》的開頭部份。最後則帶領僧眾念誦功德迴向文，聽聞與教導佛法所積聚的功德，迴向利益弘揚佛法、饒益有情眾生。

一般而言，堪布僧房非常狹小。仁波切擔任堪布任期內，被安排到附近附屬於上密院樂明小昭寺比較大的房間。因此，典禮結束後，一位僧官前來迎接林仁波切，與持香隊伍送駕一同前往。之後，他前往布達拉宮進行就職會談，並造訪布達拉宮聖觀音殿（即天成觀音天上宮殿）中供奉的聖物。他敬獻供品，並祈願自己教授眞言的事業能夠無量增上，讓教法和衆生成熟滋養遍至十方。

藏曆三月，仁波切前往直門達，下榻在寺院大門上方的房間。二十六日早晨，他抵達辯經場，參加直門達課程的格西以及高級「生起次第學生」（未經格西學位考試而進入密宗學院就讀的新生），都對仁波切頂禮三拜。領誦師站起來，獻上曼達。

之後，仁波切戴上儀式黃帽，由密集金剛注釋的開場處開始慢慢地念了半頁，在句子之間清楚停頓，確保所有人能夠了解其意義。如此進行兩次之後。他脫掉帽子，闡述經文及因明理路，一字不漏地逐字論釋。結束後，當新任副堪布、來自洛色林扎倉明雅康村的特勞卻惹覆講經文時，仁波切愉快地聽著。仁波切也在其他班級念誦經文。在第二個班，他使用前述密集金剛注釋進行教法。在第三個班，則使用班欽索南扎巴的密集金剛圓滿次第注釋。到了第四個班，改使用班欽索南扎巴的密集金剛生起次第注釋。

午膳後，仁波切又登上法座。領誦師帶領僧伽念誦朵瑪供養法門，仁波切則帶領誦念

《心經》，之後是除障偈文，開頭為「願消弭八十諸障礙……」。僧衆對法脈傳承的上師們念誦祈願文。當唸到前任甘丹赤巴，明雅耶喜旺登（林仁波切接受密集金剛四家合註教法的上師）時，仁波切打開他的經書篋，並開始針對道次第共與不共的完整修法做前行說法。然後，他開始給予僧伽四家合註的傳承與教授。接下來幾天他繼續這樣的教授。

按照慣例，每到經書的某一部分，就會有簡短的休息時間，這是在貢噶頓珠時代某次說法時開始有的慣例。十五世紀時，拉薩遭受洪水威脅，政府邀請殊勝的密教行者貢噶頓珠前來拉薩。據說那時候他正在教授密續，當他講到「行在水上①」這句話時，他把僧墊放在河面上，就乘坐它到了拉薩。因此，一如慣例，這時候仁波切就讓大家暫時休息。說法結束後，我聽說仁波切進行了觀修閉關。但我不知道他觀想的是哪一位本尊。

藏曆七月十五日，仁波切在葉巴對包含上密院及扎葉巴寺的所有僧伽念誦《波羅提木叉經》。之後，他指派分配結夏安居各組的領導人，以及領取計算人數的木籌碼等工作。幾天後，他繼續未完成的密集金剛四家合註說法，以及《勝樂金剛根本續》的解說，途中都使用了宗喀巴大師的注釋《勝樂略續廣釋隱義普明科判》。此外，有一天他受邀到講經堂，為那些正在進行密集金剛、馬頭明王等閉關觀修的僧衆，教導宗喀巴大師的《圓滿次第大瑜伽》及其他著述。

這次，仁波切早晚都參加密集金剛主尊，密集不動金剛的閉關觀修。這次閉關期滿出關，他主持了密集金剛的火供，由全體僧伽共同修法，以此補充自行閉關須修的火供②。

在拉薩，秋季第一及第二學期，仁波切授予克主傑的生起次第著作《密續王密集生起次第論悉地海》，以及宗喀巴大師的圓滿次第著述《勝集密教王五次第教授善顯炬論》的傳承與教法。在冬季學期進行的盛大鐵堡儀軌期間，他則傳承與教授《大威德七品本續》。當時對僧眾講授這部經典的傳統式微，但是仁波切重新恢復這法門傳承，自此延續到今日。

副堪布的職責是確立僧伽紀律，而堪布的主要職責是教授說法。仁波切擔任堪布，便接下了教育僧伽的重責大任。有一次，他教授密集金剛的生圓次第時，有些格西參與院外課程，計畫回自己的寺院食用特別的餐飲，於是向林仁波切的課程請假。後來仁波切常說，這件事讓他感到傷心。

在某年的三月十五日（我不確定是哪一年），林仁波切、至尊達扎仁波切及其他人，一

①見《密集金剛根本續》：114b4。

②編注。火供主要是為了酬補近誦修持的不足與過失。將食物或各式各樣的物品放入火中，由火將一切化為灰燼，這是供養的一種方式。閉關等修持完成後進行的火供，就像是刀刃完成後把刀磨利的步驟。因此，如果閉關修持本尊的咒數是十萬遍，那麼閉關完成時，就應當配合本尊咒做火供的供養，唸誦一萬遍，這是一般的做法。

起在布達拉宮的有寂圓滿大殿，接受了哲蚌寺果芒扎倉殊勝的康薩仁波切，授予完整的時輪金剛灌頂。仁波切提起康薩仁波切使用「何其有幸參與……」這段偈頌開始引導說明。林仁波切也在這次教導中做了筆記。

後來，仁波切在財政司長霞仲達旺的大宅邸裡，與將近三百人一起接受了康薩仁波切傳授獨勇大威德金剛生圓二次第的經驗教學法（其中包括香巴噶舉傳承大師墨措仁波切在內）。在接受教授的同時，林仁波切觀想並提出論點，就像過去偉大上師們的修行一樣。他的經師洛雅仁波切曾是惹對寺的堪布，也參加了這些教法。他陪著洛雅仁波切參加那些討論廣大甚深的法題。

有一次，晚間定期對殊勝的瑪哈嘎拉唐卡進行供養時，糾察師的助理交給仁波切一盞銀製酥油燈。就在他請仁波切念誦祈禱文時，無緣無故突然間有白色牛奶狀液體滴到仁波切的腿上。仁波切只說這件事很奇怪，但它顯然是個好兆頭。

一九三九年十月六日③，藏曆八月二十三日，我從安多被接往拉薩時，仁波切已經和扎葉巴寺僧眾進行結夏安居。然而他和政府全體人員、前任堪布、法座持有者等等，一起到了多沽塘。在那裡，在我停留的孔雀天篷（彩圖14）裡，我第一次有幸見到林仁波切，這位見即具義的殊勝人物；跟隨著他，透過業力與祈願的力量，我與數世建立了連結。

第五世安多蔣揚協巴在拉卜楞寺設立上密院分院，請求派遣教師前往指導，以確保壇城畫格、色彩、儀軌等執行方式要和上密院一樣。因此，仁波切派了察雅儀軌助理，扎巴康村的丹巴卻登，以及來自安多康村前排的僧侶耶喜敦珠前去。這兩位僧侶是從上密院到拉卜楞寺建立修行規定的先驅者。

幼小的我安全地抵達拉薩，經過測驗認證為前世達賴喇嘛的轉世，噶廈對仁波切表示，他應該馬上到瓊果傑寺④去向吉祥天母⑤以及其他立下誓約的護法神們致謝。因此，十月初，由噶廈僧官領隊，仁波切和拉章的人員、騾子及其主人們，一起抵達了傑梅多塘。

位於傑梅多塘的瓊果傑寺，由尊貴的二世達賴喇嘛更登嘉措建於一五〇九年。他們一行人停留當地約十三天，與瓊果傑寺的僧眾一起連續數日對瑪吉拉瑪蒂——諸佛菩薩正覺事

③英譯者注。藏文版本記載「第六個月」或六月。這與後來句子指出的藏曆八月不符。噶廈官員夏格巴指出進入拉薩的日期始於一九三九年十月八日，或是藏曆八月二十五日。參考《西藏政治史》(New Haven: Yale University Press, 1967), 285.

④Chökhor Gyal Monastery，舊譯為「曲科傑寺」。寺內供奉的吉祥天母極為威猛，每世達賴喇嘛親政之前，都要到該寺朝拜這尊神像。

⑤Palden Lhamo，音譯為「班達拉姆」，是噶廈、達賴喇嘛的守護神。

在多沽塘的壇城天帳區，一九三九年，十四世達賴喇嘛等待被迎入拉薩前所駐紮之地。

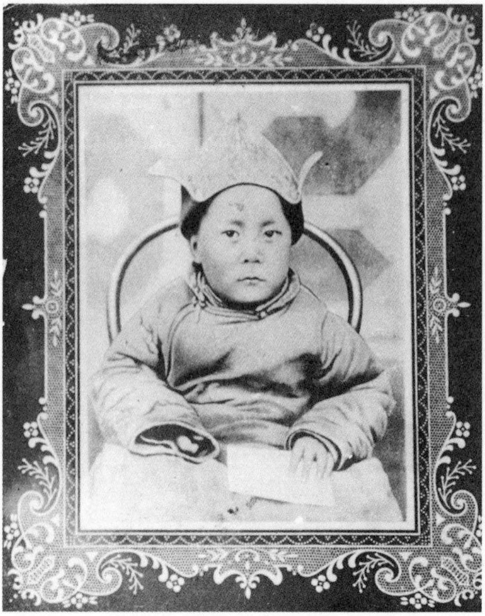

拉默敦珠幼童時期照片，攝於被認證為十四世達賴喇嘛不久後。

業的擬人化——進行數千次供養。他們請託她確保我亦能成就所有前世達賴喇嘛各項弘法事業，以利益佛法及眾生。

有一天，仁波切爬上一山丘俯瞰拉姆拉措湖⑥。仁波切說他觀境時完全沒有看到什麼異象。我不確定是因爲那神諭湖已經呈半結冰狀態，還是他有所保留。一名僧侶被派到湖邊，對湖水獻寶瓶，但道路冰封所以他沒辦法圓滿任務。那寶瓶取而代之，被供奉在吉祥天母殿。仁波切拉章於是慷慨提供了供養金、茶等給瓊果傑寺的僧眾，而吉祥天母殿也都塞滿了獻給主要聖物的供品。

一行人騎上犛牛前往嘉拉頂阿蘭若，那裡的經堂以「空行母心髓」聞名。在大經堂中，林仁波切供養了修行隱士們。在以一世生命實證金剛總持雙運的殊勝行者達巴堅贊塑像前，仁波切獻上哈達，並祈禱念誦了一段時間。

藏曆十月二十五日，仁波切抵達聖殿沃喀確隆，宗喀巴大師曾在這裡集資淨障，停留很長一段時間。當隱修者在經堂跟隨領誦師吟誦《上師薈供》首句「由大樂中自成上師

⑥瓊果傑寺附近的神諭湖，觀境顯現的影像能揭示大喇嘛轉世的所在地。

身……」時，林仁波切抵達大經堂。這被視爲一個徵兆，顯示仁波切不僅實際上是能怖三具忿怒金剛持，但在一般人的眼裡，這也彷彿是一切種智宗喀巴大師重返世間，藉由他的正覺正行，能夠圓滿弘揚佛法教化衆生。仁波切行了頂禮，使用手印獻上曼達。由於經堂很小，阿蘭若的修行者提供一間獨立的房間給仁波切休息，他感到愉悅又放鬆。

接著一行人又啓程前往梯寺院及銅山紅樓寺。他在那獻上哈達，並供養弘揚息希杰派⑦傳承的始祖瑪吉拉尊佛母⑧之雕像。此外，林仁波切也供養了其他聖物。然後他們前往澤當

年幼達賴喇嘛搭乘轎子前往大昭寺。攝於一九三九年拉薩。

寺，下榻在五供寺的頂樓。那天適逢有一場特別的舞蹈儀典，仁波切也觀賞了表演。

他們在回程途中到了昌珠寺朝聖，正如說話度母像所言，仁波切對聖物獻上供養，並爲聖物重新上金漆。然後他受邀走訪了附屬於林仁波切拉章的貢巴寺扎倉。

仁波切停留在那裡幾天，供養僧衆並教授經典，提供當地人們種種建議。仁波切停留在貢巴寺期間，攝政熱振仁波切發布命令，要求他立刻返回拉薩，並擔任我的助理經師。於是林仁波切立即啓程。途中，他到桑耶寺朝聖，並敬獻供養。

⑦由印度帕當巴桑結流傳下來。藉由理解佛經與至荒郊、墓地等處苦修，達到滅除苦惱及其根源之意。

⑧Machik Lapdrön，亦稱為「拉尊媽」。與印度成就者帕當巴桑結的再傳弟子，在西藏創立「施身法」。

確隆阿蘭若，攝於一九三〇年代。

第十七章
任命為達賴喇嘛助理經師、初級經師

藏曆鐵龍年一月十四日（一九四〇年二月二十二日），在布達拉宮莊嚴的東有寂圓滿大殿，舉行了我的升座典禮，那法座是被前任許多達賴喇嘛加持過的。在這個典禮上，林仁波切正式被任命爲助理經師，並坐在資深僧官那排座位的第一個位置。

因爲還是上密院堪布，偶爾他會請假，但其他時間都會參加每天的噶廈茶會。有時候他跟至尊吉倉仁波切一起教我，有時候則單獨教我閱讀與寫字，並協助我背誦祈禱偈頌等。他從沒有忽視助理經師必須主導拉然巴和磋然巴格西考試①、在傳召大法會時監督拉然巴格西的辯經等等職責。同樣的，他同時履行堪布的所有任務，例如在上密院教授僧眾等。

①編注。拉然和磋然分別為格西的第一與第二等級，分指拉薩的博學高明之士、全寺院中性卓越高明的人。後續還有從寺院選拔出來的有才學之人「林賽」、在佛殿門前石階上經過辯論問難考取的格西「朵然」。

身爲助理經師，林仁波切在羅布林卡宮有一間房。然而，因爲他仍然是堪布，所以也還是住在小昭寺，除非他眞的要執行助理經師的工作時，才會住在羅布林卡宮。大概在這段期間，林仁波切拉章總管成來群佩圓寂，洛桑朗瑞接獲指派，接掌拉章總管一職。

那年八月，在扎葉巴寺固定的講經之後，仁波切在葉巴扎倉大經堂使用宗喀巴大師的《菩提道次第攝頌》教授菩提道次第。之後，他授予獨勇大威德金剛灌頂，並教授生圓二次第。這可能是林仁波切第一次講授這個部分。

藏曆十月二十五日，上密院在布達拉宮舉行年度冬季法會，亦即爲我舉辦長壽法會。仁波切進行曼達拉解釋②，我接受了他呈獻象徵佛陀身語意的佛像、佛經、佛塔。法會結束後，仁波切呈交一封文件給噶廈，表示他身爲上密院堪布的任務已經完成。幾天後，傳來林仁波切的辭呈被接受的消息，拉章便對上密院全體上下供養茶、上好的甜飯，也供養了繪有雲龍的繡花錦緞製布幔掛在樑柱上，並給每一名僧侶三枚銀幣。此外，由帕綳喀仁波切所著、在文句中藏有林仁波切名字的祈願偈頌，也印製並發送給僧衆。其內容如下：

正如第二佛陀萬能聖者的教法（圖登）

無以倫比的保存神聖經典與慧觀（隆朵）佛法

他的尊勝（南傑）證悟事業（欽列）治理三界

我向尊敬的喇嘛祈請③。

當時法會實際念誦的是密集金剛灌頂儀軌。然而，也念誦了傳承祈願文，帕綳喀仁波切所著的偈頌也被安插在適當時機念誦。接著從頭開始讚誦《密集金剛根本續》，然後也誦念了如下經文三次：

一切如來正智出生變化清淨境界。

與不可數不可計一切佛剎須彌山量等塵數

諸大菩薩眾俱④。

---

②這是在長壽法會中進行壇城供儀軌時，詳述法會主角人物過去言行事業的儀式。

③正如本書第一章的禮讚文，括弧內的皆為林仁波切的名字——圖登·隆朵·納傑·欽列。

④這段偈頌出自《密集金剛根本續》第一章。英譯本引用根據月稱論師的《燈明廣釋》所譯內容。本書則引自《吉祥集密大續王》，寶法稱仁欽曲札的譯文。

午膳後，上密院僧官、糾察師、領誦師及其他人都穿上他們最好的服裝，排成一列持香隊伍，護送仁波切到講經場。林仁波切對於四部密集金剛法本進行簡短的合併教授，之後，暫時回到上密院的頂樓。僧衆結束下午集會後，在各康村僧官帶領下，仁波切隨持香隊伍前往拉章，一如慣例，騎著馬被護送到拉章。抵達後，林仁波切一下腳蹬，一位來自普康村的經師突然倒下驟逝，似乎是因爲他的脈風突然阻塞。仁波切爲他念誦祈禱文。

林仁波切在副堪布任內監督僧人嚴守戒律，再加上擔任堪布三年期間的弘法教授，被尊崇爲具智無私，許多僧人前來他的住所獻哈達表示敬意。

林仁波切依止的上師們

有一次，仁波切向帕繃喀仁波切請求開示他的著作，例如《心匙．無常醒世歌》。帕繃喀仁波切表示自己的眼睛狀況並不太好，於是林仁波切便詢問是否可以日後再向他求教？帕繃喀仁波切回答，因爲這些文字是他本人寫作，要教導絕無困難，於是便開始講授。

然而，帕繃喀仁波切只解釋了兩行：「尊貴的大體雖身披綾羅綢緞，仍會被放入火葬場。」然後就沒有進一步解說下去。對於這兩行道歌，帕繃喀仁波切說：「這其實是對身爲喇嘛的我們所說的。」林仁波切後來說道：「或許請法時，我說得太小聲，所以帕繃喀仁波切沒聽清楚。」

在扎西卻林阿蘭若，林仁波切和赤江仁波切等人一起接受了帕繃喀仁波切的甚深教導，根據達普仁波切⑤的如意珠度母數部法本，並合併帕繃喀仁波切本人對生圓二次第的著作《如意珠度母雙垂瓔珞》。他也和赤江仁波切等人，一起接受時輪金剛圓滿次第，六支瑜伽之金剛誦的命勤支⑥長壽修法，並合併勝樂金剛瑜伽的白長壽本尊長壽成就法中，核心教法的傳承與教導。攝受這些教授之後，接下來是一場獻給帕繃喀仁波切的長壽儀軌，爲了送駕空行母依止白長壽勝樂本尊法門，並舉行一場上師薈供儀軌。

大約藏曆十二月二十日左右，應九十四任甘丹赤巴暨色拉寺傑扎倉格西，倫珠尊祝仁波切之邀，帕繃喀大師前往拉魯莊園⑦傳勝樂金剛身壇城灌頂。雖然林仁波切已經受過這教法的完整灌頂、傳承及口訣，也在修了，不過他還是到了拉魯莊園，並要求再次接受灌頂。帕

⑤帕繃喀仁波切的上師。根據《三主要道筆記》前言，達普仁波切曾親自見過如意珠度母，也以其傳承聞名。

⑥時輪金剛圓滿次第包括六支（六瑜伽）：別攝支、禪定支、命勤支、持風支、隨念支及三摩地支。

⑦拉薩附近知名莊園，莊園主人為十三世達賴喇嘛之家人。女主人楊孜為一寡婦，是帕繃喀大師之虔誠信徒。

綳喀仁波切回答說這次功德主是甘丹赤巴，只有指定極少數人參加，所以林仁波切這次不接法較好，但日後還有其他機會能接受灌頂。

直至此時，我的主要經師還是達扎金剛總持親教師。然而，由於攝政熱振仁波切被要求撤除職務，於是在藏曆鐵蛇年元旦（一九四一年），達扎仁波切接任攝政成爲西藏政治領袖。因此，內閣噶廈及祕書長聯合提案並經由攝政批准，助理經師暨前上密院堪布林仁波切，將接任我的初級經師一職。因此，隨侍辦公室的一位僧官來到仁波切位於拉薩的拉章，並遞交任命書給他。那時達扎仁波切停留在拉薩普賢宮殿，林仁波切當天就去拜見，表達自己的顧慮。他認爲擔任初級經師是困難的工作，並向攝政尋求諮詢。達扎仁波切答道：「前世林仁波切洛桑隆朵丹增欽列，也曾擔任十三世達賴喇嘛的經師，但只有七年時間，所以現在林仁波切一定能完成他前一世的任務。」

那年的大供養法會⑧結束之後，林仁波切前往拉魯莊園去拜見帕綳喀仁波切，他即將啓程前往山南的達波色洛林寺及其他地方。帕綳喀仁波切送了一盞美國製的油燈燈籠給林仁波切當做禮物，兩人也對深廣法類進行討論。然後，帕綳喀仁波切站起來並獻給林仁波切哈達，表示對他即將擔任達賴喇嘛初級經師感到非常欣喜。

那年藏曆六月一日，在山南達波，帕綳喀仁波切最後一次展現正覺事業。

當林仁波切聽到帕繃喀大師圓寂的消息時，他極爲悲傷，但也對許多寺院及其他地方廣大供養，同時祈願這位佛法導師及護法甚深無漏的菩提願心能夠實現，並能盡快無誤地找到自己的轉世靈童。

除了經典的佛學哲學著述，帕繃喀仁波切是林仁波切主要的教法來源，更因爲他產生一股共與不共的證量覺受。因此，正如阿底峽尊稱金洲大師（即法稱）是他一五〇位上師中莫可比倫的一位，林仁波切也視帕繃喀仁波切爲主要根本的上師。

當仁波切教導他人時，主要提及帕繃喀仁波切的教法與修行。一般來說，每當林仁波切提及他從藏傳佛教薩迦派、格魯派、噶舉派和寧瑪派傳承的大師接獲教導時，從不會直呼大師們的個人眞實姓名。特別是每當提及帕繃喀仁波切時，他會稱之爲金剛總持親教師（藏文爲「喇嘛多傑羌」）。對於會客們，他總是提起金剛總持親教師會這麼做、那麼做，並且談及帕繃喀大師曾說過的話語。

有明顯的證據顯示，林仁波切從來沒有與上師分離。他把帕繃喀仁波切年輕時拍攝並蓋上拇指印的小照片，放在一個金色護身篋裡。直到圓寂那天爲止，他到哪裡都帶著它，更爲

---

⑧藏曆一月滿月後舉行，原是為了紀念前世達賴喇嘛們的典禮。

那照片做了一個銀製相框，鑲上黃金、雕上十六尊供養女神，放在夏巴阿蘭若房間的佛壇上。帕繃喀大師的道次第法本《掌中解脫》，原來是由惹對察雅東貢祖古在參與帕繃喀仁波切講授這些道次第時的筆記。林仁波切在世時，總是保留一份這些筆記原稿，直到《掌中解脫》正式印行出版。

康薩金剛持已經生病一段時間了。自從帕繃喀仁波切示寂不久後，康薩仁波切的腳部腫得更厲害。仁波切聽到之後，馬上前往康薩金剛持位在哲蚌寺的房間。他頂禮之後獻哈達以及象徵佛陀身語意的佛像、佛經與佛塔，並懇切祈請康薩仁波切長久住世，繼續做眾生及

達賴喇嘛的羅布林卡夏宮。

佛法的導師與護法。康薩仁波切答道：「我常說，你一定要弘揚時輪金剛灌頂。」並提供能為佛法及眾生做出殊勝善行的建議。他也請求林仁波切為自己祈禱。然而康薩仁波切移居達巴卻林之後，九月八日就示現寂滅了。林仁波切在接獲一個誠摯的請求後，立刻進行深廣的供養及祈願。

那一年某時，林仁波切的導師洛雅仁波切回到自己的出生地察雅。在經師啓程前，林仁波切呈獻了盛大的餞別禮，並請求在祈願時能夠提到自己。如前所述，林仁波切在修習中觀論的第二年，洛雅仁波切成了他的經師。他也從洛雅仁波切那裡接受了中觀要義開示、對措那瓦針對毗奈耶（戒律）註釋的逐字詳細說明，還有欽央堅尊者對世親的《阿毗達磨俱舍論》之論釋。因此，林仁波切認為自己在佛學哲學的教法及訓練方面，主要師承洛雅仁波切。

每當提及洛雅仁波切的名字，林仁波切會一再重複說：「我依止的上師」。他對洛雅仁波切評價極佳，表示其對於法本的理解極具天份。當他提及上師會給予什麼樣的建議時，甚至會刻意模仿上師的聲音。林仁波切在哲蚌寺接受洛雅仁波切的指導，每當洛雅仁波切前往姜村講授冬季課程而離開時，便會交代林仁波切背誦法稱的《釋量論》第三品；從姜村回來時，林仁波切立刻請求驗收自己背誦的結果。因為諸如此類的事情，洛雅仁波切常對其他人表示林仁波切是非常特殊的人，就事師法中完全聽命於上師這一點，無人能出其右。洛雅仁波切後來甚至也從林仁波切那裡接受教法傳承，並且非常尊敬林仁波切。每當他到拉章來，都和林仁波切平起平坐。

林仁波切計畫要打造「娘熱普措但巴」的塑像，他是仁波切初次學習般若法稱《釋量論》及中觀的經師，但是找不到經師的相片。

正式上任，成為親教師

藏曆六月二十九日早晨，林仁波切在羅布林卡接獲擔任我的初級經師之官

林仁波切在拉薩拉章。

方人事令。那天恰巧是雪頓節⑨的第一天，這被視爲是一吉兆。

我不記得確切日期，林仁波切正式上任初級經師的第一天早上，惹對朱巴祖古和上密院的儀軌僧衆，在拉薩林仁波切拉章舉行長壽儀軌，包括壇城供的念誦等。林仁波切獲得獻供八吉祥、八瑞物，以及對於任命的吉祥偈念誦。這些私人儀軌結束之後，一列包括拉章人員、噶廈僧俗官員的馬騎隊伍，便前往拜訪兩座主要拉薩寺院。在那裡，林仁波切於兩尊主要的佛陀聖像及其他聖物前進行五妙欲千供，並念誦祈願文。然後他前往羅布林卡宮主要建築格桑頗章，在我的房間裡頂禮三拜，並獻曼達以及象徵佛陀身語意的佛像、佛經、佛塔。我也立刻回供曼達及佛像、佛經、佛塔，並請求他垂教。

然後，一如慣例，在日光殿舉行了就職會面，林仁波切獻上佛像、佛經、佛塔等等給我、資深經師，以及攝政達扎金剛持。當他坐上經師座位，噶廈呈給他祝賀的哈達，以及一些特別的藏式糕點。同時，包括四位部長、最高僧官、其他僧俗政府官員一行政要，以及不同部門的代表，全都爲林仁波切獻上哈達。在正式茶會後，林仁波切造訪布達拉宮，對主殿

⑨編注。或稱酸奶節，為藏族傳統節日，藏曆每年六月十五日至七月三十日舉行。期間有大規模的曬佛儀式和藏戲演出，也稱為曬佛節、藏戲節。

的自成觀音佛及其他聖物進行供養。然後回到拉薩拉章後，政府官員、佛學中心的堪布、寺院官員、祖古、格西等等都在那裡列隊獻上祝賀。札什倫布寺派遣一位特別的使者送來一套來自中國的織錦掛軸，內容描繪遍知班禪仁波切數世生命事蹟。

我親教師的冬季住所是善慧室，位於布達拉宮寢室下方。許多殊勝人物，例如八世達賴喇嘛的經師耶喜堅贊就曾住過這些房間，因此也經過他們的加持。除了接待訪客及教授佛法，仁波切都待在一間又小又冷的房裡，房內有扇朝北的小窗戶面向拉魯莊園、色拉寺等地。仁波切在一塊薄軟墊上蓋一條紅

達賴喇嘛的法座，位於羅布林卡宮主要建築格桑頗章中。

布，坐在上面觀修及修持日課。到了夏天，他就住在羅布林卡宮馬廄上方附近的房間裡。

林仁波切住在布達拉宮時就會來爲我教法。我坐在書桌前的木椅上，桌上擺著教科書。在書桌另一邊，親教師坐在一張沒有坐墊、沒有靠背的椅子上。只要仁波切來了，司膳喇嘛總是奉上一大碗茶。我還很年幼的時候，我三哥洛桑桑登會陪著我一起上課。

我不確定是出於習俗，還是我的隨侍們刻意安排，上課時課堂上會出現兩條帶有把手的馬鞭。其中一條軸心是絲製的，另一條則是皮鞭，兩條都用皮帶纏綁著。

在布達拉宮，它們通常掛在這房間的圓滿如意柱子上；在羅布林卡宮時，則是掛在盥洗室北邊窗戶旁。我猜一條是用來對付我的，另一條是對付我哥哥。開始上課後，其中一條鞭子就擺在親教師的座位旁邊。通常，早上的課程是從茶會結束直到中午，下午課程則從三點持續到五點多。在這些課上，我必須背誦以前背過的經典。仁波切也會稍微爲我解說，並要我背誦新的法本。有時候，我哥哥沒有達到背誦的要求水準，仁波切會罵他、嚇嚇他。有時候仁波切甚至會用鞭子輕輕打他。一天，親教師把哥哥帶到外面去，作勢要鞭打他，侍從長拜託仁波切手下留情。我還清楚記得當時自己坐在位子上害怕得不得了。每當我沒辦法正確背出經文，仁波切會訓我一下，但從來沒有對我動怒。那時我還只是個懵懵懂懂的小孩，但他責罵我時，會讓我覺得有點難過。

他待在羅布林卡宮時，有時候會在外面散步。有一次我坐在大黑天殿吃著核桃，親教師突然從牆邊出現，嚇了我一大跳！

前面提到，林仁波切每天來幫我上兩次課。而在上課期間，他連一分鐘都不浪費，從頭到尾都嚴格地專注在課程內容上，完全不會跟我閒聊。在羅布林卡宮，馬廄裡有一隻大猴子，馬具間有一隻小猴子。每當仁波切來給我上課，便會固定去餵牠們吃水果。有時候猴子會把手伸到仁波切的袋子裡翻找食物。仲夏時，林仁波切偶爾會到羅布林卡宮附近，在拉薩西方那卡草原河邊安靜的地方梳洗，並坐在大傘蓋下好一陣子。

羅布林卡宮的馬廄，牆上有壁畫。林仁波切的僧房就在附近。

也會帶著餐飲在那裡放鬆休息。

藏曆水馬年一月十日（一九四二年），我的高級經師、西藏攝政達扎仁波切，在大昭寺爲我授予沙彌戒，而殊勝的林仁波切擔任了授戒儀軌助理。

十五日，我受邀爲功德林寺⑩的呼圖克圖，達察仁波切授予格西學位。我也必須趕到拉薩主持傳召大法會。早上，我在辯經場首度講經說法，對數千名僧眾教授聖勇菩薩等人共著的《菩薩本生鬘論》。到了下午，我與僧眾共同念誦《格魯教法昌盛願辭》⑪、宗喀巴大師的《往生西方極樂世界發願文》等。

所有這些活動，林仁波切都在前一年之中給了我相關建議及指導。在他的教導下，我做得相當正確，而且能夠完美執行這些必要活動。說法、課誦活動結束後，林仁波切告訴他的讀寫老師普康阿旺倫珠，目前爲止我執行自己的任務，結果還不錯。因爲這是我的第一次說法講經，林仁波切似乎非常擔心。

扎日仁波切對林仁波切說，毗盧遮那佛《大毗盧遮那成佛神變加持經》（亦稱《大日

---

⑩拉薩藏傳佛寺「四大林」之一，其他三寺為丹傑林寺、策墨林寺、策覺林寺。

⑪格魯派每天必誦的祈願文，取自多部宗喀巴法本中的教義原則，最後一句則為藏人所加。

經》）的傳承從帕繃喀仁波切傳下來，在當今中藏只有色拉寺昧扎倉順巴康村的拉尊仁波切保有傳承，從他那裡接受灌頂是很重要的事。因此，那年在功德林達察仁波切贊助下，由拉尊仁波切主持《大毗盧遮那成佛神變加持經》。灌頂時，我的親教師特別去接受灌頂。

後來，林仁波切邀請拉尊仁波切到他羅布林卡的住所教授顯密經續，爲期一個月以上。而拉尊仁波切是從拉卜楞寺的蒙古人朵然巴格西，帕登桑波、和蒙古格西，洛桑達揚那裡接受傳承的。這些教法包括阿庫喜饒嘉措的密集金剛、勝樂金剛及大威德金剛的生圓次第；蔣揚協巴對章嘉若必多吉《正見歌知母》的注釋；貢唐丹白仲美的《宗喀巴教法昌盛願辭》等等。

那時候，林仁波切對一位來自蒙古的格西，講授帕繃喀仁波切有關如意珠度母生圓二次第的著述；在哲蚌寺洛色林後藏康村的堪布耶喜津巴請求下，林仁波切寫就了班欽索南扎巴的祈請文；應上密院進行廣大獨勇大威德金剛生起次第閉關的僧衆請法，仁波切在拉薩拉章的大接待廳對約三百名僧衆，授予獨勇大威德金剛灌頂以及隨許灌頂，其中包括札什倫布寺的喀欽阿旺尼瑪，他後來成爲班禪喇嘛的經師。

第十八章
輔導達賴喇嘛學習

一九四七年，我將在哲蚌寺、色拉寺正式展開求法，而且必須與前任和現任堪布們辯經。因此，前一年的藏曆二月起，我的高級經師攝政達扎仁波切及初級經師林仁波切，在布達拉宮的甘丹極頂輔導我學習。爲求有個吉祥的開始，他們兩位、助理經師和我一起唱頌《文殊眞實名經》，以及仁達瓦尊者的《二勝六莊嚴讚》①等偈文。法會結束後，達扎仁波切使用十二、十三世達賴喇嘛的經教師，普覺強巴嘉措仁波切編著的攝類學教科書《攝類學的建立——理路幻鑰》教導我攝類學的論題，例如以理路法則針對白紅色、基成、返體，以及其他許多主題，提出命題及答辯。

---

①Mkha' mnyam ma，這是由仁達瓦尊者所著之讚佛偈。正如西藏祈禱文所常見，這首祈禱文的標題是以第一句的前幾個字命名。

十四世達賴喇嘛，十二歲，一九四七年。

當帕繃喀仁波切的轉世靈童阿旺洛桑丹增成來，由其出生地的中藏北部直貢被護送而來時，林仁波切在夏巴阿蘭若附近的隆巴達林拉章，搭設了特別的天帳來迎接。不僅準備了餐飲宴會，也獻上哈達。這一位殊勝的轉世在扎西卻林阿蘭若升座時，林仁波切特別派遣拉章管家洛桑朗瑞前往獻上禮物、哈達等等。

幾天後，帕繃喀祖古來到布達拉宮，仁波切前去會見。因為前世帕繃喀仁波切是林仁波切的主要上師，因此他一直對祖古非常尊敬，堅持要他坐在上座。後來，帕繃喀仁波切拉章的管家成來達吉對林仁波切說：「雖然德欽寧波上師（即帕繃喀大師）是仁波切的根本上師，但現任轉世已從您那裡接受教示，成為林仁波切的弟子，因此請不要對他太尊敬。」然而，每當帕繃喀祖古到仁波切拉章的房間一起用餐時，他們都坐在一起。

那年藏曆六月，至尊赤江仁波切病得不輕，似乎是罹患腸炎。林仁波切去探望他，並祝福他早日康復，祈禱他長住世間。

學習攝類學課程之後，林仁波切也教我般若。我背了兩部根本頌文：彌勒菩薩的《現觀莊嚴論》與月稱論師的《入中論》，另外還背誦師子賢的《般若波羅密多要訣現觀論明義釋》、偉大五世達賴喇嘛的《現觀莊嚴論釋難》。我每天大概背半頁，然後再接受默背小考。之後，親教師會指出五世達賴喇嘛的《駛入中觀勝乘之大船》、宗喀巴大師的《辨了不了義善說藏論》、法稱的《釋量論》、功德光論師的《律經》，以及由《律經》節錄的偈頌摘要。只要他指定的部分，我就必須背誦。快要參加格西的辯經考試時，我自己主動認眞地背誦世親的《阿毗達磨俱舍論》。儘管我背誦的結果並沒有達到及格標準，但我還是背了。然而它並不在親教師指定的書本之列。

當我學習辯經時，親教師上完課之後，初級助理經師或資深助理經師會馬上進到教室，我就必須和他們練習辯經。大約在那個時候，赤江仁波切偶爾會來查看。他建議親教師，一定要教我關於生起次第及圓滿次第的某些特別論點，這樣會比較妥當。因此，親教師不時簡單扼要地教我有關這些主題的教法及傳承。

那時候我年紀還小，就像一艘漂流的小船，不可能全靠自己努力。親教師給我建議，並盡己所能慢慢將善淨功德灌輸給我，因此他的慈悲是巨大無量的。

一九四七年，藏曆六月，應理塘的秀竹賈貢之請，林仁波切一連數日在羅布林卡的住處對大約三十位喇嘛、祖古、格西等人授予下列著述的教授及傳承：克主傑論密集金剛生起次第的《密續王密集生起次第論悉地海》、宗喀巴大師論圓滿次第的《勝集密教王五次第教授善顯炬論》、宗喀巴大師的《密宗道次第廣論》，以及《勝樂金剛根本續》與宗喀巴大師的注疏《勝樂略續廣釋隱義普明科判》的綜合教授。

那年藏曆八月，我開始在色拉寺和哲蚌寺的不同扎倉上課，主題是辯經及講經。慈悲的親教師給我鼓勵，他說以我的年齡而言，我的表現相當不錯。

藏曆十月，應穹拉惹對祖古要求，林仁波切對一些接法者講授克主傑論密集金剛生起次第的《密續王密集生起次第論悉地海》之教法與傳承。

在上密院大經堂，格西洛桑桑智贊助兩尊宗喀巴大師及兩位大弟子雕像的製作。雕像落成後，則由下密院僧眾使用十三尊大威德金剛儀軌修盛大的開光儀式。在功德主格西桑智及上密院邀請下，林仁波切主持了開光法會。進行的段落之間，格西桑智來找仁波切，兩個人交談許久。親教師對他說：「格西拉，現在不應該是念誦的時間嗎？」格西桑智答道，他已經忘記要念誦了。林仁波切想，這句話是否表示他已經達到一定的證悟，因此才不需要念誦呢？林仁波切曾對別人表示，似乎帕繃喀仁波切相信格西桑智已獲得高證量的正覺。

一九四九年，藏曆三月，應上密院堪布、色拉寺傑扎倉的洛桑卻拙之請法，林仁波切在小昭寺廣場授予密集金剛四部法本、《勝樂金剛根本續》、宗喀巴大師的《勝樂略續廣釋隱義普明科判》、白度母長壽灌頂的教法及傳承，有數千人接法，包括上密院全體僧伽、下密院由堪布與副堪布帶領的大部份僧眾、來自其他禪寺的喇嘛、祖古、格西們，還包括在家的善男信女。

對穹拉惹對祖古，林仁波切授予的解說及傳承包括：五世達賴喇嘛對七世紀梵文詩學先驅者檀丁的著作《詩鏡論》所造之注疏《詩鏡釋論》。仁波切教授檀丁文本的第二章時，也參考錫金喇嘛鄔金巴所造的《詩例概要》。他也會給穹拉惹對祖古考一考詩例。林仁波切與穹拉惹對祖古的對話中，刻意提及熱振仁波切的《白瑪哈嘎拉寶瓶成就》一段偈頌。根據現行版本，其內容如下：

生來心性純淨的獅子
雖在三戒雪山有其居所，
我公開懺悔自身戒律缺失
是因為被五支煩惱的箭穿透。

而林仁波切把第一行改為「自性清淨的樂源②」，是引用典故的結果。

在德揚扎倉的請求下，林仁波切也為法脈傳承的堪布們撰寫祈請文補遺；應更丕烏孜阿蘭若之邀，他也編輯校訂十二丹瑪女神③的酬懺法；對拉卜楞寺的祖古，潤嘎仁波切及穹拉惹對祖古，他則教授梵文文法乃至於五種連聲變調④，使用的教材包括阿努布地論師的

《妙音聲明記論經》，以及格澤瑪班智達（亦稱噶陀格澤久美澤旺秋珠）爲之注釋的《百光明》；應哲蚌寺洛色林扎倉娘熱康村的格西旺度堅贊之請，仁波切在羅布林卡的住處，對一些弟子傳克主傑論密集金剛生起次第的《密續王密集生起次第論悉地海》，以及宗喀巴大師的論圓滿次第《勝集密教王五次第教授善顯炬論》之教授與傳承。

那時，至尊赤江仁波切也從上師金剛持林仁波切那裡接受密集金剛生起次第的教授。兩位大喇嘛互相討論，並解答了許多非常困難的難點。仁波切也常和格西旺度堅贊辯經。取得格西學位後，仁波切跟別人辯經的機會並不多，因此他說，有時能這樣辯經也是很重要的。

在我的主要隨侍強巴卻桑請求下，仁波切爲洛色林扎倉的新版教典班欽索南扎巴之《青蓮寶鬘》造迴向文。這本教科書內容論及辨別法本中了義、不了義之不同的困難點。在羅布林卡宮，殊勝的攝政兼經師達扎金剛持，贈予我整套新版教典，也傳我一切遍智五世達賴喇

②Śiva，亦稱摩訶提婆，意譯為大天。住在喜馬拉雅山，將佛教傳播到南印度。在偈頌中，「獅子」是「gdongs lnga pa」，也是某些印度神祇的同義字。

③十二丹瑪女神為西藏各地的土地神，藏文稱為「丹瑪久妮」。關於她們的形象並無具體記載，只有藏文文獻《護藏地十二丹瑪女神祈供法》對丹瑪女神進行概括描繪。

④梵文複合元音字，梵文文法中因字詞音節連結時的聲調變化規則，稱為連聲變調。

嘛《淨相密印》的灌頂、傳承、口訣等等。親教師林仁波切也參加了灌頂及傳承。那時候，經師達扎仁波切年事已高，因此長時間灌頂與教法讓他很疲累。有一次他告訴我，林仁波切是一位殊勝的喇嘛，並建議我要從他那裡接受密集金剛等大灌頂。

每年冬天我住在布達拉宮時，會定期進行觀修特定本尊生起次第的閉關。一開始達扎仁波切會陪著我，在閉關時幫助我，但後來由親教師每年例行協助我閉關。

因爲擦絨家族⑤管家侍從及哲蚌寺洛色林扎倉聯合請法，藏曆七月，林仁波切使用五世班禪洛桑耶喜的《菩提道次第捷徑面授法》，在哲蚌寺洛色林大經堂對大約五千人（包括佛學中心的前任及現任堪布、德朱霍脫土、達普仁波切及其他喇嘛、祖古、格西、學生們等）授予菩提道次第四部菩場道次經驗傳授⑥。後來，他主持了菩提心修習儀軌，再根據尼古瑪傳承，授予單瓶單尊的長壽佛灌頂。在此之後，功德主贊助了爲仁波切舉行的長壽儀軌及上師薈供儀軌，仁波切也欣然接受。

在仁波切的上密院堪布任期內，他曾派遣哲蚌寺洛色林娘熱康村的格西丹巴卻登及耶喜敦珠⑦，一同前往安多拉卜楞寺，對上密院在那裡新設立的分部教授儀軌修法、畫格量度及色彩等。他們現已完成任務返回拉薩，到仁波切住所拜會。仁波切非常開心見到他們，並熱切詢問安多地區喇嘛們及大格西們的事，以及他們在安多期間是否接受了任何新的傳承。仁波切非常愉快地接下來自格西丹巴卻登的禮物，那是貝芒共秋嘉措、祥東巴嘉措等人的作品集。當時，這在中藏是非常罕見的。仁波切不曾對弟子送的禮表示興趣，不論品質好壞。但是收到珍稀法本時，他總是非常開心。

應甘丹寺江孜扎倉的擦瓦什桑祖古請法，仁波切對羅布林卡的一些喇嘛、祖古及格西們授予土觀洛桑卻吉尼瑪選集的傳承。在另一次時間，他傳予曾接受過的阿庫喜饒嘉措選集之傳承，以及德哇倉祖古的時輪金剛生起次第儀軌之解說與傳承。

應我的請法，在羅布林卡頂端的菩提喜漩殿，仁波切也使用《菩提道次第捷徑面授法》，加上五世達賴喇嘛的《文殊口授——菩提道次第引導文》授予菩提道次第的經驗教學。

一九四九年，應達賴喇嘛直屬寺院尊勝寺的請法，仁波切傳密集金剛的灌頂，接著是對超過千名的聽眾（包括上密院及下密院僧眾），授予克主傑《密續王密集生起次第論悉地

⑤一九四〇年代西藏最富有的貴族家族之一。

⑥編注。首先提供一個比較廣泛的解釋，然後再解說一個較狹義的說法、一個簡短的解釋，最後進行總結。

⑦英譯者注。本書第十六章曾提到這兩位僧侶，分別是來自扎巴康村及安多康村。

海》論密集金剛生起次第，以及宗喀巴大師論圓滿次第的《勝集密教王五次第教授善顯炬論》的詳細教授及傳承。

大約在那時候，穹拉惹對請示林仁波切，自己是否能參加在布達拉宮舉行的一些說法講經。仁波切表示，他當然要參加甘丹赤巴尊祝仁波切將在丹傑林寺講授的寂天菩薩《入菩薩行論》。無庸置疑，此次說法講經目的在於強調一般道次第修行的重要性。

穹拉惹對也常請示林仁波切，是否因爲某教法傳承的稀有與否，而去請求受此稀有傳承教法。仁波切以訓斥的語氣答道：「當我請求開示時，是因爲我認爲或許自己能修一點，並非想要把它賣給別人。」仁波切在自傳中也曾提過這件事。

有一次林仁波切把自己曾攝受教法的喇嘛大名逐一列出，並請穹拉惹對仁波切計算共有幾位。他說，以前參加姜村的冬季課程時，有人告訴他惹對東貢祖古對法稱論師的《釋量論》頗有研究，如果能和東貢祖古討論會很受用。因此，他和東貢祖古便討論了《釋量論》。於是他問自己，東貢是否應該包括在師長名單之列。後來被問及此事，仁波切答道：「當然要列入名單。」

第十九章 任命為夏孜曲傑

現任夏孜曲傑①暨色拉寺傑扎倉的拉瓦耶喜圓寂。根據傳統，現在輪到仁波切接任此一職位。因此，一九四九年，殊勝的攝政達扎仁波切請求林仁波切立刻接任，藏醫曆算院也立刻計算、挑選適合升座的吉日。在拉章的接待廳舉行典禮，仁波切登上朝向東方的法座。接下來是在布達拉宮的拜會活動。這些都是接任新職務的習俗。

每年在甘丹寺結夏安居時，夏孜曲傑必須根據宗喀巴大師的《菩提道次第略論》爲法本進行說法。然而，仁波切之前未曾受過這部著作的傳承，因此攝政達扎仁波切現在開始授予

①Sharpa Chöjé，上下密院修習的喇嘛可以逐級升為上下密院的堪布，卸任後的堪布稱為「堪蘇」。而上密院堪蘇可升補為甘丹寺夏孜扎倉的法尊「夏孜曲傑」（意為「東頂法尊」），下密院堪蘇則能升補為甘丹寺絳孜扎倉的法尊「絳孜曲傑」（意為「北頂法尊」）。

傳承。更有甚之，林仁波切請求攝政傳策覺林寺的噶欽益西堅贊（八世達賴喇嘛之經師）所造之中長篇上師薈供引導文②，以及宗喀巴大師論密集金剛的《現證五次第》。攝政達扎仁波切欣然接受這個請法，但是因爲日理萬機，教法時間必須往後延。

結夏安居時仁波切前往甘丹寺，住在洛巴康村的頂樓。夏孜曲傑正式升座那天，他從洛巴康村前往大經堂途中遇見一名挑水伕。當時，一位來自下噶東喀西，名叫扎西的僧人，在政府財政部門協助儀軌工作，他把一條頂級儀典哈達放在那挑水伕裝滿水的水桶上，後來挑水伕挑著水直接走到甘丹赤巴居所。

有人說這是林仁波切未來將登上文殊菩薩攝政、第二佛陀法座的吉兆③。

那天，仁波切對甘丹寺僧伽、夏孜與絳孜兩扎倉，以及附屬康村進行廣大布施、供養。林仁波切拜謁了尊貴的宗喀巴大師黃金靈塔，也朝拜其他高僧大德，念誦廣大祈願文，呈獻五妙欲煙供千供。政府、甘丹寺僧團委員、扎倉、康村等，都對仁波切獻上吉祥的祝賀哈達。

連續三天，仁波切在夏孜扎倉的住所，爲絳孜曲傑從頭開始講授宗喀巴大師的《菩提道次第略論》。也對絳孜及夏孜扎倉前任及現任堪布、喇嘛、格西們等人講授相同內容。應洛巴康村的格西阿旺扎西之請，仁波切更在洛巴康村大經堂授予十三尊大威德金剛成就法、前世林仁波切著述之《大威德十八步引導文》的傳承。

一九五〇年春季，應一位尼泊爾玻璃商社主人之請，林仁波切在席德寺對超過千人授予獨勇大威德金剛灌頂，並針對大威德金剛密續的生圓二次第，進行深廣詳盡的開示。

那位商社主人返回尼泊爾前，從布達拉宮印經院買來全套宗喀巴大師及其兩位大弟子的作品集，請求至尊林仁波切用私章爲每一卷蓋章加持，並帶回尼泊爾。一九五九年我們流亡印度之後，這些文本在印度珍稀罕見，那位尼泊爾商人便將整套作品獻給仁波切。在此之前，這位尼泊爾商人還在西藏撥出一筆錢設立信託，其利息當做資助夏巴阿蘭若的儀軌供養金。然而在中國軍人入侵後，夏巴阿蘭若被夷爲平地，這位尼泊爾玻璃商人便把那筆錢連本帶利交給印度林仁波切的拉章。因爲夏巴阿蘭若已經完全被摧毀，林仁波切利用這些錢在印度及尼泊爾各地進行供養。後來，仁波切聽說這位商人深受久病之苦，便立刻送了一筆錢到尼泊爾支援他。

---

②這可能是《上師供養法教授：耳傳之精華寶藏》較簡略的版本。

③文殊菩薩攝政為甘丹赤巴稱號。在此「文殊菩薩」是指偉大的宗喀巴、甘丹寺的創立者，也是在西藏重興佛法的一代宗師，因此被稱為「至尊」「第二佛陀」「遍智法王」。絳孜曲傑與夏孜曲傑會輪流接任甘丹赤巴之法座。

為表彰林仁波切擔任達賴喇嘛經師一職的傑出殊勝，政府提供位於卡熱的恰棒莊園給林仁波切拉章，做為拉章寺院的財產。林仁波切當時的侍從竹哈，自願前往那裡服務，於是由圖登次仁接下林仁波切侍從的職務。

來自色拉寺噶巴康村的一位僧侶卻桑圖塔，綽號是「大鬍子」，隸屬於夏巴阿蘭若。他大部份時間都在羅布林卡和布達拉宮服侍林仁波切，一個月只有兩次會在僧眾說戒待在夏巴阿蘭若。卻桑圖塔非常擅長製作與裝嚴朵瑪，也擅長唱誦。因此，在灌頂法會中他擔任林仁波切的儀軌助理。

應色拉寺娘熱康村的格西舉昧之請，林仁波切傳宗喀巴大師的《菩提道次第廣論》之傳承。在另一個場合中，應一些為觀修大白傘蓋佛母而閉關的僧眾之請，林仁波切在羅布林卡的住所，傳他們十七尊大白傘蓋佛母的灌頂。

一九五〇年④中國軍隊大舉入侵西藏東部地區，首長及他的下屬官員們被捕入獄，陷西藏於險境。因此，應西藏僧俗人民的請求，那年十一月十七日，在布達拉宮的東有寂圓滿大殿，我肩負起西藏精神及世俗領導人的責任（彩圖16）。

在那典禮上，親教師為我念誦長壽祈願文時，也進行了廣大的曼達拉供養。西藏國民大會一致請求我遷往西藏南部與錫金、不丹交界的卓木，至少暫時到那裡避避風頭。因此，十二月十九日我離開拉薩；同一天，林仁波切在拉章總管洛桑朗瑞、侍從圖登次仁及其他人陪同下也離開了。

那天晚上，仁波切被安排在聶當的扎西剛寺掛單。由於未收到前往該寺的交通引導，仁波切一行人錯過了扎西剛寺繼續往前走。後來該寺一名僧侶趕上，帶領他們回頭走，這被視爲一個吉兆，表示他們很快就會返回拉薩。

離開扎西剛寺之後，仁波切一行人前往卓木。途中他們停留在下卓木的夏辛瑪，然後抵達目的地——上卓木的東嘎寺。在東嘎寺的扎西卻林大經堂，仁波切傳獨勇大威德金剛灌頂，並進行生圓二次第的經驗教法。這是應一位代理政府僧官謙饒旺秋之請，以迴向給他已故的兄弟、累資糧的請法。

在我進行獨勇大威德金剛閉關、十一面千手觀音的經驗傳授，及閻羅法王內觀成就法前，林仁波切慈悲地再一次爲我灌頂，並教導我觀修的程序等。

那時候，對於是否從卓木繼續前往印度還是返回拉薩，我們之間內部意見不同調。在施

④一九五〇年底西藏為阻止中國入藏，在昌都布下重兵，但遭擊敗。剛親政的達賴喇嘛因此出走藏印邊界城市亞東。

行麵糰占卜⑤後，結果建議我們應返回拉薩。因此，親教師認為應該聽從這個占卜結果。

但是，快要啓程返回拉薩時，林仁波切卻突然生病。拉章管家洛桑朗瑞表示，東嘎寺有寂靜相與忿怒相的護法明王⑥神諭。管家問道，有關林仁波切的健康，若請示寂靜相護法神進行占卜不知適不適合。林仁波切答道，要決定這麼做是否適合，最好先在他隨身配戴的寶匣中，向最尊貴的度母像施行麵糰占卜。林仁波切將這寶匣視為寶物，對它極具信心、極為信賴。依照林仁波切所說，在度母像前施行占卜後，結果並不贊成向寂靜

一九五一年，在上卓木的東嘎寺，達賴喇嘛手持從印度帶來的佛陀聖骨篋。林仁波切站在右前方。

相的護法明王問卜。於是這個想法就被擱置了。

一九五一年七月二十日，藏曆鐵兔年五月十七日，我準備從卓木返回首都拉薩。途中，在江孜鎮的白居寺（班廓曲德寺），我對許多僧俗衆傳觀世音菩薩的灌頂，我偉大的根本上師就坐在僧衆行列間。在施行遣魔朵瑪儀軌時，我拋撒了穀物，金剛杵從我手中滑落不見，結果掉在親教師上衣的褶縫裡，他馬上站起來交還給我。許多在場人士表示，這是非常不尋常的事，並認爲是個吉兆。

仁波切抵達拉薩後，停留在羅布林卡幾天，然後在夏巴阿蘭若養精蓄銳一個星期。我請林仁波切傳我時輪金剛灌頂。時輪金剛是一種特別的密續系統，在解說方式上與其他密續不同。他欣然接受了。因此，他在布達拉宮的住所裡完成一個時輪金剛心壇城的資格閉關，接著是在拉薩拉章進行的火供。藏曆水龍年（一九五二年），在布達拉宮大接待廳東

⑤麵糰占卜是指將寫著選擇答案的紙揉進糌粑裡，做成形狀和重量完全一樣的糌粑球，然後把這些球放進一個簽缽裡，在神像或神蹟面前抖動簽缽，直到一個糌粑球掉出來為止。

⑥此指多傑雄登（Dorjé Shukden，又名Dölgyal）的寂靜相大野贊神（攸瑪嘉欽 Yuma Gyalchen）。後來，關於多傑雄登產生許多爭議。英譯者注：此處描寫十四世達賴喇嘛第一次與多傑雄登有了接觸，透過神諭召請祂，並針對目前面臨的危險處境向祂提問。然而，達賴喇嘛尊者在前一句只提到進行占卜，並沒有請神諭降神。

有寂圓滿大殿，使用色沙完成了完整的身、語、意壇城。在此之前是帶領弟子入壇儀軌的必要前行準備，接著是地點開光的前行儀軌、丹瑪天女儀軌等等。然後，在修了自生本尊儀軌、進行供養後，他修了自灌頂，藉由進入壇城而取得四部灌頂（瓶灌頂、密灌頂、智慧灌頂、語辭灌頂）。

然後，在印度曆書的制怛羅⑦滿月那特別的一天——這是釋迦牟尼佛以時輪金剛本尊相示現，並對月賢王及其他大德初轉密續之王法輪的日子——從這天起接連三天，林仁波切教授入壇的程序，並傳七灌頂⑧，分別代表「如童的入壇」灌頂、三個殊勝上等灌頂，以及

達賴喇嘛在江孜首次傳觀世音菩薩灌頂。最左邊為林仁波切。

大金剛阿闍梨⑨灌頂和結行儀軌。

時輪金剛傳承，追本溯源是由偉大的宗喀巴大師承繼芬陀利華王對《時輪金剛根本續》的殊勝注疏——《無垢光明大疏》思想而來。

時輪金剛傳承包含了許多來自印度及西藏的講解傳承。正如時輪金剛本尊稱讚月賢王，時輪金剛傳承也同樣受到誇獎。而這時輪金剛大法，由偉大的第一世班禪額爾德尼——克主傑，以對時輪密續的廣釋，以及對於其壇城儀軌和附加程序等修行方法的創置而成。

同樣的，林仁波切對於時輪金剛教法給予詳細而深廣的解說，藉由三種量⑩以臻圓滿，

---

⑦Caitra，星名為制怛羅。此星現於正月，故名正月為制怛羅月。

⑧時輪金剛包含了十一層灌頂：七個「如童的入壇」灌頂、三個「殊勝」上等灌頂、以及一個「最殊勝」灌頂。這些灌頂幫助弟子去除一切障礙而擁有平靜、獲致幸運、征服和毀滅的神奇力量。僅欲暫求世俗神通力（魔幻和神祕成就）的弟子，授予較低層次的七種灌頂；欲達到超越佛智的弟子，則給予全部十一種灌頂。七灌頂分別為：如母親清洗剛出世嬰兒的「水灌頂」、如約束幼兒頭髮頭箍的「寶冠灌頂」、如列有飾物的寶帶穿過孩童耳朵的「冠帶灌頂」、如孩童嘻笑交談般的「金剛杵鈴灌頂」、如象徵孩童享受五種覺受物件的「戒行灌頂」、如為孩子命名般的「名字灌頂」，以及第七項「密乘授權灌頂」。

⑨尼泊爾尼瓦爾人的密教祭司，尼泊爾人叫他們古巴朱，意指上師。尼瓦爾人如要成為上師，要由兒童開始經過不同儀軌。包括薙髮與托缽行乞等等。雖然他們與釋迦族有關，但他們並不特別神聖，這種姓的上師也會結婚，不是全部都是出家眾。

十四世達賴喇嘛穿著儀軌服飾，接受林仁波切傳時輪金剛灌頂。

有關修行的教授也甚深廣大，未經簡化。因此，親教師不僅教我瞭解灌頂內容，同時也剷除有關內、外及其他時輪金剛奧義因無明或錯誤觀念導致的全部懷疑，讓我完整理解密續學者們所有甚深論點。

傳最殊勝灌頂時，教授上師祈請之後，須念誦對主要本尊的祈願文：

我呈予您這位弟子，

他將守護這些密續。

念誦這段偈文時，仁波切看來有些悲傷。我也感到有點難過。

接受帕繃喀仁波切對勝樂金剛身壇城的教示時，至尊赤江仁波切做了筆記。在和其他人的筆記對比之後，爲帕繃喀大師編纂了關於吉布巴傳承的身壇城生起次第之《駛入大樂海舵手》。他將這部著作拿給親教師檢閱，並請他更正。林仁波切非常投入做這件事。

⑩編注。定言、推論，最後引據經典（權證量）的程序。

另有一次，帕繃喀仁波切的祕書洛桑多傑，請求林仁波切檢視並訂正關於大威德金剛十三尊生圓二次第的筆記，希望將之收錄於帕繃喀大師選集之中，仁波切答應了這個要求。林仁波切也接受一位第三階級政府官員的請求，謹愼檢視前任攝政達扎仁波切接受過的教法清單，因爲那位官員計畫要印行前任攝政的作品集。

有一次，當林仁波切正在教授並傳承克主傑的密集金剛生起次第著作《密續王密集生起次第論悉地海》，以及宗喀巴大師的圓滿次第著作《勝集密教王五次第教授善顯炬論》時，前任甘丹赤巴暨色拉寺傑扎倉的格西，倫珠尊祝仁波切，透過穹拉惹對祖古請示自己是否可以參加，他說親教師是非常殊勝的人物，就像過去那些噶當派大師。林仁波切答道：「我怎能對如此博學多聞的人物給予教授呢？」

當他再次詢問時，林仁波切表示：「格西倫珠尊祝仁波切是位甘丹赤巴，他和衆人一起接受教授並不適合，因此我會私下指導。」然而，因爲仁波切行程忙碌，因此沒有時間如倫珠尊祝仁波切所願給予教授。因此，他似乎對前色拉寺傑扎倉堪布塔喀和其他人強力建議，請求這位金剛上教師針對這些偉大法本進行教授和傳承，是件很重要的事。

那時候，飽學的大師貢布明雅仁波切在拉薩。林仁波切心想：「若自己從這位大師座下獲得自己尚未得過的傳承，能否饒益佛法呢？」於是他派遣穹拉惹對祖古到大昭寺，在覺沃仁波切佛像（釋迦牟尼佛十二歲等身像）前進行麵糰占卜。占卜結果是肯定的。因此，那個冬天，林仁波切與赤江仁波切、穹拉惹對祖古和其他人，一起在布達拉宮住所，接受了來自貢布明雅仁波切的教法。包括阿庫喜饒嘉措的《上師薈供法引：乘風得證》⑪的傳承。接著是宗喀巴大師的《入中論善顯密意疏》《辨了義不了義善說藏論》、克主傑的《總義論：善緣開眼》、貢唐丹貝仲美的《宗喀巴贊：見即具義》的根本法本及其注疏，以及霍敦南喀巴的《修心日光論》。接下來的一年間，林仁波切從貢布明雅仁波切那裡聽聞了師子賢的《般若波羅密多要訣現觀論明義釋》、阿庫喜饒嘉措對密集金剛、勝樂金剛及大威德金剛生圓次第的教示、《時輪金剛略續》及《時輪金剛根本續》注解的傳承，這傳承還需要再增訂一些資料；以及對噶當巴格西，朗日塘巴的《修心八偈》、法護論師的《利器之輪》等教授。

應貢布明雅仁波切之請，親教師給予了對馬鳴菩薩《事師五十頌》、月官論師的《菩薩律儀二十頌》等傳承與教授。如此你來我往，這兩位大師變得非常親近。

後來，一位專研文法的學者來到拉薩，林仁波切不曉得跟他學習未曾學過的文法是否有

---

⑪《Testament Carried on the Wind》。英譯者注。我唯一能找到以此名的教典，是由哲蚌寺的慈誠尼瑪所著之格魯派大手印的作品。

益聖教，因而派遣穹拉惹對祖古到大昭寺的覺沃仁波切像前進行麵糰占卜，結果是否定的。

應那秀吉如近侍之請，仁波切在拉薩的席德寺大經堂，對已立誓每天誦念大威德金剛成就法的千名以上大眾，傳獨勇大威德金剛灌頂，以及生圓二次第的經驗教授。

席德寺。

第二十章
任命為達賴喇嘛高級經師

一九五二年，我的高級經師達扎仁波切圓寂。於是林仁波切被要求追隨十三世達賴喇嘛尊者的高級經師普覺強巴嘉措腳步，承接高級經師一職。

因此，應來自內閣噶廈以及祕書處暨財政稅務委員會的官方要求，一九五三年十月初，林仁波切參加了接任高級經師職位的儀式性會面。從那時起，每當停留在布達拉宮，林仁波切會住在之前達扎仁波切的明處普明下室；在羅布林卡時，他的房間則從馬廄上方，搬到經懺堂上方的新房間。

不論林仁波切待在布達拉宮或羅布林卡，總是帶著宗喀巴大師著作《菩提道次第廣論》《菩提道次第略論》《菩提道次第攝頌》、帕繃喀仁波切對道次第的解說、八世達賴喇嘛經師噶欽益西堅贊論心與心所之著作《解說心與心所攝頌寶鬘》，以及噶欽益西堅贊同一著作的簡短偈頌版《明示心心所善慧頸莊嚴》，並且固定研讀這些經論。人們來訪時，在抵達前不久，他便會把經論放在一邊。每當仁波切從羅布林卡的普陀拉宮圖書館借書時，他總會寫一張借書單，還書時就會把借書單撤銷。他對此一絲不苟。

拉薩拉章內有許多藏書，當仁波切需要帶到布達拉宮或羅布林卡來閱讀時，他會派遣侍從或弟子去拉章取書，而且總能毫不遲疑地說出它們的確切位置、經卷大小、包經布顏色等。他非常尊敬法本。讀一本經文時，若沒有包經布或木製書皮，他絕不會把法本放在桌上。拉章的各種事務通常是拉章總管在管理，而非透過仁波切。然而人們要借書時，都必須先和仁波切商量。

仁波切已經在妙音旋律寢室，從康薩仁波切那裡接受八十四大成就者之首盧伊巴傳承的勝樂金剛灌頂，而且做了筆記。然而，因爲他想要進行生起次第閉關，便邀請至尊赤江仁波切到拉薩拉章，他自己再次接受前行儀軌，以及正行灌頂，爲期超過兩天。林仁波切請求不必解釋灌頂偈頌，但希望能概略解釋關於進行灌頂程序的儀軌。他說，最後可能並沒有解釋，但他相信自已經接受了灌頂。

仁波切隨後在他布達拉宮的明處普明進行嚴格的閉關。清晨，他進行日常課誦後，在卻桑圖塔陪同下，他開始自生本尊勝樂金剛。仁波切花費很長的時間觀想，花了三個小時才到持咒階段。晚上直到七點，他完成一座閉關。就這樣，他逐漸累積持咒數，三個禮拜之內完成了閉關所須的數量。然後他回到拉章，與上密院的儀式僧一起圓滿修了息災火供。

一年冬天，因應我的請求，林仁波切傳我之前沒有從達扎仁波切那裡接受的阿閦佛密集金剛灌頂以及盧伊巴勝樂金剛灌頂。他以阿庫喜饒嘉措的著作，來針對勝樂金剛、密集金剛及大威德金剛的生圓次第授予以經驗爲基礎的口訣教學；還傳給我仲敦巴編撰的讀本傳承《噶當派父子問道論》，以及七世達賴喇嘛對《兜率百尊》引導文的傳承與教授。

此外，我清楚記得某個夏天，我在羅布林卡普陀拉宮上面的習經房，接受了十三尊大威德金剛生圓次第的經驗教授，使用額曲達瑪巴扎尊者的著作；並在菩提喜漩殿接受了《大威德金剛幻化輪》的口訣、以及《六十朵瑪注釋》《共不共寂忿合併教授》，以及布敦仁欽珠的時輪金剛廣釋《無垢光箋注》的口傳及教授。

我從林仁波切那裡接受許多其他的傳法，但我無法在此一一列出，因爲當時的教授紀錄都留在西藏。

大約在那時候，拉章總管帶了一匹漂亮的黑騾子來。總管帶牠去羅布林卡宮給仁波切看，林仁波切非常高興，很確定這匹騾子註定要在接下來前往中國的一年旅途中當他的坐騎。

安多津巴嘉措及另兩位仁波切的弟子建議，拉章的規模最好再擴張一些，他們也自願擔任某些工作來達成此目標。總管也詢問仁波切，拉章是否適合開始做一些生意。對此，林仁波切提及知足寡欲的重要性，他自己從未對奢侈生活抱有一絲欲望。然而，他並未阻止總管定期添購馬匹、騾子等牲口，但堅持都必須以愛心對待這些動物。

一九五四年，藏曆木馬年一月八日，林仁波切在他拉薩的住所爲九世察雅呼圖克圖授予沙彌戒。在我的年紀足以接受具足戒之前的兩年[1]，仁波切授予不同派別傳承的衆喇嘛及個別僧侶們沙彌戒，此舉也是對佛法的根基，亦即神聖毗奈耶戒律能做出最好的貢獻。然而，這一點我不在此贅述。

林仁波切在夏巴阿蘭若，一九五五年。

爲了讚頌佛法的偉大，我被要求在前一年接受三次具足戒。因此，前述月份的十五日，在拉薩主殿的覺沃釋迦牟尼佛像前，這位殊勝的精神導師——具足智慧與戒律、西藏毗奈耶持有者頂上的珍寶，尊榮無瑕地主持了我接受具足戒的大典。因此，我被授予了學處圓融的完整根基，這是直至成佛前都無法臆測的無量慈悲行為。

那個月，在安多密乘格西洛桑尼瑪的請求下，赤江仁波切為前世諸位林仁波切寫了一篇祈願文，名為《如意寶瓔珞》。他將這篇願文與具有佛像、佛經、佛塔的壇城一起獻給林仁波切，並祈請他長久住世。穹拉惹對祖古請示赤江仁波切從哪裡得知前世轉世們的事蹟？至尊赤江仁波切答道，這些前世的生命事蹟，曾顯現給林仁波切的前一世——尊貴的洛桑隆朵丹增欽列，而它們都被描繪在夏巴阿蘭若的牆上。

另有一次，甘丹寺夏孜扎倉的一位格西，多康洛桑孔卓曾獻給林仁波切四個各裝有五十枚藏幣的袋子，並請求他為前幾世赤江仁波切寫作祈願文。仁波切接受這個請求，但請格西收回這筆供養金。格西答道：「請接受這項供養，除非此供養過於微薄。」這句話讓仁波切笑了起來。然而，雖然他那時沒有立刻寫作祈願文，但後來在印度落腳後就完成了，這件事容後再述。

應昌都佛學院的祕書彭措旺度請求，在一年一度的傳召大法會後，林仁波切於席德扎

①編注。受具足戒者應年滿二十歲，不得超過五十歲。

倉的經堂，對上千位大衆傳獨勇大威德金剛的灌頂。在此之前，已先進行了一整天的前行儀軌，僧衆們都誓言要每天念誦深廣的自生本尊成就法廣軌。

第三部 初次出國訪問

1954～1958

第二十一章 訪問中國

中國決定制憲，我必須參加中國的人民大會會議。因此，藏曆五月十一日，我從拉薩啓程前往中國。在親教師陪伴下，我先在甘丹寺住上幾天。有一天，在來自扎葉巴的貿易商阿竹贊助之下，甘丹寺娘熱康村全體僧衆在羊八井寺供千燈。他也獻供宗喀巴大師的靈塔綿緞法袍，爲護法神嘎拉路巴供養一套全新服裝。這次供養活動，功德主邀請了仁波切參加，他也念誦許多祈禱文。

之後，我們離開甘丹寺，又是騎馬至寺院下方，又是搭車，終於抵達了工布帕拉山口。通過了這山口，汽車無法通行，此後旅程只能騎驢前進。那年降雨量過於豐沛，道路因而被毀，林仁波切必須徒步上下山路。他的騾子背上長滿了瘡，顯示出這趟路途的艱辛。然而林仁波切已習慣吃苦耐勞，這些對他來說並不算什麼。當一行人抵達林芝的波窩查摩，除了拉章總管洛桑朗瑞外，隨侍圖登次仁、廚子洛卓和其他侍從、騾伕還有騾子都返回拉薩。

那時候，有些人說他們從前世林仁波切阿旺隆朵雲丹嘉措的出生地出發，特地來拜會林仁波切。林仁波切以甘露做爲加持的禮物，讓他們非常開心。

然後我們搭車到昌都，在昌都法相院稍作停留。在那裡，仁波切接見了以前的弟子，例如希瓦拉及嘉若祖古，以及許多其他虔誠的僧俗大衆。最後，途經康區許多地方後，我們抵達中國成都。這是林仁波切首次出國。

即使離開西藏林芝市之後，林仁波切每天從早到晚都搭車奔波，但他並未因此而顯出疲態。林仁波切和我搭飛機從成都到西安。在那裡，他朝拜了曾供奉拉薩主寺大昭寺的佛像之佛殿及法座。在昌都收到的酥油，林仁波切都用來進行供養。

我們從西安搭火車到北京，住在名爲宇卡甲窩的地方。林仁波切跟我一起參加會議、參

赤江仁波切與林仁波切造訪北京北海公園，一九五四年。

觀工廠、觀賞影片等，但他沒有到處觀光。私底下，林仁波切應幾位中國人請法，講經開示，包括楊潭剛（音譯）在內，他曾從一切遍知班禪仁波切．卻吉寧瑪那裡接受過時輪金剛灌頂。格西喜饒嘉措①也常來拜訪。林仁波切極恭敬地和他討論佛法及一般科學知識。我聽說喜饒嘉措對別人表示，雖然至尊赤江仁波切是他的弟子，而親教師林仁波切並沒有從他那裡接受傳法，卻也對他如此恭敬，顯然他是嚴以

十世班禪喇嘛、毛澤東、林仁波切與達賴喇嘛於北京，一九五四年。

①具有影響力的學者僧，來自安多。他是辯才敏捷的作者，也是國民黨時期在中國菁英分子圈子中，振興藏傳佛教活動的要角。有關當代歷史學者對此運動及喜饒嘉措扮演的角色之觀察，可參考滕華睿（Gray Tuttle）的《建構現代中國的藏傳佛教徒》（New York: Columbia University Press, 2005）。

律己的喇嘛。

有一次毛澤東前來與我會面，林仁波切也陪同隨行，當他們握手時，毛澤東開玩笑說林仁波切沒有戴帽子。

林仁波切小時候曾因吃蛋而生病，因此拉章準備混合魚、豬、蛋的菜餚供養仁波切。至於雞肉，仁波切說，不應該宰殺這麼小的動物成爲我們的食物，所以他不曾想過要吃雞肉。仁波切喜歡糌粑、肉乾和藏茶。冬天他喜歡西藏湯麵、饃饃和橘子、桃子等水果。他不喜歡中國菜，再加上在北京期間，他發燒咳嗽也無法吃太多。然而，林仁波切懷疑，如果中國人發現他不能吃那些食物，可能會帶他去醫院檢查身體。因此，他把中國人送給自己的許多食物分給廚子洛卻等人享用。早上，仁波切就吃從西藏帶來的糌粑。

中國人堅持要讓怙主林仁波切擔任西藏宗教事務辦公室的主任。對此要求，仁波切答道，他並未擁有擔任這職務所須的知識，而且現在有其他喇嘛遠比他更有能力，因此他並未答應。這些事情導致林仁波切在中國停留期間完全無法放鬆，出現了身體不適、體重減輕等現象。隨行的醫師給他吃了藏藥，但病情不見起色。

林仁波切一抵達中國就寫信給拉章員工，若是他之前的閱讀老師、來自上密院普康村的阿旺倫珠有任何要求或需要，都必須盡量滿足。然而不久之後，這位老師圓寂了。拉薩的拉章也說，拉章所屬那匹漂亮的黑色騾子和一匹好騎的馬也都突然死亡。因爲是馬年，所以障礙連連。

停留北京期間，當我有些許自由的時間，我曾從親教師那裡接受幾次論宗喀巴大師《菩提道次第廣論》的毘婆舍那（勝觀），但我當時沒能受完毘婆舍那全篇。

中國的活動結束後，我們前往塔爾寺。在中國當局安排下，仁波切住在離塔爾寺很近的一幢房子裡。仁波切拜謁了那裡的宗喀巴黃金靈塔②，並供養了千遍五妙欲煙供。在塔爾寺，林仁波切與明雅仁波切見面，互獻哈達。他們之前曾互相教授對方。然後林仁波切再前往拉卜楞寺，在那裡爲六世蔣揚協巴和其他年輕僧侶授予沙彌戒。因應上密院該地分寺之請，林仁波切教授了宗喀巴大師的《功德本頌》。

林仁波切因學識淵博、持戒清淨以及慈悲爲懷而聲名遠播。因此，許多人每天都來聽法，他在康區和安多從事弘法等事業，不帶絲毫勉強，樂意滿足人們的希望。

然後他前往浙霍的涅措寺、貝里寺、達傑寺、甘孜法相院和密咒院，德格、昌都法相院扎倉以及其他地方，根據請法而弘揚教法，且總是把收到的供養品送回。林仁波切對各種傳

②塔爾寺所在地為宗喀巴的出生地。

賓客們在北京西藏代表辦公室前合影，攝於一九五五年元旦。前排左起：主要護衛帕哈、祕書長阿旺敦珠、助理經師嘉措林、副總理聶夏、敏林珠仁波切、阿沛阿旺晉美、林仁波切、達賴喇嘛、赤江仁波切、噶瑪巴仁波切、內閣大臣色康、達賴喇嘛母親德吉才仁、阿日仁波切、達賴喇嘛姊姊次仁卓瑪、薩迦達欽仁波切。

一九五四年九月十一日人民大會舉行期間，在北京拍攝的團體照。前排左起：李維漢、黃彥培（音譯）、張藍（音譯）、宋慶齡、十世班禪喇嘛、毛澤東、達賴喇嘛、劉少奇、李季申（音譯）、郭沫若、陳叔通（音譯）。後排左起：彭措旺傑、德吉才仁、阿沛阿旺晉美、噶瑪巴仁波切、范明、赤江仁波切、張經武、林仁波切、不詳、不詳、額曲仁波切、彭措旺傑晉美、不詳、不詳。

承、大大小小的寺院進行供養，即使寺院不位在回拉薩途中，也一併供養。

應嘉若祖古之請，林仁波切造訪康區的朱古寺，在那裡停留幾天，並給予要求的教法。嘉若拉章獻給林仁波切十袋中國銀元、多種錦緞，以及一套完整的二十一座鎏金度母雕像，稱為嘉若度母。林仁波切沒有接受銀元及其他禮物，但極歡喜地收下度母佛像。後來在拉薩，他把雕像放在夏巴阿蘭若，與其他聖物並列。

一九五五年六月三十日，我們回到拉薩，林仁波切回到夏巴阿蘭若休息幾個禮拜。林仁波切在中國時，拉薩的拉章職員在夏巴阿蘭若後面已經蓋好一小間房子讓他休息，因此他欣然待在那裡。仁波切向來非常享受在夏巴阿蘭若的時間。他告訴別人，當自己在那裡時，是全心投入修行的絕佳機會，例如讀頌經論。

如前所述，不管仁波切在中國，甚至是回到拉薩之後，中國當局都持續要求他主掌宗教事務辦公室。林仁波切認為自己從早年起就接受佛法的訓練，在這方面確實得到了一點知識，但除此之外，他對於現代世俗事務一無所知。若只是虛有其名，完全沒有助益。因此，有好幾年他沒有同意這個要求。然而，後來布姆唐寺祕書長③一再告訴他，如果他連頭銜都不接受，中國人就會懷疑他。因此，直到流亡印度為止，仁波切都必須掛上這個部門的頭銜。

每當仁波切跟中國高官會面時，講話總是有禮而得體，但是他堅決表示自己完全不懂政治。每當認眞的學生們請求會面，他總是欣然對他們的要求給予建議。面對高僧們及重要的人們，他很尊敬對方，交談簡潔扼要，從不跟對方說太多話，將阿底峽尊者及噶當巴上師們豎立的典範——內心少散亂，少涉入世俗之事——謹記於心。

因爲下榻於拉薩魯普岩寺的行者，格西娘熱根敦扎西幾年來多次邀請，林仁波切於一九五六年初夏，在席德甘丹桑登林寺大經堂，一連數日對於克主傑的《大威德金剛生起次第廣論》，以及拉卜楞寺的阿庫喜饒嘉措對密集金剛、勝樂金剛和大威德金剛生圓次第的注釋，都給予非常詳細的教授。包括喇嘛和祖古，聽衆超過千人，例如來自昌都的帕巴拉呼圖克圖、察雅呼圖克圖，以及至尊什貢仁波切，還有來自上下密院、三大寺的格西、僧侶、侍醫建饒諾布，以及從藏醫曆算院的其他教師及一般善男信女。

那年藏曆八月，在親教師陪伴下，我造訪熱振更丕林寺。我在那裡爲前攝政熱振仁波切的轉世傳沙彌戒，親教師在法會中協助我。十四世紀時，尊貴的宗喀巴大師在羊貢山寺寫下了無與倫比的《菩提道次第廣論》。我們在那裡背誦了幾頁並進行祈禱。做爲噶當巴教法的起源地，熱振是非常殊勝之地，於是仁波切在那裡進行盛大供養。

返回拉薩途中，我們造訪堆龍的譜曲米隆。保存密續教法寶庫的下密院僧衆，正在那裡進行結夏安居。林仁波切致贈僧侶們供養金、供茶，並會見信徒，以傳授佛法等滿足他們的願求。

③英譯者注。這位可能是來自布姆唐寺的僧官曲培圖丹。

朝聖者朝拜安多塔爾寺，一九五〇年代中葉。

第二十二章
印度、尼泊爾朝禮

根據上座部佛教傳統來計算，接下來的一年，就是教導我們和平、非暴力的世尊佛陀示寂入涅槃第二五〇〇年。於是，我接到印度政府以及摩訶菩提寺的邀請，去參加這非常殊勝的紀念典禮。

因此，在一九五六年十一月十九日，在親教師陪同下，我從拉薩出發。隔天，我們在札什倫布寺稍作停留，與遍知的班禪喇嘛會面。接著我們前往江孜，受邀停留在貴族帕拉家族的帕拉莊，然後搭車至卓木東林苑，再騎馬前往印度錫金邦首府甘托克。翌日，我們搭車抵達印度西里古里後，再搭機至新德里。在邀請人的安排下，我們住宿在印度政府招待國賓的海得拉巴宮。林仁波切陪同我出席不同的宗教典禮、朝聖活動，以及參觀城鎮及工廠（彩圖3）。

回西藏之前，親教師和他的隨行人員前往尼泊爾朝聖。在尼泊爾三大佛塔：滿願塔、蘇瓦揚布拿佛塔、舍身崖佛塔及其他地方，仁波切進行廣大的供養，並爲弘揚佛法及衆生幸福而祈願。然後他前往印度噶倫堡，住宿在夏喀巴家族的宅邸。造訪印度及尼泊爾時，仁波切教授佛法，每天接見許多來訪者。

回程時，我們在錫金停留十天左右。一九五七年二月十四日，我們離開了甘托克。在江孜時，仁波切停留在日丁院樓上的房間，每天都會見數千人，因此相當疲累。應當地某佛學院請法，他對全體僧伽傳法。林仁波切的拉章總管洛桑朗瑞，出現類似感冒症狀，所以好幾天不舒服，仁波切常來看他並詢問康復情況。他建議，如果洛桑朗瑞病情沒有很快好轉，穹拉惹對祖古應該要提早陪他回拉薩。

抵達桑珠孜區時，林仁波切留宿在桑珠孜宗堡的房間。裡頭掛著一組唐卡，是根據克仙曼德拉的《如意鬘喻》，所描繪出的佛陀本生。仁波切對繪畫背後的典故及事蹟瞭若指掌，即使沒有文字說明，他還是能對穹拉惹對祖古解說每一幅畫是描繪佛陀的哪一生。

在桑珠孜宗堡的接待廳，後藏十三縣比丘、比丘尼及在家居士爲我舉行長壽祈福法會，由仁波切誦念供養曼達拉文。我停留在札什倫布寺時，爲該寺的賓客，親教師住在洛欽仁波切所屬的房間。洛欽仁波切是偉大譯師仁欽桑布（亦稱「寶賢譯師」）的轉世，附屬於札什倫布寺。班禪喇嘛來與我及兩位親教師會面。直到藏曆二月一日林仁波切回到羅布林卡爲

達賴喇嘛與兩位親教師。攝於印度菩提伽耶正覺大塔，一九五四年。

止，我所到之處，親教師都陪同隨行，例如訪問納塘寺。

那年藏曆五月，應楚布寺噶瑪巴仁波切之請，親教師陪同我前往楚布寺。

訪問中國之後，林仁波切和噶瑪巴仁波切變得很熟稔，常常會面談話。在楚布寺，林仁波切很高興地陪同我打開楚布寺的聖物篋，以及觀賞蓮花生大士八種神變的夏季宗教舞蹈。之後，我接到另一個邀請，於是親教師再陪同我到乃囊巴沃仁波切駐錫的寺院。回拉薩之前，我們在那裡停留一天。

在羅布林卡的經懺殿的小寢室裡，林仁波切對扎雅仁波切、幾位喇嘛及祖古傳法。這些法門包括文殊菩薩寂忿合

達賴喇嘛與十世班禪喇嘛，後為兩位親教師，抵達印度邊境，一九五六年。

修之根本頌文，以及一世蔣揚協巴的注釋；文殊師利寂靜尊與忿怒本尊的合修，集內、外、密文殊師利的身、語、意修行於一冊，使用卡加寺的格西貢達所造注釋；達普仁波切所造之文殊師利寂忿合修的觀修口訣教導，以及其他傳承。

此外，在羅布林卡經懺殿的法會大廳，林仁波切對扎雅仁波切、帕繃喀大師的轉世祖古，及許多格西授予傳承，包括夏瑪班智達的《菩提道次第》著作、嘉絨卓熱洛桑通昧所著《咕剎道次論》、阿庫喜饒嘉措的作品集《風傳遺囑》①、熱譯師以及十五世紀巴津桑波論大威德金剛的選集（包括與大威德金

達賴喇嘛與兩位親教師、隨行人員及其家人（右）在新德里海德拉巴宮，一九五六年。

剛相關的許多修持法門），以及《多聞天王儀軌集》。

藏曆八月，我從扎葉巴回到拉薩，在親教師堅持之下，我造訪夏巴阿蘭若。在途中，一隊僧侶前來迎接，我的根本上師手持香炷站在夏巴阿蘭若外。在會客廳，林仁波切獻上象徵佛陀身語意的佛像、佛經、佛塔，以及曼達，也招待我用茶及甜飯。隔天林仁波切與僧眾們為我進行長壽法會，敦促我要長久住世。他手捧曼達，提及尊貴的觀世音菩薩如何發菩提心、前世達賴喇嘛們如何為眾生服務、拯救受苦的有情等事蹟。我非常感動，含淚祈禱一定會依照根本上師的熱切期望，能夠長住世間，成辦利生弘法的偉大事業。

有一天，我對林仁波切拉章總管及職員們講話，談及如法承事上師的功德，並告訴他們應該持續目前正在進行的工作，亦即如法承事金剛總持親教師。我在拉章待了四天，然後回到羅布林卡。後來林仁波切邀請至尊赤江仁波切到拉章小住數日，他接受了邀請，兩位親教師愜意相伴，暢談顯密教法細微之處。

延續前世赤江仁波切——甘丹赤巴洛桑慈誠，與前世林仁波切——洛桑隆朵丹增欽列的深厚友誼，我的兩位親教師從年輕時就成為好友，甚至一起接受帕綳喀大師及其他上師的教授。後來他們互為彼此師徒，許多賢達之士紛紛讚揚他們總是互相敬佩。當赤江仁波切要離開夏巴阿蘭若返回拉薩時，他送給拉章總管洛桑朗瑞一枚金幣和哈達，稱讚林仁波切拉章的

桑珠孜區（屬日喀則市）桑珠孜宗堡。

管理井井有條，更重要的是，他希望總管能繼續遵照至尊林仁波切的意願行事。赤江仁波切說，林仁波切在夏巴阿蘭若總是很開心，所以若能修繕某些地方會更加理想。因此，總管後來就爲夏巴阿蘭若進行裝修。

親教師林仁波切年輕時，曾向帕綳喀大師請教何智慧本尊、何禪定尊和他具有深厚業緣。如前所述，曾提及帕綳喀對此回覆了一段偈頌。現世帕綳喀仁波切的祕書洛桑多傑，想把這偈頌收錄在帕綳喀仁波切的選集裡。當林仁波切在羅布林卡時，也曾借用過一次。但回拉薩時，卻將它遺失在羅布林卡附近的恰果橋，後來有位來自拉薩的人找到了它，並送回林仁波切拉章，於是洛桑多傑再來拜訪林仁波切並請求那偈頌。現在，這偈頌就收錄在帕綳喀仁波切的選集中。

洛桑多傑請求仁波切對八世達賴喇嘛經師耶喜堅贊的《菩提道次第師師相承傳》寫一部補遺，補述耶喜堅贊以降，乃至於林仁波切的根本上師帕綳喀仁波切之傳承大師們的詳細傳記。林仁波切回答：「我稍候再答覆。」

穹拉惹對祖古請示林仁波切，是否能對獨勇大威德金剛的生圓次第撰著深廣教授，並自願擔任繕寫者。仁波切拒絕了這項請求，他表示：「近來我們流失的是修行的人，而不是修行所依據的法門。」

藏曆土狗年六月（一九五八年），爲了準備獲得「已完成六次辯經」頭銜的一部分，我前往學習的殿堂——尊貴的哲蚌寺。親教師的拉章邀請我主持一場祈願法會，並供養全體僧衆茶、上好的藏式湯麵以及米粥。每位參與的僧侶也都獲得十五枚藏幣及一條哈達。拉章承諾每年要供養一枚藏幣給每位僧侶。我也受供高貴的禮物及一場長壽法會，祈願身壽永駐堅不可摧②。

在正式的哲蚌寺辯經大會上，我坐在正殿廣場，兩位親教師分別坐在兩邊法座。辯經爲時多久，是由現任及前任堪布們等人決定，題目則是事先和林仁波切討論過的，赤江仁波切負責提示辯論結束。辯經開始不久後，主要護法白色戰神哦登護法（此指乃穹護法）的化身之一——突然降神附身神諭③。祂獻予我象徵佛陀身語意的佛像、佛經、佛塔，並供養林仁波切賀喜哈達。然後，果芒扎倉和洛色林扎倉的衆堪布坐著擔任答辯者，我以《波羅提木叉

---

①如前所述，本書名只見於一冊大手印修行的書籍，見十九章。

②英譯原文為：to ripen as the indestructible life essence，為強調該儀軌確實有效的慣用表達方式。

③編注。此指白哈爾業之王，又稱事業王，是藏傳佛教格魯派所奉世間護法神的主神白哈爾原形。有白、藍、紅三顆頭與各持不同法器的六隻手臂，右三隻手持鐵鉤、箭、劍，左三隻手持刀、弓、杖。身穿白絲上衣，圍人皮和虎皮，騎白獅。

經》的「名尋飛幡飄揚三界」開始和他們辯經。大約半小時後，林仁波切合掌提醒我做結論。

有一天，至尊赤江仁波切和他的侍者受邀到林仁波切宅邸用餐。兩位親教師愉快地進行私人談話。

當我走訪色拉寺時，林仁波切被安排留宿在理嘉拉章。他特別前往帕繃喀仁波切的拉章拜會年輕的帕繃喀轉世。他同時也和色拉寺昧扎倉的拉尊仁波切會面，他們曾經互相教授某些法門。他供養僧眾以及所有附屬的康村，例如浙霍康村等，並致贈供養金。

在跨僧院的辯論儀式中，色拉寺傑扎倉與昧扎倉的堪布們擔任答辯者。我

十四世達賴喇嘛在格西學位考試時辯經，哲蚌寺，一九五八年。

引用龍樹的《中觀根本慧論》禮讚頌，由「能說是因緣，善滅諸戲論」開場，針對其中論述之八戲論（生、滅、常、斷、一、異、來、去，或稱「八邊」）開始進行辯論，例如「滅非自性成立」。大約半小時後，我的根本上師提示辯論結束。

藏曆八月，我前往偉大的學習殿堂甘丹寺參加辯經。依照往例，我的親教師林仁波切下榻於洛巴康村頂樓的房間。在大殿外面的廣場，首先由甘丹寺最優秀學者們與我辯經。然後，甘丹寺夏孜扎倉和絳孜扎倉的堪布們坐著擔任答辯者。我引用世親的《阿毗達磨俱舍論》內容展開我的辯論：

十四世達賴喇嘛在格西學位考試時辯經，甘丹寺，一九五八年。

見三諦，具功德
知佛法，具信心

辯論中某一吉時，林仁波切像之前一樣合掌提示辯論結束，我爲辯論做下結論。

辯經之後，我們前往宗喀巴大師的靈塔，並拜謁其他聖物，此外也修一場開光法會，親教師觀想三昧耶尊及智慧尊相融。

然後我們登上法座進行持香淨化法會。仁波切陪同我騎上一匹犛牛，他看來很開心。毫無疑問，他當時正爲普世眾生及特定對象祈願，願其能夠幸福繁盛。

三大寺的辯經考試結束後，林仁波切返回夏巴阿蘭若。他非常高興此處的修繕結果，修了非常簡短的「馬背」開光法會[4]。大約兩週後，仁波切應邀前往扎葉巴，在那裡的扎倉大經堂對僧尼及在家修行者授予深廣的講經，主題是共與不共的菩提道次第，使用的法本爲五世班禪羅桑意希《菩提道次第捷徑面授法》。

聽眾之中有一名屠夫，在明白業界之理後，將最近購買後準備爲生計而宰殺的綿羊與山羊，全數供養給金剛總持林仁波切。從那天起，他發誓不再殺生。屠夫知錯、認錯並懺悔，值得讚許。那些羊群被送往拉章的嘎巴莊園，那裡有大約四百頭綿羊與山羊，是數年來從屠刀下解救來的生命。

林仁波切在夏巴阿蘭若的房間裡，通常掛著長壽三本尊白度母、尊勝佛母及長壽佛的唐卡，還有裝嚴得美侖美奐的華蓋⑤。然而那年林仁波切離開夏巴阿蘭若時，他表示應該把它們取下收好，以免遭到損壞。這被視爲是仁波切不會再返回的一個徵兆。

一九五九年三月一日，藏曆土豬年一月十三日，我在佛陀調服外道六師及其徒眾的神變日⑥舉行之傳召大法會，於拉然巴格西學位辯經時段進行答辯。林仁波切參加了早茶、辯經場上的辯經時段、午茶、下午場辯經、下午的祈願大會及茶會、晚間辯經大會、短辯論。一群頂尖的學者們針對深廣淵博經典法本中的難義，與我進行辯論⑦。林仁波切專心觀察整個考試程序。後來他表示，對我的表現感到滿意開心，那言語甘露在我心中開啓了喜樂的青春

---

④英譯者注。馬背開光法會為時非常短暫，字意即指可以不下馬，直接在馬背上就能施行。然而其儀軌也可能持續數小時。感謝Yael Bentor提供此一資訊。

⑤編注。常見於宗教遊行行列或在室內懸掛於神明頭頂上方的傘狀陳設。

⑥西藏新年初一到十五，每一天皆稱為佛陀神變日。

⑦英譯者注。其中一位學者倫珠梭巴格西，曾在他的自傳中提及這次經驗。參考《如夢覺醒》（Boston: Wisdom Publications, 2012），英文版頁205–8。

之泉。

依照傳統，我通過格西考試後，要對接下教育我等重責大任的兩位親教師獻上禮物。因此，色康大臣親自拜訪親教師林仁波切，並表示噶廈要供養他一個名為托嘎的大莊園。仁波切答道，人們不論得到多少都不覺滿足。這是他進一步表示：他已經受供位於卡瑞的稼旁莊園，不須再受供其他東西了。然而，仁波切也知道，不接受因為協助我通過格西考試的贈禮亦不妥當。於是林仁波切問道，與其接受托嘎大莊園，可否改為修繕附屬於林仁波切拉章的智貢芒拉寺及其分寺嘉千寺。然而噶廈仍堅持請林仁波切接受莊園。最後，雙方協議林仁波切受供卡瑞附近幾處小型莊園，前述兩座寺院也會如林仁波切所願進行修繕，且不必再另聘一位監督者，就由拉章總管洛桑朗瑞負責監督修繕工事。

傳召大法會結束後，依照傳統，我被盛大的隊伍迎送返回羅布林卡；仁波切也返回經懺殿。

第四部
流亡印度
1959～1980

第二十三章
流亡，並安頓於印度穆索里

正如我在一九六二年出版的自傳《我的土地，我的人民》中寫道，一九五九年傳召大法會結束後幾天，西藏與中國之間的衝突日益緊張。一天下午，一大隊的中國車輛從拉薩西邊一片未開發之地羅托林卡駛向拉薩。大家都說那些車輛可能是要開向羅布林卡宮。情勢變得非常危急，有些人說林仁波切應該悄悄地逃離拉薩一陣子才行。因此，林仁波切已經收拾好他的茶碗準備離開。然而，那天卻不是註定要離開的日子。

藏曆三月十七日晚上，情勢變得極為危險，我已經無計可施，只能逃離拉薩羅布林卡宮。我對親教師說，他應該要跟我一道走。因此，他在經懺殿的房間裡將僧袍脫下，換上前世林仁波切的一件猞猁毛皮襯衣、一件拉章總管的棕色羊毛製藏裝秋巴①，以及一頂狐皮

①傳統西藏男性之長袖外套，腰間纏繞一條飾帶。

帽。他在秋巴口袋裡放著一只黃金護身篋，裡面有至尊帕繃喀大師在背面蓋上拇指印的相片，以及由蒙古藝師達瑪雕刻的一尊大威德金剛象牙小雕像。他也整理並帶了一些每日課頌法本。他請僧侶卻桑圖塔好好照料他的愛犬卓瑪。拉章總管對其他侍從表示，仁波切將要前往夏巴阿蘭若幾天，將實情保密到家。

晚上十點，親教師及他的總管及侍從、至尊赤江仁波切和他的侍從們、內閣大臣色康旺欽格列、聶廈土登塔巴、新噶久美多傑，以及我的三名管家侍從，穿過格桑頗章陽台的一道祕門，爬上一部蓋上篷布的運輸卡車。我們在恰果橋邊下卡車，走了一段路程到了熱瑪岡渡口。過河之後，我們騎馬上路，抵達烏香寺，九世紀時聞名的三位西藏法王之一的西藏國王赤喇巴千[2]，曾在這裡的寺廟用茶。隔天晚上，我們在吉曲地區的惹瓦昧寺掛單。途經瓊結大樂山與白鷲山，然後林仁波切先行前往附屬於拉章的貢巴寺，雅礱河谷大佛學中心。

當我終於抵達貢巴寺時，金剛總持親教師帶領持香隊伍迎接我。進到房間後，他更呈上象徵佛陀身語意的佛像、佛經、佛塔。那天晚上，寺院對我、噶廈官員及侍從們照顧得無微不至。藏曆三月二十六日，在隆子縣甲域的前統治者丹津諾布及米旺措耶多傑的宅邸，誕生了做爲臨時政府的全新西藏行政機關。在宣布的儀式上，爲求吉祥，林仁波切慈悲地念誦了供曼達頌文。

逃亡期間我們都穿在家人的服裝，這讓林仁波切打趣地說：「我們現在都得變成身著平民服裝的波洞巴③」。當我們前進錯那時，一架飛機在我們上空由東南飛向西北。林仁波切擔心那是一架間諜機，我們可能會被轟炸。在馬背上時，仁波切不斷誦念祈禱文，那天晚上他睡得很好。

藏曆三月三十一日，我們抵達西藏與印度邊界的朱當莫，鬆了一口氣，不再受到中國的箝制，遠離危險。最後我們抵達了印度阿魯納恰爾邦，蒙縣的達旺。仁波切留宿在寺院下方的房子裡。措那．貢孜仁波切供養林仁波切所有備糧，並邀請他留宿在一小間阿蘭若，他們在那裡進行私人談話。

貢孜仁波切曾經是哲蚌寺的學生。離開後，他都參加帕綳喀巴仁波切的傳法，也曾和林仁波切一起接受帕綳喀仁波切教授的梵文文法。因此他們成爲法友，也長期交換佛經與書信。措那貢孜仁波切曾從帕綳喀那裡接受文殊菩薩寂忿相修的教法，而由當時的筆記中，他提供林仁波切關於長壽持修的紀錄，並祈請金剛持教師長久住世。

---

②三位西藏法王之一，即松贊干布（609-698）、赤松德贊（790-844）、赤喇巴千（815-838）。

③指穿在家人服裝的退墮藏傳僧侶。

離開錯那四天後，途經達旺，最後抵達邦迪拉。在那裡，至尊赤江仁波切即興做了一首偈頌，祈請林仁波切長久住世，林仁波切寫下偈頌。

途中行經邦簡區，廚師洛卻的馬匹掉進山溝死了。那晚洛卻供養了酥油燈，林仁波切請他的侍從，安多的僧侶津巴嘉措，念誦喪禮儀軌常使用的五篇祈願文：《普賢行願品》《彌勒贊》、寂天菩薩《入菩薩行論》的迴向品、宗喀巴大師的《初中後善祈願文》《往生極樂世界發願文》。金剛總持親教師本人甚至與赤江仁波切也為馬兒誦念祈禱文，自己更寫了懇切的祈願文。顯然，那馬兒很有福報。

應邦迪拉的古魯仁波切（默拉喇嘛洛卓嘉措、蒙縣達旺寺創立者的轉世）之請，金剛持仁波切傳給他五世達賴喇嘛《文殊菩薩口授》的教授口傳。那時候馬匹和騾子都從西藏帶過來了，馬伕、馬鞍、配備等都請古魯仁波切託管。他很關心仁波切的馬匹和騾子，細心照料牠們。

我們從邦迪拉繼續前往印度阿薩姆邦的泰茲普爾。然後在四月中，我們搭火車安全抵達印度北部的穆索里。一位印度官員安排仁波切下榻於甘地紀念館附近的房子，我則住在甘地紀念館。那時候少有訪客，因此林仁波切花很多時間觀修。

林仁波切的總管很掛心他們沒能從拉章帶任何物品出來。對此，林仁波切答道：「現在最重要的事，是我們已經安全逃亡，尤其是達賴喇嘛尊者。因爲尊者的慈悲，我們已經安全抵達自由印度。如果我們還留在西藏，可能都已經都被中國人拆散，而且會被關在牢裡遭受酷刑迫害。那會是怎樣的情景呢？我們應該這麼想——要放下對物質的掛念，要欣喜，爲還能活著感到欣喜。我們都知道，不論多麼富有，財富有天終將是身後之物。只不過對我們來說，將財產遺留在西藏的時機還是來得太早了。因爲我們欠下的業債，必須現在償還。有東西能夠償還算不錯。」

四月二十三日，親教師、我，以及赤江仁波切爲求止息全世界的紛擾時局，尤其是被雪山環繞的西藏國土，修了提醒誓言守護佛法的護法神信守承諾儀軌。

隔天，印度總理尼赫魯從德里前來會見。西藏的行政官員們以及親教師都滿懷敬意列隊歡迎尼赫魯，並獻上哈達。同樣的，隔天林仁波切也加入大家的行列之中爲尼赫魯送行。

五月二日，藏曆三月十五日，爲了迴向在西藏衝突喪失生命、前往善趣大道的衆人，我們修了上師薈供長軌。應人們請法，親教師慈悲地爲那些失去生命的人們撰寫祈禱文，祈願他們能很快尋到通往永恆幸福之道。

五月二十二日，是殊勝的吠舍佉月慶典（衛塞節）。在我住處門前的草坪，有來自全世界各地的佛教徒，聚集在此細談修行佛法精華的必須性。之後，兩位親教師和我與其他人，

達賴喇嘛會晤尼赫魯總理，攝於穆索里的甘地紀念館，一九五九年四月二十一日。由卡日索南多傑擔任口譯。

一起念誦包括皈依祈願文等各種祈禱文、修浴佛儀軌，並念誦迴向偈文。我對約一千人傳觀世音菩薩六字大明咒，對象包括穆索里的西藏居民及外國賓客。林仁波切也接受了這傳承。隔天，印度政府聯絡官曼能先生為我、親教師和其他人拍下我們進行佛法開示的合照。

八月二十八日，政府內閣僧俗成員，以上師薈供儀軌為我舉行一場長壽法會，由林仁波切主持，並供養我祈禱文——身壽永駐堅不可摧。

達賴喇嘛在兩位親教師陪同下，於穆索里首次講經，一九五九年。

第二十四章
造訪拉達克、戴爾豪斯、巴薩杜瓦爾、鹿野苑及菩提伽耶

拉達克佛教協會邀請我參加該地區一所新設立的佛學院開幕典禮。然而我無法成行，因爲從西藏紛至沓來的許多難民造成情勢緊迫。因此，我請問金剛總持親教師是否能代我出席。於是，九月三日，仁波切從穆索里搭車前往帕坦科特，再從那裡搭機抵達喀什米爾的斯里那加①，以拉達克佛教協會賓客的身份在那裡停留五天。

拉達克王子巴庫拉仁波切②帶領林仁波切在那區域觀光。喀什米爾總理巴克須古蘭穆罕默德，以及喀什米爾拉者③卡蘭新邀請仁波切參加茶會。逃離西藏、居住在斯里那加的拉達克喀什米爾人家族盛情邀請林仁波切，盛宴款待。

九月十一日，林仁波切飛往拉達克首府列城。在機場時，林仁波切受到堪布、喇嘛、各寺院的僧官、地方領袖及印度陸軍官員們熱烈歡迎。下機後，仁波切從機場騎馬前往貝圖

寺，當晚下榻於此。隔天，他繼續騎馬前往桑卡寺，並應請法主持桑卡寺佛學院的揭幕典禮、爲辯經大會念誦法本。在列城，林仁波切對約四千人傳十三尊大威德金剛灌頂，及其前行灌頂。幾天後，應當地人們的請法，林仁波切傳觀世音菩薩灌頂。

林仁波切受邀到慈舍寺、祿奇寺、理宗寺、赫密斯寺④、塔克納寺等地。應僧俗衆之請法，林仁波切分別在這幾座寺院傳《兜率百尊》、宗喀巴大師的《功德本頌》、那諾空行的四灌頂加持、一場長壽灌頂，以及六字大明咒口傳。他對相關寺院獻上供養金、茶飲等，並爲佛法、普世衆生及特定對象的利益而祈禱。在這區域，林仁波切騎馬遊歷各地，由於前陣子從西藏一路騎馬過來，因此他絲毫不顯疲態。

仁波切順利在拉達克完成饒益佛法及衆生的事業後，十一月五日，他搭乘飛機從列城到

---

①位於印度最北端查謨喀什米爾邦，一九四七年印度和巴基斯坦分別獨立後，造就印度最北端這塊土地的紛爭。

②雖然是拉達克皇室成員，但也是格魯派的一名僧人。他後來擔任印度政府不同職務的高官，包括印度駐蒙古共和國大使。位於拉達克首府列城的主要機場即以他的名字命名。

③或譯拉惹、羅闍，是印度、東南亞等地對於國王或君主、酋長的稱呼。

④十一世紀建造的藏傳寺院，為拉達克最大、最富有、館藏最豐富的寺院。赫密斯修道院在喜馬拉雅山區共有兩百間分寺，擁有超過千位駐院的喇嘛。該寺在每年七月所舉辦的面具節，是拉達克最負盛名的節日之一。

喀什米爾，然後一行人搭車前往查謨，在巴庫拉仁波切的宅邸留宿一晚。在那裡，林仁波切也傳了長壽灌頂。隔天他返回穆索里來見我，詳細說明有關在拉達克的經歷，以及成辦的利益佛法及眾生事業。兩天後，我供養一場上師薈供儀軌，祈請林仁波切蓮足永固。

有好一段時間，來自各個寺院的許多喇嘛、祖古、尼僧眾以及凡夫百姓，紛紛從西藏流亡，以難民身份抵達戴爾豪斯和巴薩杜瓦爾的臨時西藏難民定居點。我請求親教師代表我去探視他們，尤其是各個教派的僧尼們，對於他們接下來的短、長期計畫

林仁波切在圖登次仁與洛桑朗瑞（右）陪同下，在斯里那加與喀什米爾的功德主們以及拉達克王子巴庫拉仁波切（左）合影，攝於一九五九年。

提出建議。

於是，十二月四日，林仁波切搭車前往戴爾豪斯，與拉章總管和他的侍從、隨侍帕哈、翻譯員普桑等人同行。在那裡，林仁波切下榻在印度政府安排的賓館。隔天，因衆人請法，仁波切傳十三尊大威德金剛灌頂、殊勝的十一面觀世音菩薩灌頂、普救惡趣觀音的隨許灌頂、長壽灌頂等，接法人數衆多，對象包括上下密院、學問淵博的善友浙霍瓊本澤旺諾布、龐南祖古及其他人。他同時也針對當時的新局勢給予建議。此外，更造訪了戴爾豪斯各地安排收容甘丹、哲蚌及色拉三大寺扎倉衆僧侶們的地點。

隔天，康楚仁波切從喜馬拉雅山腳的扎西炯，前來戴爾豪斯拜訪林仁波切。他邀請林仁波切造訪自己的居所，參觀當地打造、修復雕像的工作坊。他也呈獻了一張自己畫的白度母唐卡給林仁波切、供養象徵佛陀身語意的佛像、佛經、佛塔，並獻上哈達，以及祈禱林仁波切長壽的儀軌。林仁波切在那裡停留一個星期，教授佛法之外，也到處參觀。

之後，林仁波切一行人前往帕坦科特（旁遮普邦），準備從那裡轉往巴薩杜瓦爾的臨時西藏難民定居點，探視已經在那裡設立佛學機構的的喇嘛、祖古、僧尼們。仁波切抵達帕坦科特時已經很晚，因此買不到頭等艙或次等艙車票，一般車廂裡又擠又熱。然而林仁波切泰然處之，因爲若是爲了他人利益，任何辛苦都可以承受。

在巴薩杜瓦爾，林仁波切住在印度政府安排的僧房。應來自尊勝寺幾位僧侶之請，林仁波切對發願每日修行自生本尊、持心咒的僧侶傳金剛瑜伽母加持。他也對來自各宗派超過千名的僧尼與在家居士，傳殊勝的十一面觀世音菩薩灌頂，以及一場長壽灌頂。

來自西藏的受戒僧侶之中，許多人礙於局勢困頓，因情勢所逼而捨沙彌戒或比丘戒。仁波切重新傳他們沙彌戒，然後再傳具足戒。林仁波切很高興看到僧侶們參加集會及辯經，並盡責遵守聖者四種性。有人請求仁波切傳獨勇大威德金剛灌頂，不過他沒有時間。但是仁波切供養各宗派的受戒僧侶豐富受用。

在戴爾豪斯和巴薩杜瓦爾，林仁波切除了爲群衆傳法，也給予他們教誡。包括提醒他們發生在西藏的慘況，像是降臨在佛法及衆生的大障礙。無庸置疑的，這主要是我們過去累積的惡業造成的結果。因此我們永遠不要對敵人起憎恨心，而要抱持愛心、慈悲及菩提心，祈願他們能夠淨除或許已經累積往生苦難界的因緣。他建議出家人持守戒律，並發願能盡可能守護戒律，就如同保護自己的雙眼，使其成爲修行的根基。他們應該都要努力聞、思、修各個派別的法本。西藏的薩迦、格魯、噶舉及寧瑪派都是眞正的佛法傳統，都是追隨同一位本師，因此捨棄造成社會群體不同派系產生偏見、歧視與憎惡的宗派主義，讓淨觀的寶珠燦爛閃耀，是很重要的事。

一九六〇年元旦，林仁波切搭乘火車前往鹿野苑朝聖，他被安排住在一間禁用葷食的印度式房子。林仁波切在由法王阿育王建造的殊勝佛殿前修千供。他也經常造訪鹿野苑遺蹟公園，亦即我們大慈大悲的世尊初轉法輪講授四聖諦的地方。在那裡，林仁波切祈願，教導弟子無害行經典道路的世尊所宣說教法，其慧觀及法本皆能昌盛並長久傳世。

後來我也抵達鹿野苑。一月十日上午十一點，仁波切前來我的下榻處，鉅細靡遺地向我說明戴爾豪斯及巴薩杜瓦爾定居點的僧俗西藏難民狀況，以及他授予僧俗眾的教法及建議的要點。十三

僧眾在西孟加拉巴薩杜瓦爾的西藏難民定居點。

日清晨五點半，應我之請，仁波切傳我大乘八關齋戒。十五日上午九點，由鹿野苑西藏分寺的行政官員圖登准內，供養我與上師薈供合修的一場長壽法會，金剛總持林仁波切坐在誦經僧侶的最前頭。整場儀軌在於祈使所有人長壽並積累福德資糧。

十八日，我邀請親教師到我的住所用午膳，並討論重要的國事議題。那天下午，林仁波切爲十八人傳沙彌戒。隔天，依循各世達賴喇嘛的事業，我將要「做師授戒」，第一次傳比丘戒。在授戒法會之前，林仁波切慈悲地告訴我關於過去偉大持戒者的修行。法會當天，雖然我應該是對包括札雅仁波切在內的十五位僧侶授予具足戒的導師，但由於林仁波切是授戒會的上師，爲確保授戒過程圓滿，他如指導者般執行所有主要及次要程序。

二十四日下午一點，我向林仁波切請教經、續方面的問題，他詳細答覆，大爲增廣我對難義的理解。四點鐘，仁波切陪我造訪鹿野苑寺，他在那裡念誦宗喀巴大師的《緣起讚》，從而將大慈大悲的佛陀藉由緣起的眞諦宣說空性法門，帶入衆人的內心。

二月二日，我們搭火車前往菩提伽耶。隔天，在菩提伽耶的西藏寺院甘丹沛傑寺，西藏主要三區的代表們爲我舉辦長壽法會，願「身壽永駐堅不可摧」。在法會過程中，親教師呈獻給我八吉祥的象徵物。

二月四日上午九時，在菩提伽耶的菩提樹下，旁邊就是正覺大塔，我對三十一人授予具足戒，由仁波切主持儀軌。晚間，在大殿前，西藏僧尼及在家衆贊助了上師薈供儀軌，並在佛陀及其心子前進行廣大供養。林仁波切也參加了，並誦念廣大的祈願文。

二月十二日上午九點，仁波切陪我前往神聖的菩提樹，我們進行了一個月兩次的僧衆說戒。傍晚五點半，仁波切主法上師薈供以使皈依境歡喜。二十一日，仁波切和侍從們返回穆索里。

一九六〇年二月二十七日，藏曆鐵鼠年新年，林仁波切按照習俗對欲界之主——吉祥天母的唐卡獻上哈達，這唐卡的吉祥天母以會說話而聞名。他也獻給我曼達及象徵佛陀身語意的佛像、佛經、佛塔，並慶祝藏曆新年。

二十九日，適逢藏曆一月三日，林仁波切陪同我主持例行吉祥天母的供養儀軌，將金剛法令頭冠置於其頂上，她必須毫不遲疑地繼續符合人們需求的四事業活動，平息世間疾病、飢荒及暴力衝突，並使一切衆生活於佛法燦光、繁盛與幸福之中。

三月三日，應財政部長夏喀巴旺秋德登之請，仁波切爲亡者祈禱，尤其是針對部長的夫人，祈願亡候能盡快淨除惡業及所犯之戒，抵達四身五智之殊勝之城。

三月十日，在我住所外搭建的舞台上，林仁波切陪同我出席西藏人民起義反抗中國共產黨的一周年紀念活動。

當年三月十五日是藏曆神變月一月十五日，依照傳統，那天我們要紀念無與倫比的佛陀世尊，展現了神奇力量降服外道六師及其徒衆。因此，在我的住所舉行了供養與祈請的法會。仁波切不僅參加了，而且也專注祈願世尊教授的至善菩提道能夠長久於世等。

十五日起連續三天，爲了佛法及當今西藏的利益，舉行對大黑天、嘎拉路巴以及吉祥天母的酬懺儀軌。將懺悔境、所懺事、懺悔者，三者觀爲三輪體空而做甚深祈禱。

四月十九日，施行爲了弘揚佛法及當今西藏利益，再次修護法神酬懺儀軌，林仁波切也一同參加了。

穆索里首間西藏學校的開幕儀式，攝於一九六〇年三月三日。

第二十五章
遷往達蘭薩拉

一九六〇年四月三十日，我的親教師們、侍從們和我，全部遷往北印度喜瑪恰爾邦的達蘭薩拉。印度政府為林仁波切安排了住所，名為喬菩拉之家。它的東半部做為印度政府處理藏人定居點事務的聯絡官辦公室，西半邊就是親教師和侍從們的住所。幾年後，東半部的聯絡官辦公室遷往他處，仁波切便將喬菩拉之家重新命名為「喬菩拉之家——洛桑確吉措」，意為「宗喀巴教法之林」。為求名符其實，他花費時間觀想偉大上師及第二佛陀宗喀巴的教法精要，並確實講經說法，接下來各章節中將再詳述林仁波切的弘法事業。

五月三日，三大寺、上下密院的僧伽，以及藏人行政中央、在家功德主等，為我舉辦一場長壽法會。林仁波切是儀軌的主持人。

五月四日，藏曆三月八日，林仁波切陪同我主持為期八天的年度朵瑪祭典，維持這每年舉辦的護法神儀軌傳統。首先進行大威德金剛的自我灌頂，接著是召請並酬謝眾的護法神，包括金剛帳瑪哈嘎拉及四面瑪哈嘎拉。

林仁波切身體不適有一段時間了。六月一日一早七點，耶喜頓登醫師從戴爾豪斯趕來檢驗仁波切的脈搏及尿液，並爲他開藥。

六月四日，達蘭薩拉的祖古、喇嘛、格西及僧伽聚集於仁波切住所，爲他舉行結合上師薈供的長壽法會，功德主爲內閣。他們誠心祈願顯現在凡夫眼前的金剛總持親教師，其壽命障礙能夠淨除，長久住世。隔天則爲我修長壽法會，由前代理總理魯康瓦（原名爲德喀澤旺饒登，一般通稱爲魯康瓦）贊助，親教師帶衆儀軌僧誦念祈願文。十九日，應穹拉惹對祖古之請法，林仁波切對約五十名僧俗修行者，在其住所傳獨勇大威德金剛的殊勝灌頂，以及一整天的前行儀軌。

十月十八日，應我的請法，林仁波切傳大威德金剛灌頂之前行儀軌。十九日，他慈悲地傳大威德金剛四灌頂。二十四日，拉章職員爲林仁波切舉行長壽法會，三大寺、上下兩密院扎倉的僧伽二衆與尊勝寺，共同祈願林仁波切蓮足永固。

十月二十九日，林仁波切傳金剛瑜伽母四灌頂加持，這是薩迦派及格魯派學智成就祖師衆的微細不衰傳跡印，無疑能帶領衆生與內、外、密尊貴的金剛瑜伽母面對面。這是應內閣部長新噶久美多傑之請法，接法者約四十人，他們發願每日修行自生本尊並念誦咒語眞言。

第二十六章
前往加爾各答及大吉嶺接受治療

十一月七日，在我的指示下，我的私人辦公室邀請達蘭薩拉的僧衆，供養親教師長壽法會，他欣然接受。十五號，林仁波切傳來自拉達克的八人沙彌戒。

林仁波切還是覺得不舒服，於是決定到加爾各答接受治療。十一月十七日，他到我的居所道別。我們進行非正式的交談，我請求他對症服藥，爲我們保重身體長住世間，以利益佛陀教法及衆生。十八號，內政部長帕哈土登奧登、外交部長聶夏土登塔巴及其他虔誠弟子們前來拜訪仁波切，並請求這位如同佛法日光的上師能長久住世，弘法利生。十九日，仁波切從居所喬菩拉之家出發接受治療，內閣及行政官員聚集在馬克利奧德甘吉送行。

他搭車前往帕坦科特，然後轉搭火車至加爾各答，下榻於噶倫赤巴（即總理）卓康阿旺格列安排的一家賓館。幾天後，他接受林園醫院一位德國名醫，杭特醫師的檢查，診斷出甲狀腺腫大及心臟問題。林仁波切知道他的母親也曾有甲狀腺腫大；一九五〇年暫留在卓木的半年，他曾飲用當地林地的水，導致他甲狀腺腫大，但當時並沒有特別予以理會。

然而，醫生說林仁波切的病情算是相當嚴重，最好還是繼續留院一段期間。林仁波切接受了醫生的建議，入住加爾各答的林園醫院，每天服用多種不同的藥物，但醫院的餐飲他卻吃得不多。拉章人員原本計畫，在下榻住處將食物料理好帶到醫院給林仁波切，然而他不贊成這個想法，認爲這樣做會讓醫院員工不開心。於是仁波切身體日益虛弱，拉章管家因此想把他接回住處，但醫生表示不能承擔此風險與責任，並不同意。當時的翻譯及助理查絨林喜代表拉章表示，不論出院後結果如何，拉章都會負責到底，醫生才同意林仁波切出院。

院方建議林仁波切這陣子要避免走遠路、爬坡、上樓等體能活動。因此在住處一樓安排了一間房給他，讓出院後的林仁波切方便起居活動。除了吃藥，他在自己住處能吃到合自己胃口的藏式飲食，於是健康狀況稍見起色。那時候噶瑪巴仁波切到親教師的住處拜訪，並祈請他能長久住世。我捐款給醫院，也祈請金剛總持親教師長壽，並捎了一封信給他，建議或許他搬到大吉嶺休養會更舒適，因爲那裡天氣比較冷，而且許多西藏人都住在那裡。因此林仁波切決定搬到大吉嶺，並告知醫師此一計畫。醫師反對，表示搭乘飛機並前往高海拔地區，將不利於他的身體健康。然而林仁波切回道，我們西藏人天生就居住在這樣的地區，高海拔對我們來說不會是問題。

因此，仁波切搭機離開加爾各答，前往巴格多格拉，然後開車抵達大吉嶺的古姆寺。爲了配合醫師不要上下樓梯的建議，古姆寺打造了一個新的入口，讓仁波切方便由寺院後方的木橋進出。就像這樣，古姆寺願意盡可能做出最好的安排來照顧仁波切的健康。那位醫師也陪同仁波切前往大吉嶺，一個星期後再爲林仁波切做檢查，驚訝地發現他復原良好。醫師返回加爾各答之前，指示大吉嶺的一位藏人西醫潘巴醫師要照料仁波切。

當時赤江仁波切人在大吉嶺附近的索那達。一天，林仁波切搭火車去拜訪他。他們一起聊了幾個小時，談及林仁波切的健康狀況等等有關。後來赤江仁波切也前往古姆寺，並祈請金剛總持親教師的長久住世等。

哲蚌寺洛色林扎倉的嘉熱祖古也來拜訪林仁波切。他對仁波切說，如果至尊金剛持仁波切的傳記能夠出版，將極能饒益佛法及衆生，他請求林仁波切能夠慈悲地種下自己生命故事的種子。仁波切答道，他是平凡鄉民之子，對於殊勝的法脈傳承不敢置喙；他是凡夫，關於教證的功德也不值得一提。於是，嘉熱祖古不敢再向林仁波切提出這個請求。

爲了依循經過不同本尊指示的占卜結果，拉章贊助噶倫堡的塔帕秋林寺僧衆修訶子①千

①藏藥系統中最有效、最有名的草藥之一，為藥師佛手持之藥草。

供，向長壽佛祈願。嘉熱祖古主持古姆寺的鐵堡儀軌。巴薩杜瓦爾及其他地區的所有教派僧伽，修盛大的儀軌祈求善緣。古姆寺、哲蚌寺洛色林、最近從拉薩前來的尼泊爾玻璃商人，以及其他許多人，包括個人及僧伽，藉由他們的長壽儀軌祈請林仁波切長久住世。結果，林仁波切康復了。

一九六一年九月三十日，應古姆寺之請，林仁波切對來自大吉嶺及噶倫堡的上千位僧俗眾傳三忿怒尊隨許灌頂。十月二十五日，林仁波切前往格爾西揚，應當地民眾之請法，傳如意珠度母長壽灌頂。

在大吉嶺，經過一個夏天後林仁波切痊癒了。那時候，十歲的尊祝仁波切（人稱勞多喇嘛）正在古姆寺學習。至尊金剛總持親教師在古姆寺時，常帶著尊祝仁波切一起散步。倆人

在大吉嶺植物園野餐，一九六一年。左起：格西阿旺津巴、尊祝仁波切、林仁波切、洛桑朗瑞以及明究拉。

經常一起用餐，林仁波切很疼愛尊祝仁波切。

返回達蘭薩拉

一九六一年十月三十一日，林仁波切從西里古里搭火車返回達蘭薩拉。那時候，從馬克利奧德甘吉到林仁波切拉章，尚無可供機動車輛行駛的道路，因此，代理總理新噶索南多傑安排林仁波切騎馬返回拉章。

十一月二日，三大寺以及上下密院供養林仁波切長壽法會。此外，在二十一日，林仁波切接受了前代理總理魯康瓦祈願他長壽的請求。十二月九日，嘎東護法由神諭召請降神，向祂請教有關林仁波切用藥、治療及其他未來照料林仁波切健康的問題。護法神除了回答上述問題，也祈請仁波切長久住世。

三天後，仁波切前去找彭波那爛陀的希莫仁波切（強巴阿旺昆嘎丹增），請求授予長壽灌頂。這兩位殊勝的薩迦派、格魯派傳承持有者，祈請彼此爲了佛法及眾生長久住世。隔天，林仁波切來見我，告訴我他要在鹿野苑過冬的計畫。我請求他要好好照顧自己身體、長久於世。三天後，林仁波切由帕坦科特搭火車前往鹿野苑，下榻在摩訶菩提會的賓館。

一九六二年一月十日，應色拉寺昧扎倉僧侶丹增堅贊請法，林仁波切對約八十人傳大威德金剛灌頂。隔天，他也傳金剛瑜伽母灌頂加持。

前一年十二月中旬，林仁波切前往鹿野苑之前來跟我話別時，我懇切祈請他長久住世。現在，我心裡湧現了種種擔心。萬一金剛總持親教師離我們而去，我會在還沒接受許多佛法的情況下被遺留世間，尤其是宗喀巴大師的教法。對佛教教法及西藏而言異常艱難的這個時刻，萬一金剛總持親教師離我們而去，年輕如我，將會成爲遺世的孤雛。我曾寫過一封信給林仁波切，表達這些憂慮。我也指示扎雅仁波切親自爲我傳達這些想法，二月十二日，扎雅仁波切抵達瓦拉納西附近的鹿野苑林仁波切居所時，爲我轉達了這層憂慮。

二月十九日舉行結合上師供養儀軌的長壽儀軌。扎雅仁波切按約定主持法會，浙霍瓊本澤旺諾布和他的信徒、弟子都受邀參加。林仁波切回了我的信，由扎雅仁波切轉交給我，上面寫道：「我只是一介凡夫，無法控制生死。然而，我持續祈願活得更長久，能夠爲佛法及眾生服務。希望偉大慈悲的您也能同樣這麼做……」

三月七日，林仁波切搭乘火車離開瓦拉納西，西藏行政中央代表到帕坦科特迎接，陪同他搭車返回喬菩拉之家。九日，林仁波切來見我，告訴我過去幾個月來待在瓦拉納西的治療。

一九六二年三月十日，自從西藏人民爲了西藏自由奮起反抗中國人，已滿三年，仁波切陪同我祈禱。四月十七日，西藏三區民衆以上師薈供儀軌爲我舉辦一場長壽法會，由林仁波切主持。二十四日起連續十三天，林仁波切對扎雅仁波切以及林益嘎祖古，傳拜崗大譯師（或譯爲巴康譯師）的《正字語意》。由於授課時間必須配合林仁波切忙碌的行程，因此直到一九六四年才眞正全部教授完畢。

五月十一日，舉行了一年一度盛大的八日朵瑪儀軌。仁波切獻哈達給我，我們進行意義深刻的對話，直到下午五點三十分。隔天，什貢仁波切主持法會，行政中央供養了親教師一場長壽法會。

打從大約此時開始，寺院、喇嘛及祖古、西藏築路工、志願軍人及許多其他僧尼及在家人，每年都會供養殊勝金剛總持親教師長壽法會，容我無法在此詳列所有法會。林仁波切接受了象徵佛陀身語意的佛像、佛經、佛塔以及哈達的供養，但不收取實質供養物。

五月二十五日，居住在甘托克的西藏難民代表，爲我舉行了一場長壽法會，林仁波切擔任法會的金剛上師。

八月二十五日，林仁波切對五十一位沙彌僧授予具足戒。從九月三日起，林仁波切每天都欣喜爲我詳細解說偉大的宗喀巴大師《密宗道次第廣論》傳承。能接受這些教法，我實在非常幸運。

林仁波切爲前幾世至尊赤江仁波切寫了祈願文，題名爲〈信泉興月〉②。八月十五日，他前往位於達蘭薩拉藏人行政中央所在地的赤江仁波切拉章，獻上他完成的祈願文，以及佛像、佛經、佛塔和哈達，請求赤江仁波切健康長壽。赤江仁波切接受了這篇祈願文。林仁波切對惹對穹拉祖古表示，祈願文中之所以納入無垢上師，是因爲在達普仁波切的淨相中曾顯現。

十月二十六日起連續六天，有十六位格西接受了關於密續的辯經考試。金剛總持親教師跟我一起參加，由他擔任辯經監試官。

在結夏安居結束之後，巴薩杜瓦爾的佛教文化保存中心聞思解脫林寺，派了八位堪布與尊勝寺的僧伽一起來參加年度會見。十月三十日，他們以上師薈供爲我舉行長壽法會，殊勝的金剛總持親教師坐在僧伽的前頭。

至尊赤江仁波切、八位堪布、參加密宗考試的十六位格西、及住在達蘭薩拉的喇嘛、祖古和格西們，以及尊勝寺的僧衆，都到我的居所來，以上師薈供儀軌進行十萬供養。金剛總持親教師林仁波切也受邀，爲了佛法及西藏這個國家的利益，向諸佛菩薩請求慈悲眷顧。

我要求爲乃穹及嘎東神諭準備新的命輪③，好配戴在他們身上。這些主要針對帝釋天王五變化身中的事業之王（即白哈爾王）及功德之王而製作。於是，十二月二十一日，林仁波切與赤江仁波切主持命輪儀軌。那天也是宗喀巴大師圓寂紀念日，稱爲二十五日供養④。因此，仁波切陪著我，在尊勝寺僧侶的協助下進行上師供養、密集金剛、勝樂金剛、大威德金剛、時輪金剛祈禱文、吉祥讚及迴向文。

一九六三年一月七日，林仁波切前往瓦拉納西。他受到在梵文大學求學的西藏喇嘛、祖古及格西們的歡迎。十日，他前往法王阿育王建立的佛殿，並舉行千盞酥油燈供養。他也到其他佛殿及寺院進行祈禱。有一天，他又前往阿育王建的佛殿，應赤江仁波切之請施行千供。

應哲蚌寺果沃康村的格西，建饒索巴之請法，仁波切在二十五號傳獨勇大威德金剛的加行儀軌。隔天，他授予獨勇大威德金剛灌頂，以長壽灌頂做結行。

應菩提伽耶的甘丹佩傑林寺的僧伽之請，林仁波切於二月三日抵達菩提伽耶，住在該

---

②英譯者注。本祈禱文由蓋文克堤譯為英文，二〇一二年由赤江仁波切前侍從諾普曲培與藏文版同時印行貝葉版本。

③由咒語真言和其他守護符號組成的神祕圖形或圓輪形狀。

④藏曆十月二十五日，又稱為燃燈節，寺院及家家戶戶都在屋頂和窗台擺放酥油燈。白天慶典結束後，到了晚上，僧眾們手持香炷並念誦禮讚宗喀巴的《密集嘛》。

寺的頂樓。六日，他供養該寺的僧眾，並在聖寺前進行千盞酥油燈供養。也應阿謝央吉以及帕日瑟康家族之請，從二月九日起傳超過三天的菩薩戒、十一面觀音的預備灌頂，以及依序授正行灌頂等。二十一日，功德主及藏人行政中央宗教事務部共同供養林仁波切一場長壽法會。

三月三日，林仁波切對參與祈願法會的僧眾進行供養，並坐在首位主持千供法會。隔天他返回鹿野苑。十日，應昌都嘉若祖古之請，林仁波切對約三十人傳上師與瑪哈嘎拉無別之隨許灌頂。四天後，仁波切回到達蘭薩拉，告訴我爲了佛法及眾生他所進行的善行。

四月四日，由住在拉達克的西藏僧俗難民供養我長壽儀軌，由尊勝寺僧侶、喇嘛、祖古及格西修法。林仁波切與赤江仁波切一起參加，並慈悲懇切祈禱。兩天後，從下午兩點到晚上八點，尊勝寺的僧眾和我修誓言守護佛法的護法神酬懺儀軌。我的兩位經師也參加了祈願念誦。

應夏喀肯仁波切，尼瑪堅贊及扎雅仁波切聯合之請法，從四月九日到二十日，林仁波切對許多佛學者傳功德光的《律經》（亦譯爲《律海藏》）口傳與教授。林仁波切與內政部及宗教事務部，一起捐贈金錢及茶給參與者。

一九六三年四月二十九日起，連續七天，林仁波切爲眾多行者傳獨勇大威德金剛生圓次第的經驗教授。在林益嘎祖古請求下，五月十二日、十三日，林仁波切對益嘎祖古、夏喀肯仁波切與扎雅仁波切傳了五身託命灌頂的傳承。接下來兩天，林仁波和我參加尊勝寺的時輪金剛修行及供養儀軌，由仁波切帶領僧眾。

五月十七日，西藏兒童之家創立三週年紀念，林仁波切與赤江仁波切陪同我擔任午宴賓客。

從五月三十日到六月二十七日，林仁波慈悲地配合我繁忙的行程，傳我功德光《律經》的傳承與講解、五世林仁波切洛桑隆朵丹增欽列的《大威德金剛十八階梯引導文》的傳承，以及深廣淵博的《小品般若經》、彌勒菩薩的《現觀莊嚴論》、師子賢的注釋《現觀莊嚴論明義釋》之合併教授。

六月七日晚上，彭波那爛陀的希莫仁波切圓寂到天上淨土。林仁波切陪同我修上師薈供，以及《普賢行願品》，並熱烈祈願這位殊勝大德所為佛法及眾生發的諸願意皆得實現。

應前代理總理魯康瓦之請，從七月二十五日起連續七天，林仁波切對約三百名群眾傳四世班禪喇嘛，羅桑卻吉堅贊的《上師薈供》根本頌文的教授。

八月四日，來自三大寺的十八位格西接受格西考試，林仁波切陪同我擔任評判。大約此時，林仁波切慈悲地傳我宗喀巴大師《辨了不了義善說藏論》，及克主傑的《空性總綱——

開啓善緣眼》的口傳及教授。

八月五日清晨四點，九十七名僧侶和我受結夏安居戒律。依照乃穹及嘎東神諭的指示，在藏曆那三個月十五日、三十日、八日，以及藏曆九月爲紀念佛陀從天界返回人間那一天，結夏安居的僧衆必須修馬背撒淨儀軌，以及修防止人與非人對西藏和境內寺院的佛像及經堂造成損害的供養儀軌，主要會針對拉薩兩尊主要佛陀雕像以及五位天成一體大悲觀世音⑤。因此，宗教事務辦公室安排了廣大的供養，林仁波切、我、僧衆，一起先修大威德金剛自生本尊成就法，接著是諸佛菩薩的浴佛供養儀軌、馬背開光儀式，最後誦念《觀世音菩薩讚》《緣起讚》《二十一度母讚》，以及我來到印度後所寫的《諦語祈願文》，以眞言的力量爲全人類及全世界祈禱，尤其是仍身處西藏的人民。法會從早上九點進行到中午十二點。

從十九日起，林仁波切對扎雅仁波切，傳連續七天的觀修密集金剛自生本尊觀修成就法（中間偶有休息）。這些教法在隔年傳完。八月二十一日，我和尊勝寺全體僧伽修依止大威德金剛的儀軌妙善降霖撒淨法，目的是爲了被白雪皚皚山脈包圍的西藏國土中所有寺院祈願、爲佛教弟子積累福德。親教師也參加法會。

二十八日，遵從乃穹與嘎東神諭的指示，喇嘛、祖古及格西們，在尊勝寺的協助下，以上師薈供的方式，供養我「空行迎送」長壽法會。親教師擔任金剛上師，並獻給我八吉祥。

九月十三日，親教師、我，以及達蘭薩拉所有僧尼懇切祈請大悲勝海紅觀音（觀世音菩薩紅色化現身）——三寶化身，祈求南越的佛法弟子順緣成熟。

十月七日起，我很幸運能享受從仁波切座下接受連續二十天的月稱《入中論》以及宗喀巴大師注釋《入中論善顯密意疏》之教法盛宴。十六日起，應扎雅仁波切之請法，親教師對一些接法者傳法，包括助理經師什貢仁波切在內，講說的是宗喀巴大師的《辨了不了義善說藏論》。

為了避免任何災難降臨聖地拉薩，乃穹與嘎東護法敦促我們必須修極具威力的龍王寶瓶及龍王朵瑪儀軌。因此，在結夏安居時、在龍族必定會飛上地面的日子裡，我們固定修龍王朵瑪儀軌以及龍王煙供淨化儀軌。此外，從二十二日起，我們也連續五天舉行製作龍王寶瓶及盛裝六種殊勝藏藥（例如竹膠、藏紅花、四葉草、肉豆蔻等）的儀軌，兩位親教師都持續參與。

依照乃穹與嘎東神諭指示，我和一百多名僧侶，包括西藏所有教派的喇嘛和堪布，以及

---

⑤這是拉薩大昭寺神殿中一座十一面觀世音菩薩雕像。在雕像裡包含了同一位本尊的自生旃檀聖像。松贊干布與文成公主、赤尊公主死後，都化光融入此像之中，所以它被稱為「天成五尊」。

政府各部門輪流的員工，一起進行了十一天的盛大上師薈供儀軌，並誦念《心想事成》《消除道障》《聖觀音讚》及《諦語願文》。這是由各難民定居點的西藏人民捐款，加上西藏流亡政府的協助才得以舉行。親教師參加了這次儀典，是將佛法及眾生利益提升至新層次的一個吉祥徵兆。

十月六日、七日，在印度北阿坎德邦首府台拉登的西藏預備士兵和安多人團體分別為我舉行長壽法會，金剛持林仁波切也都擔任法會金剛上師。

藏傳佛教各教派宗教會議

十一月九日，召開宗教會議，包括西藏各教派薩迦、格魯、噶舉、寧瑪及苯教的代表們都出席。林仁波切也是五十七位代表之一，此外還包括薩迦崔津法王——昆氏家族教法之光耀——以及敦珠仁波切。在祈禱期間，林仁波切與尊勝寺的僧眾誦念許多經文，例如長壽祈禱文。之後，我發表演講，論西藏各教派傳承團結一心的必要性。林仁波切聆聽時，欣然之情顯露無遺。

隔天，由十二位喇嘛與祖古發表演說，例如薩迦崔津法王。金剛總持親教師也發表了看法，毫無疑問，饒益教法及眾生事業之時機已成熟。十一日早上，林仁波切來我的房間，給予我一些佛法上的意見。中午，崔津法王、噶瑪巴仁波切、敦珠仁波切、德千丘闊寺的穹恭仁波切、我的兩位親教師和我一起用午膳，我們非正式地對如何維持、保護並發展藏傳佛教不同教派而提出意見。之後，噶瑪巴仁波切到喬菩拉之家拜訪親教師，進行非正式的私人談話。

隔天，林仁波切協助草擬會議的決議內容。崔津法王到親教師的居所拜訪他，同樣是非正式的拜訪，顯示他們非常喜歡彼此作伴。

藏傳佛教各教派宗教會議與會者合影，攝於一九六三年十一月。前排左起為敦珠法王、噶瑪巴仁波切、崔津法王、達賴喇嘛、林仁波切、赤江仁波切以及巴庫拉仁波切。

十三日，藏傳佛教不同教派供養我長壽法會。林仁波切和其他大喇嘛們一起為我舉行的長壽祈禱誦經。隔天早上，崔津法王、林仁波切、噶瑪巴仁波切、敦珠仁波切和我在會議的聲明及決議上簽署，我發表閉幕演說，表示會議成功。之後我們誦念《格魯教法昌盛願文》及迴向文，尊勝寺的僧眾們獻妙音供養，然後會議結束。各教派首領造訪喬菩拉之家祈請偉大的金剛持長壽。林仁波切表示他會對三寶祈禱，並盡量長壽，也祈請在場的大喇嘛們亦如是。同一天，拉章宴請大喇嘛們。

二十二日，林仁波切對嘎東神諭及其他人傳長壽灌頂。

十二月四日，親教師來見我。為了健康，他即將前往菩提伽耶過冬。下午三點三十分，他搭吉普車到帕坦科特再轉火車到菩提伽耶。十九日，林仁波切供養菩提伽耶的西藏寺僧伽，在大殿前修千供儀軌，並為了弘揚佛法、有情衆生利益福祉等而祈禱。

林仁波切住進一間為他新建的房子裡。二十一日早上，菩提伽耶的僧眾們為此獻給仁波切象徵佛陀身語意的佛像、佛經、佛塔以及茶、米。仁波切接著以如意珠度母修長壽法。下午，他在大經堂傳二十名沙彌具足戒。

二十六日起，應尼泊爾強巴索巴之請法，林仁波切對三百名修行者傳獨勇大威德金剛灌頂，接著是生圓二次第的經驗教授。

一九六四年一月三日，在大殿前，林仁波切對一千多名群眾傳菩薩戒，包括當地僧尼、前來朝佛的僧眾及在家修行者，接著是白度母長壽灌頂。九日，至尊赤江仁波切邀請金剛總持親教師主持僧眾集會，赤江仁波切和當地僧眾修勝樂金剛上師薈供，祈請林仁波切長久住世。隔天，我兩位尊敬的親教師修那洛巴傳承的金剛瑜伽母壇城供養及法門。

十二日起連續兩天，林仁波切在菩提伽耶的西藏寺大經堂，對數百名民眾傳宗喀巴大師《辨了不了義善說藏論》，在每句斷句處稍做停頓，以確保大家能跟上句義。三十日起連續三天，林仁波切在寺院的大經堂針對七世達賴喇嘛的《兜率百尊》進行開示。

二月六日起，應蒙古喇嘛古魯德瓦欽之請法，林仁波切傳獨勇大威德金剛灌頂，前一天修前行儀軌。從十七日到二十七日，在菩提伽耶傳召大法會期間，早上林仁波切講授聖勇的《本生鬘論》，延續宗喀巴大師傳承之一。傳召大法會他也坐在首席。

三月一日，親教師對千餘位僧尼及在家居士授予如意珠白度母長壽法會。三月八日，在菩提伽耶西藏寺，林仁波切坐在首席，修年度善妙降霖撒淨儀軌，並迎請智慧尊與三昧耶尊雙運。

十四日，林仁波切搭乘火車離開菩提伽耶回到達蘭薩拉。抵達那天，他來見我，訴說如何行解脫有情眾生的事業，對我來說那是喜樂之源。十七日，西藏婦女協會供養林仁波切長壽法會，他欣然接受。隔天，應宗教事務辦公室之請，林仁波切爲我的長久住世而開始修長壽法。

四月十四日，政府官員供養我長壽法會，林仁波切是主持的上師。隔天是西藏兒童村的週年紀念日，兩位親教師和我爲三間新的集會室開光。兩天後，林仁波切傳我長壽灌頂。

應我之請法，五月十八日起，爲了利益佛法教誨及當今西藏福祉，林仁波切修一系列七天的護法神酬懺儀軌。二十八日，林仁波切和我參加剛過世的印度總理尼赫魯紀念活動。當聯絡官馬力克先生和我對尼赫魯的言行進行簡短的演說時，他誠敬聆聽。之後，爲了悼念尼赫魯的過世，每人默哀一分鐘。紀念活動結束後，林仁波切和我參加上師薈供，並誦念宗喀巴大師的《初中後善祈願文》及《往生西方極樂世界發願文》，他誦念許多祈願文迴向給尼赫魯總理。

大約此時，拉章總管洛桑朗瑞請求至尊赤江仁波切爲金剛總持親教師的健康進行占卜。那天晚上，赤江仁波切表示他夢見在拉薩市西南方的曲水刮起一陣颶風，這是前世林仁波切墜馬身亡之地。事實上，林仁波切被認爲是熱譯師的轉世，其爲大威力之化身，這一點已由諸多經典及理論證明，因此不可能爲四魔所害。然而，在凡夫眼中，前一世林仁波切從聶塘大佛⑥處返回時，因墜馬往生。在聶塘大佛前，他曾應政府之請進行一場忿怒相火供。現在看來，似乎從那時留下了什麼未竟之業，將降臨在現世林仁波切身上。顯然，必須藉助馬頭明王祕密成就法儀軌來避免其發生。於是，赤江仁波切本人參與這長達七天的修法。正如赤江仁波切在自傳中所述，之後對林仁波切可能造成威脅的徵兆都泯除了。

七月三十日，巴薩杜瓦爾的僧伽供養我長壽法會，林仁波切擔任金剛上師。八月六日，同一批僧伽供養金剛總持親教師長壽法會，他欣然接受。十七日，仁波切應達蘭薩拉師培學院之邀進行演講。

從七月二十二日到八月十日，應我之請法，只要時間許可，林仁波切就會傳我克主傑的《大威德金剛生起次第廣論》的教授。二十二日，宗教部供養金剛總持親教師長壽法會。九月十日，林仁波切拉章透過神諭召請嘎東及乃穹護法降神，請示護法神該修哪些法會，以確保林仁波切長壽。應達波巴丘仁波切、強巴嘉措之請法，林仁波切在他的居所對一些弟子講授師子賢的《現觀莊嚴論明義釋》，為期數日。

至尊赤江仁波切為金剛總持親教師修長壽成就法，並於十月三日獻給林仁波切長壽吉祥

⑥一座位於聶塘曲水區雕刻在石上的大佛像，是西藏最大的一尊摩崖造像，為釋迦牟尼佛在菩提樹下降魔成道的坐像。

物，他也接受了。十二日，林仁波切對策覺林祖古授予白度母灌頂，並於二十七日與這位祖古用午餐，叮嚀他要好好用功。三十一日，應祕書長卓登圖登諾桑之請法，林仁波切對大約三百名受法者傳獨勇大威德金剛的加行儀軌，隔天傳正行灌頂。

十三日，應來自帕里家族的某人之請，林仁波切對約五十名僧尼及在家居士傳白度母長壽灌頂。十四日，應來自哲蚌寺楚康村的塔拉祖古之請，他對約兩百名皈依者（包括扎雅仁波切），口傳及教授克主傑大師的生起次第作品《密續王密集生起次第論悉地海》，爲期七天。十一月二十三日，我的姊姊次仁卓瑪往生，應她的好友之請法，林仁波切與尊勝寺僧伽念誦祈願文及眞言迴向。二十五日，在林仁波切啓程前往菩提伽耶之前，他來看我並進行非正式的談話，話題與廣大甚深的法類相關。

十二月三日，林仁波切受南嘉寺之邀主持法會。隔天，林仁波切離開達蘭薩拉，前往聖地菩提伽耶過冬。

十二月十二日，林仁波切在菩提伽耶爲一些人剃度，包括扎貢祖古。隔天，他傳長壽灌頂。十四日，林仁波切對十六名沙彌僧傳具足戒。二十五日，他對十六名僧侶教授大威德金剛供養儀軌。

一九六五年一月十二日，應不丹國王母后卻卓之請，林仁波切口傳《普賢王如來祈請文》等。應惹對寺商店管理者——僧人澤旺扎西、擦瓦但巴洛卓、來自昌都的多澤，帕里政府官員，以及哲蚌寺娘熱康村的圖登卻拙之請，自二月十日起，林仁波切對約四千群眾傳獨勇大威德金剛灌頂，接著是生圓次第的經驗教授。後來，眾功德主聯合供養林仁波切長壽法會。二十四日，林仁波切對相同會眾傳普救惡趣觀音的隨許灌頂，以及菩提心法會。

接下來，西藏流亡政府供養殊勝的上師長壽法會，祈願他能蓮足長永固。隔天，拉章和菩提伽耶的僧伽也供養林仁波切長壽法會，他慈悲且欣喜地接受了。

第二十七章
接受甘丹赤巴法座一職

九十六任甘丹赤巴——來自色拉寺傑札倉哈東康村的土丹貢噶，在中國占領箝制之下的拉薩圓寂。

依照習俗，甘丹赤巴要由夏巴曲傑和絳孜曲傑輪流擔任。因此，現任夏巴曲傑，亦即偉大的金剛總持親教師至尊林仁波切，便接受了第九十七任甘丹赤巴的頭銜。

那時候，西藏流亡政府的宗教部亦請求林仁波切擔任菩提伽耶西藏寺院甘丹佩傑林寺的堪布。於是，一九六五年三月六日，在甘丹佩傑林寺的正殿，林仁波切成爲第二佛陀宗喀巴大師的攝政——甘丹赤巴，並登上菩提伽耶西藏寺的堪布法座。

典禮進行中，助理經師兼宗教部助理部長什貢仁波切，代表流亡政府念誦八吉祥供讚頌。助理部長但巴洛卓、前任部長圖登諾桑、三大寺代表，以及上下密院的堪布及僧官，都特地前來參加就職典禮、敬獻哈達。至尊赤江仁波切也派了一位代表獻上哈達、曼達以及佛像、佛經、佛塔三象徵供物與黃班智達帽①等。典禮結束後，在菩提樹前，林仁波切對參與典禮的特別來賓、當地居民及自願前來觀禮的群眾，口傳及教授宗喀巴大師《菩提道次第廣論》前幾頁內容。於是，九十七任第二佛陀——宗喀巴攝政——甘丹赤巴的就職典禮，以及接任菩提伽耶西藏寺堪布的典禮圓滿完成。八日，林仁波切搭火車離開菩提伽耶返回達蘭薩拉。十一日，他來見我。

十六日，流亡政府以空行迎送儀軌供養我長壽法會，法會正式開始前，金剛總持親教師和赤江仁波切、內閣以及人民議會代表，獻給我象徵佛陀身語意的佛像、佛經、佛塔。部長們朗讀一份誓言執行的所有活動之文件，宣稱每一位都將誠心誠意實現我的願望，絕不違背。也因此，他們敦請我要長久住世。我回答，雖然我盡力而為，但一人所能承辦的很有限。因此，官員和人民也要分擔責任。這是很重要的事，亦即他們的承諾是純淨的，必須認真對待自己的工作。如果辦得到這點，我認為那麼就不會有壞事發生。在正式的長壽法會上，偉大的金剛總持親教師念誦了獻曼達祈願文。

①編注。班智達帽代表最高學位。各大寺院與教派的赤巴、堪布、上師才可配戴。格魯派為黃色尖僧帽。其中班智達為佛教術語，指學識淵博的大學者，精通五種學問，也就是五明：聲明、因明、內明、醫方明、工巧明。

三月十七日，應宗教部之請，林仁波切對廣大群眾傳一日大乘八關齋戒。

雖然之前在菩提伽耶已經舉行了認可第九十七任甘丹赤巴的正式就職大典，但依照慣例，還須爲登陞甘丹赤巴法座者舉行升座法會。因此，三月十八日，在藏曆一月的大吉之日早上八點，金剛總持親教師戴上黃帽及僧袍來到達蘭薩拉大乘法苑會客廳見我，他頂禮三拜，獻給我甘丹赤巴的曼達供。此外，身爲菩提伽耶甘丹佩傑林寺新上任的堪布，他也呈給我哈達、象徵佛陀身語意的佛像、佛經、佛塔，以及法輪、法螺等象徵供物。然後他登上甘丹法座。此時進行茶供，助理經師兼宗教部助理部長什貢仁波切，帶領茶供養儀軌。奉上甜飯時，什貢仁波切再帶領僧眾誦供飯偈。

四位部長、西藏人民議會主席、藏傳佛教各教派代表以及三區代表，向甘丹赤巴獻哈達。當他們回到座位上，堪布、尊勝寺的僧侶及領誦師站了起來，眾人一起爲親教師誦念長壽祈願文以及貢唐丹貝仲美的《宗喀巴大師教法昌盛願文》。之後，大家都戴上黃班智達帽，在鈸的伴奏下念誦大威德金剛吉祥偈頌。我個人畢恭畢敬地獻上哈達以及保護繩給我的根本上師，也送保護繩給林仁波切拉章人員。

所有流亡政府官員都在拉章獻哈達給甘丹赤巴。同一天，至尊赤江金剛持到拉章，並獻給仁波切一條很長的上等哈達，上面繡著象徵弘揚佛行事業的符號，以及象徵佛陀身語意的佛像、佛經及佛塔，還有一部克主傑大師撰述之《虔信津渡宗喀巴大師傳》。其他數百名僧侶及在家修行者，也前來獻上禮物與供養。

隔天，林仁波切到赤江仁波切居所拜訪，並獻上哈達及象徵佛陀身語意的佛像、佛經、佛塔，當天他們倆談了很久。同一天，林仁波切在拉章為一小群人傳沙彌戒。

四月七日，林仁波切受邀參加為我舉辦《長壽佛內成就法——無死五尊儀軌》相關的空行迎送長壽法會。約兩百人參加，包括三區及西藏各教派的代表等。隔天，同樣一批代表們供養殊勝的金剛持長壽法會。十二日，在宗教事務辦公室贊助下，尊勝寺全體僧伽以如意珠白度母來供養仁波切長壽法會。這兩場法會，林仁波切都欣然接受。兩天後，林仁波切應邀參加由康巴人組織「四水六崗」為我舉行的長壽法會。

應殊勝的帕繃喀仁波切轉世之請法，從五月二日到十八日，林仁波切對許多喇嘛、祖古、格西等人教授克主傑的《密續王密集生起次第論悉地海》。十九日起連續多日對包括丹瑪洛卓仁波切以及色拉寺昧扎倉的剛欽祖古在內的聽眾，使用自生本尊成就法，開示那洛巴傳承尊貴的金剛瑜伽母二次第修法。二十六日，林仁波切對約八十名僧俗眾傳金剛薩埵隨許灌頂。

六月一日，林仁波切傳沙彌戒給美國人羅伯特·亞歷山大·瑟曼。

擔任上密院堪布時，林仁波切曾進行密集金剛生起次第閉關修行，並修補足持咒數的火供。他也曾多次傳別人這項灌頂。然而，因為他想要再次閉關，於是再從赤江仁波切那裡接受整套灌頂，並從前行儀軌重新開始。六月十五日，林仁波切閉關觀修這殊勝本尊。

在閉關的同時，林仁波切也應扎雅仁波切之請法，從七月十日起也對包括喇嘛、祖古、格西及行者等為數眾多的接法者講經十三天，內容是宗喀巴大師對密集金剛圓滿次第所撰著的《勝集密教王五次第教授善顯炬論》。

八月一日早上，應宗教事務部助理部長丹巴洛卓之請，林仁波切在摩吉瑪后廣場對達蘭薩拉的許多僧俗二眾傳一日大乘八關齋戒。

九月二日，在經師訓練的第二堂課，林仁波切受邀到佛學院，對他們應該進行的選擇提出相關意見。

十三日，林仁波切長久以來信任的乃穹與嘎東護法，透過神諭被召請降神，向祂們請教為維護林仁波切日常健康應該修的法。

在密集金剛閉關結束前十天，巴基斯坦與印度爆發戰爭。達蘭薩拉附近喜馬偕爾邦的約爾軍營遭到轟炸，造成兩人喪生、數人受傷。因為局勢緊張，印度政府建議我應該暫時遷至新德里避風險。我請求兩位親教師陪同前往。乃穹護法呈給兩位親教師大法王劍。親教師們被安排待在新德里的西藏賓館。隨著印巴兩國之間的衝突加劇，林仁波切非常擔心人民安危。因而當他們抵達德里數日之後，林仁波切聽到停火的消息而感到歡喜。

第二十八章
呈現四聖者正知見的人生

兩位親教師待在西藏之家時，彼此常會面。某天兩人同處時，赤江仁波切唱誦以下偈頌，祈願金剛總持林仁波切長壽，並能長轉廣大甚深法輪：

數千年來祈願綻生的蓮花瓣，
因漫無思想、目標，被冰霜凍結了正覺的甘露滋潤。
因此，請傾聽這隻既笨又老的獅子①之祈請。

能仁教法精髓善慧之言教，
無垢如理悟已於眾所化機，
無數賢劫歌詠您的廣大事業，

將對弟子們化現許多形象，指引菩提道次第。

您的生命是四聖者②正知見的呈現，

奠基於法本及理路邏輯的菩提道上，

以及教法之敵無法戰勝的教誨，

您的智光事業，讓諸佛菩薩讚嘆，

讓這智光照耀驅散破壞力量的黑暗道路。

之後，赤江仁波切對拉章總管洛桑朗瑞誦念以下祈願文，強調繼續承事金剛總持親教師的重要性：

---

①英譯者注。本書藏文版說明此句的「獅子」是「獨一無二」的。哲蚌寺兩位僧侶對我解釋說，這比喻是得自印度獅子缺乏喜馬拉雅雪域雄獅的漂亮鬃毛及尖銳爪子。據此，印度的獅子被引申為缺乏理性邏輯及學習。

②「四聖」為佛陀、菩薩界、獨覺界（獨悟證果的緣覺人）及聲聞界（指聽聞佛陀聲教而證悟的出家弟子）。這四聖者及四聖之母般若波羅密多，是彌勒菩薩《現觀莊嚴論》序品中禮敬的對象。

請聽我說，我聽慧及心胸寬大的朋友。
繼續擁有善財童子的威儀，
堅信不變鐵環若持於心坎，
三姓大悲鐵鉤不棄而攝受。
藉由妙善加行、意樂兩途經，
切莫怠惰誠心依止大恩師，
無須四處另尋如意寶聖物，
當知握在自己手中善男子。

西藏之家有幾幅老唐卡及幾尊佛像尚未被辨識出來，林仁波切待在德里時，他看了這些唐卡及佛像後，不但認得且對其背景如數家珍。一天，應拉達克一位喇嘛洛桑之請法，林仁波切由赤江仁波切陪同，前往拉達克的佛寺。他們為那佛寺的聖物修開光儀軌。之後，拉達克的佛學弟子們為他們獻上當地的歌舞表演，兩位親教師愉快地觀賞。那時候，應帕繃喀仁波切轉世之請法，自十月十三日起，林仁波切傳授十五天的宗喀巴大師《密宗道次第廣論》。十月二十五日，林仁波切和我在西藏之家正式揭幕典禮上進行祝願迴向。

十二月一日，林仁波切前往鹿野苑朝聖。八日，應僧侶津巴嘉措之請法，林仁波切對數百名僧俗二眾傳宗喀巴大師的《三主要道》。隔天則應一位蒙古喇嘛之請法，講解宗喀巴大師《功德本頌》。十二日，因拉達克日宗祖請法，他開始教授密集金剛生圓二次第。

離開鹿野苑後，林仁波切前往菩提伽耶朝聖。二十五日，他在大塔前修五妙欲煙供千供，也供養菩提伽耶的西藏寺僧伽金錢，並祈願無與倫比的佛陀所提倡之和平與非暴力的菩提道能廣傳全世界。他為日宗祖古教授的密集金剛生圓二次第，也在此時順利圓滿。

二十六日，我抵達菩提伽耶的西藏寺，仁波切立刻代表寺院獻上曼達以及象徵佛陀身、語、意之佛像、佛經、佛塔。二十七日，林仁波切在我的西藏寺新寮房獻上佛像、佛經、佛塔。當赤江仁波切從中央邦首府博帕爾抵達菩提伽耶，林仁波切馬上去見他。二十八日，林仁波切陪同我進行菩提伽耶西藏寺大經堂的擴大重建完工的僧眾說戒法會③和開光儀軌。

十三日下午三點，林仁波在薩迦崔津法王、敦珠法王、竹巴突謝仁波切、卡魯仁波切、宗教事務部長奧色堅贊，以及西藏人民議會主席澤旺陪同下來見我。他們告訴我西藏高等研究中央學院④研究印度佛教經典的課程進度。

③僧侶、僧尼每個月固定在滿月、新月這兩天舉行，原為懺悔違反戒修的儀式，但偶爾會因特別活動而舉行。

三十一日，流亡政府在大塔前為了西藏宗教政治局勢舉行了一場盛大的供養法會。林仁波切和我都參加並祈願。

一九六六年，慈悲帶來至福

一九六六年一月十五日，林仁波切傳三性總修隨許灌頂。隔天，他為來自金瑙爾及拉達克的八名受法者傳沙彌戒。之後，他也為十五名僧侶傳具足戒。

二月五日，應尊勝寺儀軌助理之請法，林仁波切對眾多信眾傳一日大乘八關齋戒。

十六日，林仁波切離開菩提伽耶返回達蘭薩拉。前往居所途中他去拜訪赤江仁波切。隔天，他來見我，並表明他待在菩提伽耶期間，為了佛法及眾生，確實做了許多殊勝事業。幾天後，赤江仁波切到林仁波切拉章，獻上一尊白度母的銀製佛像，並祈請林仁波切同意長久住世。

二十二日起，林仁波切陪同我為流亡中的西藏人民舉行為期一週的祈福求財法會，修白財神（藏巴拉）、白瑪哈嘎拉及多聞王天，我們祈願輪迴與涅槃的所有財富如雨般降臨。

六月二日，巴薩杜瓦爾的僧伽供養林仁波切長壽法會。四日下午，林仁波切和我觀賞一部由法國製片公司出品的西藏宗教傳統影片。

六月二十一日，藏曆六月四日，是佛陀初轉法輪，在鹿野苑鹿園傳四聖諦的殊勝日。那天，應宗教事務部辦公室之請法，林仁波切對衆多弟子在摩吉瑪后廣場傳宗喀巴大師的《三主要道》。二十四日和二十五日，應穹拉惹對祖古之請法，林仁波切對八十名接法者傳獨勇大威德金剛的前行儀軌及正行灌頂。

七月一日，林仁波切爲同一批弟子傳白度母長壽灌頂。

大約在這期間，我在無比慈悲的林仁波切座下聽法，他對我解說宗喀巴大師的《密宗道次第廣論》，以輕鬆方式傳予甚深教法。七月六日爲我的生日，林仁波切參加慶祝活動並獻給我哈達。十一日，仁波切對來自拉薩的佩瑪德欽等人教授《兜率百尊》上師相應法。

從九月二十四日起，顧及我忙碌的行程，仁波切不時傳給我密集金剛四家合註。有了親教師非凡的解說，尤其在他傳《密集金剛根本續》中四十字口訣的意義後，我對《密集金剛根本續》產生了信心，尤其對於「殊勝的月稱論師是位不可思議的上師及實修者」之事實，深信不疑。幾天後，我在這樣的慈悲中體會到自己極度幸運，在我心中產生新的信心與安

④現為「西藏研究中央大學」，位於印度瓦拉納西鹿野苑。

林仁波切參加德里西藏之家的啓用典禮，攝於一九六五年十月二十六日。甘地夫人英迪拉甘地坐在他的右邊。達賴喇嘛左手邊為印度教育部長恰格拉。

樂，這些感受從此刻開始一直沒有離開過我。這是三恩不可周遍的善緣。這次教法的其他接法者，包括尊勝寺堪布暨甘丹寺絳孜扎倉洛桑敦珠、拉諦仁波切，以及若特格西。林仁波切於十一月四日圓滿教授四家合註。

九月二十七日，應拉諦仁波切之請法，林仁波切傳白度母長壽灌頂。幾天後，乃穹與嘎東護法由神諭召請降神，請示林仁波切的健康、事業等相關問題。

十月二十五日，林仁波切對約一百名達蘭薩拉的僧俗二眾傳長壽灌頂。二十八日，他對來自拉達克的次色祖古及其他人傳具足戒。

十一月五日是佛天降日⑤。應宗教事務辦公室之請法，林仁波切對許多僧尼及俗眾傳一日大乘八關齋戒。同一天，林仁波切陪我到位於馬克利奧德甘吉中間地區新建的佛殿開光。

十一月九日，應上密院之請法，林仁波切搭車前往戴爾豪斯，受到大批當地僧尼出家眾及在家眾歡迎，並下榻於安巴塔拉之家。十五日，應戴爾豪斯西藏民眾之請法，林仁波切在一所學校操場講授宗喀巴大師《三主要道》，以及傳普救惡趣觀音隨許灌頂，講經之後

---

⑤編注。釋迦牟尼佛於忉利天為母說法完畢返回人間的日子，又因釋迦牟尼佛之孝行足令後世學習，又尊為「孝親日」或「孝子日」。

供養林仁波切長壽法會。十七日，應上密院格西強巴丹增之請法，林仁波切對一般大眾傳修心法門。二十、二十一日，他傳十三尊大威德金剛灌頂，先傳前行灌頂，再來是正行灌頂。二十二日，應下郭寺堪布仁波切尼瑪堅贊之請法，林仁波切傳那洛巴傳承的金剛瑜伽母四灌頂。二十三日，應上、下密院僧伽之請法，林仁波切對眾多僧俗二眾傳普救惡趣觀音的隨許灌頂及長壽灌頂。翌日，仁波切受邀到上密院，口傳長達數小時的傑尊貢噶頓珠所造之密集金剛注釋。口傳直到十八日⑥圓滿結束。

二十五日，林仁波切坐在首席參加下密院的法會。隔天，他也獲邀到戴爾豪斯西藏政府學校，對八十名學生傳沙彌戒。二十七日，他對十位受戒者傳沙彌尼戒，並對五男五女傳居士戒⑦。仁波切與所有派別的僧尼參加了一個月兩次在學校操場舉行的僧眾說戒。他也在法會中誦念了《別解脫經》。拉章供養僧眾金錢。

在戴爾豪斯這特別的時間，林仁波切圓滿了他對佛法及眾生的事業後，返回達蘭薩拉。十二月七日，應究給崔津仁波切之請法，他對這位仁波切及其隨行人員傳長壽灌頂。兩天後，林仁波切前來見我，表明他將要前往菩提伽耶過冬，隔天啓程。

在菩提伽耶時，爲了佛法及眾生，而要活得長壽，從十二月十五日起，每天早上仁波切要依賜壽如意輪，進行招壽、補壽、增壽等修持。

一九六七年，持修態度一絲不苟

二月十六日，林仁波切對二十名受法者傳予具足戒，奠下修行的完整基礎。應僧侶津巴嘉措之請法，他對菩提伽耶的全體西藏僧俗二衆傳長壽灌頂。二十三日，應四級官員擦絨先生之請法，林仁波切搭車前往參觀蓋迭鋼鐵公司⑧，有人接待他四處看看，林仁波切則祈願迴向，同一天返回菩提伽耶。

二十五日，林仁波切受邀參加西藏寺爲了新建的宗喀巴大師及其兩位弟子塑像舉行的開光法會，由哲蚌寺洛色林的浙霍創薩仁波切拉章贊助。仁波切迎請智慧尊與三昧耶尊相融。兩天後應沙度久美之請法，林仁波切搭火車離開菩提伽耶到中央邦首府博帕爾。三月三日，他在塞霍雷替由達賴喇嘛信託基金設置⑨的G．S．滿帝帝製紙廠進行馬背開光儀式。四

---

⑥英譯者注。此處無法確定應該是二十八日還是下個月十八日。

⑦編注。授予在家佛弟子的戒，共五條：不殺生、不妄語、不偷盜、不邪淫、不飲酒。

⑧Gayday Iron and Steel Company，位於比哈爾邦的離心鑄鐵管製造廠，由擦絨先生運用達賴喇嘛私人擁有的金、銀出售所得資金進行的投資事業。這家命運多舛的企業，最後倒閉並賠掉全部投資金額。詳見Sadutshang《A Life Unforeseen》，頁241–47。

日，仁波切對約十五名受法者傳大威德金剛灌頂及的前行儀軌及正行灌頂，包括沙度久美家族及紙廠員工。隔天，他對約八十名剛抵達博帕爾的西藏人，傳普救惡趣觀音的隨許灌頂及長壽灌頂。

七日，林仁波切前往桑吉大塔（亦稱爲桑吉大窣堵波）朝聖。九日，他離開博帕爾，兩天後回到達蘭薩拉。

又過了兩天，林仁波切來見我，跟我進行意義深長的談話。同一天，親教師對天成五尊觀音聖像的中間佛首及忿怒相——除此二尊頭像外其他都被中國共產黨摧毀——進行供養也供養金錢。他說我應該參加，我遵照而行。

遵從乃穹護法神的指示，爲了饒益佛法及國家利益，我主持爲期五天的朵瑪法會，使用名爲「普巴利刃精藏」的普巴杵⑩來修。《利刃精藏》是由伏藏師雷嘛林巴取出的伏藏⑪。在這次法會中，仁波切坐在首席，與其他殊勝人物一起從早上九點坐到晚上八點，他專注於平息那些危及佛法與衆生的人與非人的惡意行爲。

三月三十日，應哲蚌寺洛色林前堪布嘉絨強巴桑普之請法，林仁波切對約一百名弟子口傳予班欽索南扎巴論密集金剛生圓次第著作。

應惹對寺前侍從圖登阿旺與圖登多哲之請法，四月初，仁波切在達蘭薩拉西藏兒童村的禮堂，對約四百名受法者傳獨勇大威德金剛灌頂及前行儀軌。七日，林仁波切對包括沙度家族的卓澤裕嘉在內，以及其他群眾傳中性的「訶」唸誦法⑫修行的清楚教授。卓澤裕嘉曾發願要每日誦念密集嘛。「訶」唸誦法爲薩迦派傳承的核心修法，宗喀巴大師受背痛所苦時，曾接受此密法修行而得以痊癒。

四月十九日，芒域吉隆之王⑬——「天成四聖者」之一，亦稱爲「聖瓦帝桑布」之聖像，由尼泊爾迎請到我的居所來。親教師和其他人都受邀前來，我們修供養並爲佛像開光（彩圖22）。

五月二十二日，林仁波切對來自印度金瑙爾縣的七名僧侶傳具足戒。翌日是藏曆四月衛塞節滿月日，藏人行政中央供養林仁波切一場長壽法會，他欣然接受。

---

⑨參考Sadutshang《A Life Unforeseen》，頁247–48。

⑩儀軌短刀，杵身有一圈灌頂及修行經文。

⑪編注。藏文原義為「埋藏的珍寶」。相傳源自於蓮華生大師，而擁有發現伏藏能力的人，稱為伏藏師。主要為經書，但也有雕像和法器。

⑫譯注。Recitation of the Neutral Letter Ha，參考法尊法師譯法，出自《宗喀巴大師傳》。

⑬為西藏西部吉隆縣芒域一尊古老而神聖的檀木觀世音像。一九五九年西藏起義，大批藏人逃離西藏流亡印度時，這雕像由其宗薩寺的僧侶帶來印度，並敬獻給達賴喇嘛。「天成四聖者」都是於七世紀松贊干布時期自然天成的。

林仁波切於達蘭薩拉西藏兒童村。

七月二十日，巴薩杜瓦爾的僧伽供養林仁波切一場長壽法會。

九月二十二日，在我啓程前往日本之前，林仁波切前來見我，給我一些建言。之前我曾請求仁波切再次傳我密集金剛灌頂，他回答說自己完成對密集金剛本尊的完整閉關後即可傳我灌頂。如前所述，當時巴基斯坦與印度爆發戰爭，他幾已完成閉關，然因戰事暫緩了觀修。今年春天，他再度閉關觀修密集不動金剛[14]。顧及那些想見他卻見不到的人會感到失望，他把閉關結界只設在坐墊範圍。

然而，除了設定閉關的外圍界限之外，林仁波切修所有其他前行儀軌。他的固定早課（例如朵瑪供養）結束後，六點半他會與閉關助理拉諦仁波切喝茶用早餐。七點左右起開始修《兜率百尊》、七支供養、獻曼達拉，由《功德本頌》略加禪修顯密圓滿道，之後誦念密集嘛，誦「具德根本上師……」等，緣念上師入住心間。

接著，從密集金剛的傳承上師祈請文開始。剎那頓生，身處護輪中央，誦「無有實物故無修……」等，偈頌最後誦「各自還回佛淨土」，尤其觀想自身收攝起，緣念轉三身為道用等次第格外重要。時爾，林仁波切會停頓在字句間，對每一句進行較長時間的觀修。光是自

[14]密集金剛生起次第的主要本尊為密集不動金剛或密集文殊金剛。

生本尊，林仁波切就花費了兩小時半左右。

然後他開始持咒，以拇指及手指捻佛珠計數。這樣持續下去直到下午一點，才停下來用午餐。林仁波切這次閉關爲時五個半月，他最初持本尊咒語十萬遍，接著再完成另一次本尊咒語十萬遍。然後他持能除障明王（十忿怒明王之一）一萬遍，持其他諸本尊咒語一萬遍，如法進行其他持修。

九月二十三日，林仁波切在喬菩拉之家附近修「十分之一火供⑮」。這儀軌超過兩座，即使在第二座，林仁波切仍然念誦全部的儀軌經文。尊勝寺的領誦師計算其數字，共約念誦二十萬次供養。火供完成後，林仁波切和儀軌誦經助理修一場薈供儀軌。

林仁波切說，之前在西藏進行同樣的閉關時，他必須趕著完成。但這次他能輕鬆進行。在他進行的所有閉關中，每當必須念誦經文而碰到停電或天氣差時，他擔心自己沒有達成閉關的要求，便不會把那天的持咒數算進總數之中。他的修行態度一絲不苟。

二十六日，舉行定期由神諭召請乃穹與嘎東護法降神，向其尋求建議。我不確定是這一年還是其他時間，但嘎東護法建議仁波切要對他自己的生辰本尊進行供養及祈禱。從那時起，仁波切固定在酒供之後念誦新做的一首偈頌。

三十日，林仁波切從達蘭薩拉啓程前往帕坦科特，再到菩提伽耶。

十月五日，他開始進行特別的白度母長壽閉關。二十三日，林仁波切對來自噶倫堡的夏霍阿瑪，以及大約三百名其他信眾傳色派傳承的上師相應法《兜率百尊》觀想法門。應日嘉祖古之請法，他也對約三十名受法者傳無量壽佛及馬頭明王的隨許灌頂。

十二月十七、十八日，仁波切圓滿眾人之希求，分別對許多受法者傳沙彌戒及具足戒，奠下所有修行的基礎。

一九六八年，無與倫比的慈悲

一九六八年一月七日，應來自大吉嶺的安多津巴等人之請法，林仁波切在菩提伽耶西藏寺的大經堂，對約兩百名僧俗二眾傳三忿怒尊的灌頂。二十四日，應色拉寺傑扎倉強巴諾布之請法，林仁波切對約一百名發願每日修行自生本尊的弟子，傳那洛巴傳承的金剛瑜伽母四灌頂加持。翌日，應來自不丹的一位人士之請法，林仁波切對約三五〇名受法者傳白度母灌頂及口傳二十一度母讚。

⑮圓滿閉關時修行之火供。「十分之一」意指必須在火供時念誦在閉關時累積所持咒語的十分之一。

二十七日，應一對來自安多的夫婦持續之請法，林仁波切在其居所對其家族約十五名成員傳較簡易的無量壽佛長壽灌頂。

來自不丹的四名信衆，向林仁波切請法，於二月一日傳給他們居士戒。七日，仁波切受邀替一新建寺院開光，造訪佛陀苦修六年的聖地。十五日，仁波切對一位不丹僧侶及來自拉達克的七位僧侶傳具足戒。

三月二日，應菩提伽耶一位來自安多的僧侶津巴之請法，林仁波切在西藏寺大經堂對約三五〇名受法者傳白度母灌頂。

菩提伽耶西藏寺、林仁波切拉章、蒙古喇嘛咕嚕德瓦，以及住在美國的蒙古僧侶阿卓，共同請求仁波切接受他們供養長壽法會。林仁波切答應了。那天，蒙古喇嘛獻了曼達及身語意三象徵供物，表達既然菩提伽耶是薄伽梵證得菩提之聖地，因而請求林仁波切口傳宗喀巴大師著作《菩提道次第廣論》。仁波切回覆，等因緣成熟時再決定。

十八日，林仁波切離開菩提伽耶，兩天後返回達蘭薩拉。途中，他前往至尊赤江仁波切居所拜訪。他們互贈新年哈達及誠摯的問候。又過了兩天，林仁波切來見我，我相當歡喜見到仁波切，這是極具意義的會面。

三十一日，林仁波切爲三位尼衆剃度，及傳五名青年沙彌戒。

從童年時期以來，我一直對密集金剛懷著極大興趣。我不知道原因，但我向來對這本尊感受到極喜及強烈的信心。後來，我發現了解密集金剛之後，似乎更得信仰。雖然幾年前我在拉薩曾接受過一次密集金剛灌頂，但我恭敬地請求親教師再度為我灌頂。由於我的請求，以及對這法門的特別興趣，親教師承擔下責任，並表示他要進行密集金剛特別閉關，然後再傳我灌頂。

前一年他已圓滿閉關，所以五月一日我去拜見他時又再度請法。他訂了一個日期，選五月八、九日在喬菩拉之家傳法，林仁波切歡喜地為我單獨分別傳前行儀軌及正行灌頂。因為他特別為我進行閉關，可見他的慈悲無與倫比。那天起，我固定修誦密集金剛，修加行儀軌時專注於親教師的健康長壽。

隔天，林仁波切為兩名自願軍人剃度。應來自甘丹寺絳孜扎倉一位僧侶之請法，五月十六日，林仁波切對約兩五〇名受法者傳馬頭明王、金剛手菩薩，以及金翅鳥的隨許灌頂。三十一日，他對尊勝寺裁縫及其他人傳沙彌戒，並傳梵行居士戒給來自香格里拉建塘鎮的某位人士。

六月二日，乃穹護法受召請降神。林仁波切已經受邀前往瑞士瑞康為一座新建寺院開光，因此特向乃穹請求建議；乃穹護法回覆，去瑞康是件好事。

六月十日，應哲蚌寺洛色林扎倉前堪布嘉絨強巴桑普之請法，林仁波切對約四百名信眾傳一日大乘八關齋戒。隔天，應浙霍洛桑南傑之請法，他對為數眾多的僧俗二眾傳普救惡趣觀音的隨許灌頂，以及三性總修的隨許灌頂。隔天，林仁波切對九名來自拉達克的沙彌僧傳具足戒。之後，連續三天，他對策覺林祖古等人傳《兜率百尊》上師相應法，以及增上智慧的觀修法。

來自戴爾豪斯，屬於三大寺及宗薩寺的僧侶請法，林仁波切於二十一、二十二日，傳大威德金剛的前行儀軌及正行灌頂，因此種下定獲佛四身四相的種子，完全滿足了這些弟子的願望。

林仁波切已經從十三世達賴喇嘛那裡接受了宗喀巴大師《菩提道次第廣論》的完整口傳及教授及註解。然而那時候他還年輕，所以認為現在還要再接受來自帕繃喀大師教法的法脈教法。因此，二十八日，林仁波切派拉章總管到至尊赤江仁波切那裡，在獻曼達及佛陀身語意三象徵供物後，請求赤江仁波切口傳《菩提道次第廣論》。赤江仁波切立刻欣喜同意這請法。

七月二日，巴薩杜瓦爾的僧團供養我長壽法會，仁波切受邀擔任法會的金剛上師。三天後，同樣的僧團在喬菩拉之家供養仁波切長壽法會。七月六日，我邁向人生第三十四個年頭，林仁波切來見我，獻給我祝賀哈達。隔天，在定期的說戒法會，林仁波切為我解說了一些經續中的難義處。

二十九日，林仁波切慈悲傳沙彌戒給札什倫布寺的洛欽祖古，以及四名西藏兒童之家的女士沙彌尼戒，並對兩名信眾傳梵居士戒。

八月一日，在西藏兒童村，林仁波切對約一千名教職員及學童傳白度母灌頂。他也給予種種建言，並發送糖果點心給孩子們。二日，應來自印度史彼提的喀欽竹傑之請法，林仁波切對三十二名發願每天修持自生本尊的信徒傳金剛瑜伽母四灌頂加持。八月三十一日，因我的居所由史瓦格阿夏蘭姆搬遷至新購置的土地——卡普爾塔拉的大乘法苑，因此舉行了相關儀式。持香行列迎請一

達賴喇嘛與西藏失親孤兒，攝於達蘭薩拉達賴喇嘛第一座居所前，史瓦格阿夏蘭姆，一九六〇年。

張觀世音菩薩五面自生佛像，以及芒域吉隆之王塑像的照片到新供奉處。

林仁波切及赤江仁波切兩位親教師和我受邀到大乘法苑會客廳，由我們修浴佛儀軌及開光法會，也修特別的撒淨法會，並念誦《般若多二萬五千頌》。

九月四日，來自上下密院的十名僧侶（包括堪布及眾領頌師們），以及八位來自尊勝寺扎倉的僧侶，在大經堂以密集金剛儀軌來修「妙善降霖撒淨」的正行開光法會。金剛總持林仁波切擔任法會金剛上師。九日及十日，林仁波切傳我獨勇大威德金剛的前行儀軌及正行灌頂。

一九六〇年代初期，位於達蘭薩拉的大乘法苑寺。

第二十九章
初訪歐洲

瑞士——慈悲支持西藏人民

一九六八年，在瑞士瑞康，一座新的西藏寺院卓闊林（亦即「瑞康西藏學院」）落成。功德主昆先生是位廚具製造商，邀請林仁波切主持開幕儀式及開光典禮。林仁波決定前往，他來看我並道再見，我們愉快地聊了一會兒。幾天後，林仁波切一行人前往帕坦科特，和赤江仁波切一行人搭火車前往德里。隔天一早，他們抵達舊德里車站，我的二哥嘉樂頓珠、西藏行政官員及西藏之家工作人員跟他們會面，仁波切在西藏之家住了兩晚。

九月二十日晚上十點，親教師、拉章管家洛桑朗瑞、侍者圖登次仁及赤江仁波切一行人搭乘法國航空抵達巴黎，然後再搭瑞士航空前往蘇黎士。他們受到眾多藏人僧俗二眾，以及瑞士人民的歡迎。西藏流亡政府駐瑞士代表帕拉圖登奧丹、寺院功德主昆先生、寺院堪布歐言澤登等人，都獻上迎接哈達，盛大歡迎。

他們搭車前往卓闊林寺。抵達後，獲獻予因應時地調整的西藏傳統典禮。之後仁波切回到下榻房間就寢。某天，贊助人邀請兩位親教師來一趟瑞吉峰纜車之旅，並招待他們到一間飯店用午餐，再到山腳下附近地區遊覽，欣賞湖中島嶼。然後，一群人搭車前往艾因西德倫的教堂。會衆們正在祈禱，兩位親教師待了一會兒並祈禱。

藏曆八月七日，是卓闊林寺（彩圖23、25）的正式啓用典禮。那天，兩位親教師在從寺裡走出來的短短距離內，再度受到手持風馬旗、演奏鼓樂嗩吶的西藏及瑞士民衆歡迎。喇嘛及僧侶們穿上三袈裟①，沉靜地隨著行列行進到寺院大門。衆人念誦以「蘊含圓滿富足宛如金須彌」結合三寶吉祥偈，金剛總持親教師剪綵、打開寺門。兩位親教師加持大經堂，獻上諸種供養、誦念浴佛儀軌、七支供養文等。林仁波切對主尊佛敬獻哈達與念誦禱文，然後赤江仁波切及所有其他僧侶一同應和。後來，兩位親教師與其他僧侶一同爲將放入佛像中的咒字進行裝藏儀軌，之後兩人也徒手將咒字供奉在佛像裡。

隔天早上，林仁波切對衆多僧俗二衆傳白度母長壽灌頂。下午，西藏流亡政府瑞士辦公室爲寺院功德主及其他人士舉行一場宴會，林仁波切依照西方習俗，與所有非西藏人的賓客握手。

林仁波切停留瑞士期間，只要得空，便在赤江仁波切座下接受《菩提道次第廣論》之教授。這是他以前就提出的請法。每當赤江仁波切前來教授時，林仁波切會持香迎接他走進房間，並修其他尊師之道。這些都是根據馬鳴菩薩的《事師五十頌》中描述的修持。

透過聽聞、學習所有菩提道次第的要點，林仁波切去除了與此主題相關的虛構增益分。更有甚之，他也將有勞和無勞的經驗教導給別人。因此，這些是以接受教法傳承爲目的，並沒有廣大解說。但林仁波切仍寫下聽聞筆記。

十月十三日，林仁波切受然扎祖古及雍布拉康的行政部門及師生之邀，前往位於瑞士東北部特羅根的西藏兒童村。結果，十月二十三日，兩位親教師從瑞康搭車前往特羅根鎮上時，受到手捧花朵、香以及其他獻禮的孩子們熱烈歡迎。兩人受此接待，笑顏逐開，顯示欣喜之情。他們被邀請到寺院內、登上法座，並被招待藏茶及甜飯。每個人都獻上哈達，兩位仁波切以摩頂加持之。

①編注。出家人著用的三種袈裟，即安陀會（日常勞務或就寢時用）、鬱多羅僧（禮拜、聽法、聽戒時加披於安陀會外）、僧伽梨（外出托缽或入聚落王宮，說法教化時用）。

他們造訪西藏兒童村的第二天，林仁波切受邀前往西藏兒童村主任亞瑟·比爾的家裡。兩位親教師贈其哈達及禮品，並感謝他給予西藏孩子慈悲與愛。第三天，應然扎祖古及帕拉圖登奧丹之邀，林仁波切對幾位接法者傳來自文殊菩薩經典的文殊菩薩內、密祕密的隨許灌頂及內成就法。隔天，根據《寶源百法》，他對全校傳阿拉巴扎文殊菩薩及綠度母的隨許灌頂。後來，林仁波切受邀參觀學校的教室及設備。對此，他非常感興趣。

三十日，林仁波切與赤江仁波切一起造訪兒童村的經堂。他們獻上供養、祈禱並開光。之後，他們回到雍布拉康的兒童村用午餐，下午再回到瑞康的寺院。

十一月四日，約六十名寄養在瑞士家庭的西藏兒童，與他們的寄養父母受邀參加爲兩位親教師舉辦的派對。親教師林仁波切感謝寄養父母，和他們親生子女無異地愛西藏兒童。他建議孩子們在自己所須的求學過程中不要怠惰，並強調不要忘記母語的重要性，以及努力學習佛法及自己文化的重要性。兩位親教師捐贈一千瑞士法郎，好讓西藏兒童從隔年開始能夠每年都來參加達賴喇嘛尊者的生日慶典。

隔天，兩位親教師主持藏式宴會。賓客包括待在瑞士與西藏人有關的重要官員，例如寺院功德主昆先生、他的下屬、紅十字會主席、西藏定居點的負責人等，還有西藏流亡政府瑞士辦公室的代表及員工。兩位親教師感謝貴賓們幫助西藏人，籲請他們未來持續援助。

隔天，兩位親教師和瑞康寺院的僧伽在寺院佛殿中修撒淨及聖物開光。他們使用由卓尼喇嘛扎巴謝珠所造之撒淨中軌「吉祥穗撒淨」，結合獨勇大威德金剛儀軌，做爲修法基本儀軌，並以「妙善降霖撒淨」開光儀軌中，一般及主要的浴佛儀軌做補充。在表彰功德主典禮中，兩位親教師送了精緻的八吉祥等給寺院功德主等人，在場所有人喜悅不已。

十一月八日下午一點，應扎雅仁波切、夏喀肯處耶喜帕登以及林益嘎祖古之請，林仁波切搭車前往蘭德夸特鎮訪問三天。並接受一間紙廠老闆的邀請參觀工廠，有許多藏人在那裡工作。林仁波切送禮給老闆，並感謝他慈悲地支持西藏人民。

十日，林仁波切返回瑞康寺院。應乍里瓦的群佩之請法，對約一八〇名西藏及西方信徒傳三忿怒尊的隨許灌頂。那天適逢佛天降日紀念假日①。因此，應法會功德主及瑞康西藏定居點的民眾之請法，林仁波切到寺院，和赤江仁波切及寺院的僧尼一起修上師薈供。

隔天，林仁波切對約十五名與會大眾傳獨勇大威德金剛灌頂，以及前行儀軌。包括格西奧建澤登及帕拉圖登奧丹在內。他也贈予一八〇〇元瑞士法郎，做爲補給僧侶供養之用。

①佛陀的母親在生產後七天逝世，在天界重生。佛陀證成佛果後，花費三個月在天界對她及其他神明教法。祂返回人世那天，時值藏曆九月二十二日，因此成為宗教紀念日。

十五日，林仁波切應札隆家族之邀前往埃布納特卡佩爾，在那裡停留兩天。然後，他搭車到蘇黎世，再搭飛機到日內瓦，住在流亡政府駐瑞士代表帕拉圖登奧丹的家（彩圖27）。後來他被帶領參觀聯合國辦公室、湖泊、公園等地。我三哥羅桑桑天邀請林仁波切用餐，那時我母親也在日內瓦，因此她親自下廚宴請林仁波切。他非常滿意，一起聊了許多在安多、拉薩等地的往事。

德國——研究西藏文化

林仁波切在日內瓦待了大約兩星期。然後，在德國慕尼黑蒙古佛教中心的蒙古僧侶阿朱諾等人邀請之下，十二月八日他飛往慕尼黑，受到當地蒙古人社區成員及祖古、格西們等人歡迎，並獲邀至蒙古寺院大乘林禪寺。兩天後他對三十人開示，聽眾幾乎全是蒙古人。主題是：如何依止佛陀。佛法是正皈依，而僧寶②是幫助圓滿皈依的助伴。在功德主請求下，他也為寺院中象徵身、語、意的佛像、佛經及佛塔開光。

應扎雅仁波切之請，二十日下午十二點半，林仁波切跟流亡政府代表帕拉一起飛往波昂（前西德首都）。扎雅仁波切及甘丹寺夏孜扎倉的普康肯楚前來迎接。林仁波切接受安排，前往聖奧古斯丁修道院的客房並下榻在那裡。隔天，林仁波切受邀至波昂大學中亞文化研究系，他對西藏文化研究組抱有高度興趣。該系主辦了一場午餐餐會，林仁波切、系主任及教職員都參與了。之後，他在扎雅仁波切的住所稍作停留。

後來，他受邀與文化研究系的策展人舒勒曼教授共進下午茶。林仁波切讚揚他用心保護收藏的西藏文物（彩圖26）。

英國——以言語甘露滋潤心靈

隔天下午三點三十五分，林仁波切飛往倫敦。在機場迎接他的是英國西藏協會的職員、現為裴斯太洛齊兒童村養父的流亡政府前官員阿旺、佛法課老師慈誠嘉贊格西等人，大家都為仁波切獻上哈達。林仁波切被載往薩塞克斯的契松翁噶兒童村，那裡的孩子們獻哈達與花來迎接仁波切。二十二日，林仁波切傳白文殊的隨許灌頂、《上師薈供》，以及《兜率百

②編注。Sangha，也稱僧伽，指出家弟子的團體。稱之為寶，是因為能夠令大眾止惡行善、離苦得樂。

尊》上師相應法，並替慈誠嘉贊格西、西藏學校校長及學生們開示。

由於師生堅持爲林仁波切舉行長壽儀軌，一九六九年一月五日，林仁波切答應他們的請求並滿足他們的願望。同一天，住在瑞典的西藏學生特別來參加這場法會，林仁波切以他的言語甘露滋潤與會者的心靈。

法國——進行身體治療

達波巴丘仁波切和其他人一再建議，既然林仁波切人在西方，應該要接受全身健康檢查。因此，林仁波切請至尊赤江仁波切進行占卜，來決定法國還是瑞士提供的治療較爲適合他。占卜結果顯示是法國。

因此，仁波切六日飛往法國，迎接他的是達波巴丘仁波切等人。法國人宜芳勞倫斯開車載著林仁波切。然而，她從機場開出來時轉錯了彎，本來不到二十分鐘就能抵達達波巴丘仁波切住所，但那天卻花了兩個多小時才到。大家在祖古家等著，越等越擔心。

宜芳說，僅僅看到林仁波切的臉，她就感到非常喜悅，只想追隨仁波切的一言一語。後來她成爲一名阿尼③，法號爲圖登卓喀。

一月十一日，林仁波切受邀到布萊奈的西藏兒童村，穿著西藏服飾的孩子們熱烈歡迎他。這個西藏兒童之家是由法國教育部所建立及支持（彩圖30）。這裡有二十名孩子，達蘭薩拉派遣諾傑和他的太太來擔任管理者。隔天，林仁波切對幾乎全是西藏人的聽眾口傳皈依偈、《兜率百尊》上師瑜伽、密集嘛等，以及開示如何圓滿生命暫時及永恆目標。之後，孩子們表演一場載歌載舞的表演，林仁波切感到愉悅。

十六日，林仁波切回到達波巴丘仁波切住所，前往巴黎的美國醫院進行治療。之前，中國的醫師們診斷出親教師有甲狀腺問題，祖古把這個資訊翻譯給醫師聽。經過X光檢驗，發現林仁波切頸部有一個甲狀腺腫，妨礙甲狀腺的正常運作，必須加以治療。醫師建議進行放射性碘治療或開刀手術。考慮林仁波切的年紀，碘治療較爲妥當。同時，仁波切也必須接受其他三個科別的進一步檢驗。

二十日，林仁波切到肝臟科抽兩份血液樣本進行分析。二十二日，他在甲狀腺專科進行X光檢查及血液採樣。醫師說他必須回診，於是隔天他再到同一科進行相同診療。林仁波切回醫院看檢驗結果，確認醫師原先的診斷。於是，連續五天下午，林仁波切都到甲狀腺科報

③編注。西藏對女性出家人的尊稱。

到並接受注射，偶爾外加服用口服藥。三十日再次回診，早上十點照X光，下午四點再照一次。同一日十一點，他接受長、短各一次掃瞄，也進行一次血液檢驗。

二月三日起，林仁波切每天中午吃三顆藥。

林仁波切也有膝蓋的老毛病。六日，他到風濕科報到，手腳都接受X光檢驗，也採集血液樣本。膝蓋疾患是體重過重的結果，醫師建議林仁波切少吃麵粉、馬鈴薯及奶油。

二月十七日是藏曆土鳥年的第一天，達波巴丘仁波切、拉章管家等人依照西藏傳統，獻給林仁波切哈達、身語意三象徵供物、糌粑、甜飯、藏茶等。後來，藏曆第一個月十五日，應達波巴丘仁波切之請，林仁波切口傳三界法王宗喀巴大師的顯、密道次第的偉大著作，各從其中念了兩段。

十九日，林仁波切再到門診接受甲狀腺腫放射性碘治療。二十日，醫師給了仁波切一小瓶相同的藥，並表示五、六個月後病應會痊癒。但如果還沒好，仁波切必須回診。

依照醫師指示，仁波切休養到三月九日，只吃了十五天的藥就食慾大開。之前他吃不太下，而且走上坡路或上樓時會喘不過氣來。現在這些情形也改善了。

林仁波切在巴黎停留期間，很喜歡到博物館，以及有花園的公園（彩圖28、29）。每當有未曾謀面的西方人來拜訪時，他總是起立握手；對於那些信仰佛教的人，他予以佛法開示；和其他人交談時談些對方有興趣的話題，讓對方開心。

每天日課禪修結束後，他主要都在讀經，有時候則會散散步。他總是顯得喜樂、放鬆，從不曾顯露焦慮。

當至尊赤江仁波切從倫敦到達波巴丘仁波切的巴黎住處時，兩位親教師相會，聊著林仁波切的治療及最近發生的事，也決定返回印度的時程。蒙古新年期間，巴黎的蒙古人社區邀請兩位親教師到一間豪華餐廳用餐。林仁波切建議年長的蒙古人誦念六字大明咒，並表示年輕人要信仰佛法，保留祖先留下的良好傳統。

一九六九年三月十日，在流亡政府瑞士代表帕拉圖登奧丹的邀請下，林仁波切和他的兩名侍從飛往日內瓦。在機場，帕拉圖登奧丹和西藏辦公室的員工獻上哈達迎接他。之後，他前往西藏辦公室。他停留期間，帕拉圖登奧丹已為他安排好住宿，有時也會載他到市內觀光。三十一日，林仁波切回到巴黎醫院，接受醫師們檢查。

第三十章 返回印度

造訪歐洲期間，林仁波切不但圓滿宗教上的任務，也完成了醫療療程。

一九六九年四月七日晚上九點，他和至尊赤江仁波切與侍從們從巴黎飛往印度，大約十小時後，隔天早上抵達德里機場。德里西藏辦公室及西藏賓館職員、來自拉達克的巴庫拉仁波切及娘熱建楚等人前來迎接。他們被安排下榻在西藏賓館。

十一日，林仁波切返回達蘭薩拉。十三日早上十點，他來會見我，並獻上哈達，以及佛像、佛經、佛塔三象徵供品及禮物。然後他告訴我在西方國家進行的活動，明顯地對眾生及佛法帶來極大利益，以及治療對他的極大裨益。我因而感到十分喜悅。

五月二十二日，乃穹及嘎東護法被召請降神，對於林仁波切在西方的治療及活動等等圓滿成功向護法神表示感謝，並尋求祂們協助，讓林仁波切在未來能如願圓滿饒益佛法及眾生的事業。

首屆格魯傳承護持協會會議，從二十五日起連續三天，在林仁波切住所的會客室召開。與會者包括三大寺及上下密院的堪布、西藏人民代表顙東祖古等人。金剛總持林仁波切開場致詞後，緊接著是赤江仁波切的演講。會議討論的重點在於應該修持哪些修法，並對提案的議題進行表決。整整三天，招待與會人士的所有茶點，都由林仁波切拉章提供。

會議結束後，應西藏兒童村的尼師丹增桑嫫之請，林仁波切對約八十名接法眾傳獨勇大威德金剛灌頂及一天的前行儀軌。

六月十一日，林仁波切對七名年輕

由格魯傳承護持協會舉辦之會議。一九六九年攝於喬菩拉之家。

人傳沙彌戒。十三日，仁波切對約六十名上密院僧侶教授六十四朵瑪供儀軌。隔天，他對下密院二十八名僧侶傳大威德金剛集修咒語隨許灌頂。十五日，林仁波切接受上下密院的僧侶供養長壽法會。十九日，巴薩杜瓦爾的僧侶團體以及約一八〇名僧侶，也供養林仁波切長壽法會，林仁波切欣然接受，並供養眾僧侶。

我很快就要宣講宗喀巴大師的《密宗道次第廣論》。因此，二十二日早上十點，我邀請親教師對我解說內文中某些難義之處。拜此之賜，他為我解開一些疑點。之後，他對來自色拉寺昧扎倉的四位僧侶教授六十四朵瑪供儀軌。

七月六日，林仁波切來參加我的三十五歲生日慶祝活動。他獻給我哈達以及象徵佛陀身語意的佛像、佛經、佛塔，我們也聊了一陣子。十三日，在流亡政府贊助下，舉行為了佛法及藏人現世利益的三天法會，達蘭薩拉兩所密院及尊勝寺的僧侶和堪布等人都參加。林仁波切擔任法會金剛上師。

二十四日，拉章的洛卻贊助一場供養林仁波切的上師薈供長壽法會。二十八日，林仁波切對來自甘托克的寧拉克女士及其一位家族成員，傳居士五戒，包括四根本戒及酒戒。

八月四日，應什貢仁波切之請法，林仁波切對八位僧侶教授大威德金剛護法供養儀軌。自八月七日起，再應什貢仁波切之請法，每天口傳及教授什貢仁波切、達波巴丘仁波切等人，一座克主傑大師的密集金剛生起次第《密續王密集生起次第論悉地海》；十四日到二十三日，則教授宗喀巴大師的密集金剛圓滿次第《勝集密教王五次第教授善顯炬論》。最後一天，修了結合上師供養及密集金剛薈供的法會。

二十一日，西藏流亡政府一位私人祕書拜訪林仁波切，請求他修長壽法，迴向我長久住世。林仁波切非常慈悲地接受這項請法。

親教師已由偉大的十三世達賴喇嘛座下，接受宗喀巴大師的《菩提道次第廣論》的口傳及教授。因此，我認為從他這裡接受這傳承饒有益處，於是請求仁波切傳給我。從九月一日起，他連續十三天傳給我《菩提道次第廣論》的詳細教授。二十二日，應前代理總理魯康瓦之夫人之請法，林仁波切對約五十名僧俗二眾傳白度母長壽灌頂。三十日，宗教事務部長拜訪林仁波切，請求仁波切為我修長壽法。他欣喜地接受了。

新落成的大乘法苑珍藏三尊主要佛像：鎏金釋迦牟尼佛像、銀製千手千眼觀世音菩薩像，以及「降伏萬有」鎏金蓮花生大士。十一月十日早上九點，林仁波切陪我在寺院中進行準備放入佛像中的咒文裝藏儀軌。

林仁波切計畫在菩提伽耶過冬。那天兩點，他離開我的居所後便啓程出發，十二點時抵達菩提伽耶西藏寺。十七日，應一位蒙古喇嘛之請法，他對約八百名弟子教授《菩提道次第廣論》，包括助理經師什貢仁波切及其他喇嘛、祖古與格西們在內。林仁波切憑著記憶從法本最開始，背誦到「如拏錯譯師讚云：（阿底峽）美譽遍揚」，共背了三次。之後，什貢仁波切再憑記憶背誦一次。然後仁波切重複誦念偈頌，再從「此暇身勝如意寶」開始。說法前行接續詳細進行。然後，林仁波切展開正行口傳及教授。

隔天，林仁波切在早上及下午各有一座傳法，每個星期休息一次。十一月二十日、十二月十二日及十二月十三日，哲蚌寺洛色林扎倉、甘丹寺管理單位以及鄉城寺功德主卓日，分別供養菩提伽耶西藏寺，並供養林仁波切長壽法會。同時，應一位僧侶之請法，林仁波切在此次傳法中也口傳了達波洛桑津巴文集中的《道次略修》。

一九七〇年，澄清難義、掃除疑惑

應查謙洛桑堅贊之請法，一九七〇年一月七日清晨，天色猶未亮、還看不清掌紋的時候，林仁波切對所有在大殿聽聞《菩提道次第廣論》的大眾傳一日大乘八關齋戒。隔天，在我的指示下，我的私人辦公室供養偉大的金剛總持長壽法會，他欣然接受。十日，課程結束，接著是菩提心修持儀軌。十一日，應請法功德主之請，林仁波切對將近一千人傳白度母長壽灌頂；此外還接受擦絨阿欽請法，傳普救惡趣觀音的隨許灌頂。隔天，他對八名接法衆傳沙彌戒。二十七日，林仁波切對阿魯納恰爾邦達旺寺的堪布理嘉祖古，傳三忿怒尊的隨許灌頂及長壽灌頂。

二月七日是藏曆鐵狗年的第一天。至尊林仁波切受邀擔任菩提伽耶西藏寺法會的上師，做爲新年慶典的一部分，會中供養茶、甜飯等。掌持多聞修行寶幢的善知識——庫努喇嘛仁波切滇津嘉千，他與許多寺院的僧侶獻給林仁波切佛像、佛經、佛塔三象徵供物以及哈達。接著林仁波切接見了前來菩提伽耶朝聖的藏人。

六日開始，做爲傳召大法會的一部分，依照傳統，林仁波切教授聖勇菩薩的《本生鬘》，並參加一場沒有茶點招待的法會。二十六日，菩提伽耶寺院和拉章聯合供養林仁波切長壽法會。二十一日，仁波切傳居士戒給來自法國的宜芳。

六日，林仁波切離開菩提伽耶返回達蘭薩拉。回喬菩拉之家途中，他在赤江仁波切於藏人行政中央的居所停留。他們彼此恭賀新年、互獻哈達，並聊些近況。九日兩點，林仁波切來見我，告訴我關於在菩提伽耶教授《菩提道次第廣論》的事，並獻給我象徵佛陀身、語、意的佛像、佛經、佛塔以及哈達，做爲新年的吉祥問候。

八天後，林仁波切傳三十四名希求者沙彌戒，對九名女孩傳沙彌戒，並對三大寺五十二位僧侶傳具足戒。

二十五日，我在大乘法苑傳時輪金剛灌頂。應來自安多的商人圖登以及津巴嘉措之請法，林仁波切傳普救惡趣觀音的隨許灌頂。居住在甘托克的西藏三區藏人，供養我長壽法會，林仁波切受邀坐在首席，擔任金剛上師。隔天，甘托克的信徒代表前往拉章拜會，請求他為了佛法及眾生利益能蓮足永固。林仁波切答道，他會祈請三寶讓此願望實現。

四月十七日，林仁波切傳十八名希求者沙彌戒。二十二日，上密院的前管家邀請林仁波切及赤江仁波切前往紐涅寺①，並供養他們長壽法會，兩人欣然接受。

五月一日，在同一寺院，應來自昌都的昆朵祖古之請法，林仁波切對約三八〇名發願每天念誦大威德金剛自生儀軌的僧俗二眾，傳獨勇大威德金剛灌頂的前行儀軌。隔天，他傳正行灌頂。

五月七日，西藏三區（衛藏、康和安多）代表拜訪林仁波切，並請求他為我修長壽法，他欣然同意。五月二十一日，藏曆四月衛塞節滿月日，應來自密仲尼院數位尼師之請法，林仁波切在紐涅寺，傳約五百人一日大乘八關齋戒。

五月十五日起，仁波切慈悲地教授我《勝樂金剛根本續》，結合宗喀巴大師所造之釋疏《勝樂略續廣釋隱義普明科判》。二十五日，他圓滿這次教授。什貢仁波切、尊勝寺堪布、拉諦仁波切及若特格西也參加這次傳法。有時候親教師會對他周圍的人提問，藉以澄清他們對難義的疑問。尊勝寺堪布是能夠回答又能反詰的人。他後來表示：「親教師辯論起來就像在現今寺院中受佛學思辯訓練的年輕僧侶，眞是非常殊勝！」

六月十一日，林仁波切來到藏人行政中央的圖書館預定建地。爲此舉行一場特別的說戒儀軌，在已接受具足戒並全心遵行戒律的僧侶面前，我念誦了《別解脫經》經文，遵照吉祥布薩期間的做法。

七月四日，達波巴丘仁波切返回巴黎之前拜訪了林仁波切，並懇求他長住世間。隔天，嘎東及乃穹護法召請降神，向祂們請求建議。隔天是我三十六歲生日，一如往常，十一點林仁波切來獻哈達。之後，我和殊勝的金剛總持林仁波切、至尊赤江仁波切以及我的母親共進午餐。

八月六日，林仁波切傳戒給九名沙彌僧及一位在家人。

第二續部（行部）主要本尊——毘盧遮那佛，其灌頂傳承是非常稀有的。因此我懇切請求林仁波切修此尊閉關，再傳我此灌頂。於是，林仁波切和擔任誦經助理的昌都格西格列洛

---

①位於達蘭薩拉，進行千手千眼八關齋戒（紐涅閉關）的道場。

一九七〇年，林仁波切坐在左邊法座，參加位於達蘭薩拉的西藏文物圖書館奠基之祈禱課誦儀式。

桑一起為此閉關。

九月十三日，林仁波切圓滿此次閉關，修補遺火供。

十九日起，林仁波切對閉關中的達蘭薩拉兩所密院四位僧侶及拉諦仁波切，傳大威德金剛大閉關之教授。

十月十五日十二點半，林仁波切應我之請來見我，為了解答我對於將要講經說法內容的一些疑問。他為我解惑，我的疑惑因此一掃而空。

應拔西彭措旺嘉等人之請法，十月十四日，林仁波切在其居所傳白度母長壽灌頂。二十七日，則應安多晉美之請法，傳三忿怒尊隨許灌頂，滿足了眾弟子們之修行。

大約此時，內政部長拜訪林仁波切，請求

他為我修長壽法。

十一月九日，在大乘法苑的上殿，林仁波切傳我毘盧遮那佛灌頂的前行儀軌，隔天傳正行灌頂。在教授結束後，五點鐘，他仁慈地跟我討論廣大甚深的法類。參與這次灌頂的還有至尊赤江仁波切、尊勝寺堪布、長老們，以及約五十名其他僧侶。十七日起，根據他從蒙古人帕登桑波所受的傳承，林仁波切傳給我大威德金剛生圓次第詳細教授。

二十七日，林仁波切離開達蘭薩拉，前往菩提伽耶過冬。

十二月五日，林仁波切拉章在菩提伽耶寺院大經堂，贊助為金剛總持赤江仁波切修的長壽法會，以上師薈供儀軌進行。仁波切獻上八吉祥及其他長壽供物，祝願赤江仁波切長住世間。隔天起及接下來的十一天，林仁波切單獨對赤江仁波切口傳及教授宗喀巴大師《密宗道次第廣論》。十二日，林仁波切拉章為一般眾生，尤其是流亡的藏人或在西藏的藏人，不論是在世或往生者，在聖殿前舉辦廣大千供儀軌，林仁波切念誦許多祈願文，乃根據真實不虛的三寶，其體現暫時及恆久最殊勝福德及安樂。

不久後，赤江仁波切在聖殿前進行廣大的千盞酥油燈供養，林仁波切坐在首席。十二月十五日，林仁波切為了再度閉關，在菩提伽耶寺院的噶舉寺，從赤江仁波切座下受獨勇大威德金剛的前行儀軌及正行灌頂。隔天，林仁波切受十三尊大威德金剛灌頂。後來，當他進行這二本尊的閉關時，林仁波切將自己所造的偈誦加到上師傳承祈請文之中。這是把赤江仁波切名號編入字裡行間的禮讚偈文，緊接在爲赤江仁波切灌頂的帕繃喀大師所寫偈文之後。林仁波切親筆記下了這件事。

十二月十七日，赤江仁波切邀請林仁波切到西藏寺大殿，接受他與僧侶們舉行的上師薈供儀軌，祈禱林仁波切長久住世直到輪迴結束。他也贊助了八吉祥及其他長壽象徵供品的供養。林仁波切請求赤江仁波切對菩提伽耶西藏寺的僧侶們，傳宗喀巴大師上師瑜伽法《兜率百尊》以及《功德本頌》的教法及傳承，好讓他們能與赤江仁波切建立法緣。於是十二月十八日，赤江仁波切在大殿圓滿林仁波切的這項請求。

先前，拉達克的巴庫拉仁波切請求林仁波切，參加在德里拉達克的維哈拉法苑所舉行的燃燈節法會。因此，二十一日，林仁波切由菩提伽耶啓程前往德里，下榻於西藏之家。二十五日，林仁波切在維哈拉法苑有場開示，講述宗喀巴大師德行，並坐在供養法會的首席。隔天，他返回菩提伽耶。

一九七二年，種下證佛的種子

一九七一年一月二日，錫金卻嘉②來拜訪林仁波切。法王對仁波切表示，這一年是他的凶厄年，並請求林仁波切迴向他餘生能有所成就。應尼泊爾強巴索巴之請法，從一月七日直到二十日，林仁波切對大約三百名僧俗二眾傳獨勇大威德金剛生圓二次第的灌頂及教授。二十二日，應來自浙霍一位商人饒登之請法，林仁波切對約七百人傳長壽灌頂。三天後，林仁波切對十五名沙彌僧剃度授戒。

二月六日，林仁波切應菩提伽耶西藏寺之邀，到佛陀六年苦行聖地巡禮。十日，他對約三百人傳一日大乘八關齋戒。三天後，應昌都嘉若祖古之請法，林仁波切傳《兜率百尊》上師瑜伽法的傳承及教授。

二月二十六日，藏曆鐵豬年新年。那天早晨，林仁波切受邀主持西藏寺大法會。拉章和僧眾為林仁波切獻供茶、甜飯，以及佛像、佛經、佛塔三象徵供物。許多菩提伽耶的西藏僧俗二眾都來參加，林仁波切為他們摸頭加持，並贈送保護繩。

三月四日，拉章和菩提伽耶西藏寺聯合供養林仁波切長壽法會暨上師薈供。依照慣例，

②「卻嘉」之藏語意為「法王」，這是於一九七五年被印度呑併的君主國「錫金」，以及十九世紀被喀什米爾併呑的拉達克王國的君主稱號。

林仁波切參加了傳召大法會的各座法會。

二十五日，林仁波切離開菩提伽耶，於二十七日抵達達蘭薩拉。返回宅邸途中，他去拜訪至尊赤江仁波切。兩位親教師交換新年哈達、彼此聊天作伴。隔天，林仁波切來見我，講述他在菩提伽耶所做事業，對弘揚及保存佛法都帶來極大利益。

爲了積累福德資糧，我計畫在藏曆每月九日、十九日、二十九日供養這位殊勝上師豐盛的一餐，爲期三年又三個月。我於四月十四日獻給林仁波切一筆供養金，他欣然接受了。這年，我三十七歲，被視爲凶厄年。因此，格魯派傳承護持協會贊助了一場三天的長壽法會，並使用尼古瑪傳承的無量壽佛儀軌，尊勝寺全體僧衆都參加了。二十八日，舉行了一場尼古瑪長壽儀軌暨上師薈供，由親教師主持法會。助理經師什貢仁波切負責壇城供說法，並獻上八吉祥等供品。親教師赤江仁波切供養我曼達，以及象徵佛陀身、語、意的佛像、佛經、佛塔，並開始誦經。這些都是非常吉祥的活動。

五月三日，格魯派傳承護持協會邀請我的兩位親教師，並以上師薈供來供養他們一場長壽法會，他們都欣然接受。五月十七日，是達蘭薩拉西藏兒童村成立十一週年紀念日。嬰兒之家及八號房舍揭幕開光典禮之後，我和林仁波切整天都在帳篷研討佛法。

二十七日，林仁波切對來自西孟加拉噶倫堡的多傑及其他十四人傳長壽灌頂。

六月一日，應來自阿魯納恰爾邦蒙縣的多列祖古之請法，林仁波切對許多人傳一日大乘八關戒。隔天，西藏人民代表大會請求林仁波切爲我修長壽法，他非常樂意地答應了。

兩天後，尊貴的薩迦崔津法王前來喬菩拉之家拜訪偉大的金剛總持。林仁波切極爲恭敬地歡迎他，彼此研討佛法。

七月六日，是我三十七歲生日。依照慣例，林仁波切與赤江仁波切於十二點來見我，他們獻上哈達，並與我討論佛法，讓我法喜充滿。十九日，透過神諭，舉行了召請乃穹及嘎東護法降神的年度儀式。

從七月三十一日到八月二十六日，每隔一天，林仁波切傳我不同傳承，包括熱譯師的著作、大威德金剛相關的咒語，以及夏魯派六十四朵瑪儀軌的根本法本。助理經師什貢仁波切也一同參與這些傳承。之後，林仁波切進行獨勇大威德金剛閉關。八月十五日，他主持補遺火供。

之前我請求林仁波切以沙壇城的形式，傳我殊勝的密集金剛灌頂。於是，九月二十日早上，林仁波切到大乘法苑來主持淨化場地儀式。中午，我邀請他共進午餐。二十三日，林仁波切傳前行儀軌的說法，包括我在內，對象還有來自兩所密院共約四百名僧衆，以及約四十名在家人，其中有兩名美國年輕人。隔天，他傳寶瓶灌頂，再過一天則傳更高級灌頂，包括祕密灌、智慧灌及句義灌。最後結行修酬謝儀軌。

灌頂的解說如此淵博，即使每一座在下午一點就開始，會一直持續到晚上八點半。最後一天早上九點，全體僧俗二眾供養林仁波切長壽法會暨酬謝薈供儀軌。緊接著是密集金剛祈請文及迴向，祈禱格魯派教法昌盛等其他許多祈願文。

十月六日，兩位親教師修長壽法會祈請我延年益壽。隔天，至尊赤江仁波切前往林仁波切拉章與林仁波切談話聊天了有好一會兒。

由十四日起，連續數日，林仁波切對五人教授獨勇大威德金剛大閉關的口

一九七一年南印度卡納塔卡邦，位於蒙果藏人定居點的哲蚌寺洛色林扎倉。

訣，對包括來自北印度西姆拉那堪塔寺的堪布。十月二十三、二十四日，應我之請法，林仁波切對大乘法苑約六百名僧俗二眾傳獨勇大威德金剛的前行儀軌及正行灌頂。這麼做無疑種下了證得佛四身的種子。兩天後在紐涅寺，林仁波切坐於上密院僧伽的首席，修開光法會。

林仁波切馬上就要啓程前往菩提伽耶，因此十月三十一日早上十一點，我邀請他來見我。他對我講解許多經續上的難義處，爲時四個半小時，滿足我的願求。

十一月四日，林仁波切抵達菩提伽耶，先行休息數日。

應扎雅仁波切長久以來之請法，十一月二十六日至十二月五日，林仁波切每天爲功德主扎雅仁波切，以及札什倫布寺的浙霍西嘉祖古，講授一座宗喀巴大師的《密宗道次第廣論》。

這些教授圓滿後，林仁波切對九名信衆傳沙彌戒，並對八名沙彌僧傳具足戒。十七日，他對來自不丹定居點的一名西藏男性及一名女性傳居士戒。二十五日，下密院前堪布格西奧建澤登前來拜會，請教關於一些修行上的問題，林仁波切都爲其一一解惑。

一九七二年，致力供養三寶

一九七二年一月六日早晨，在菩提伽耶的聖殿，林仁波切極爲歡喜地傳我七世達賴喇嘛文集《中觀見訣具四念之歌集》。一月十日，藏曆十一月二十五日，依照金剛總持親教師的心願，我到菩提伽耶西藏寺大殿主持法會。我坐在法座上，殊勝的上師獻曼達及佛像、佛經、佛塔三象徵供物，然後以「空樂無別寬闊虛空」偈頌開始，修廣大薈供儀軌。因此我參與了由「六滿足」[3]豐富的偉大盛宴。

從十三日到二十四日，林仁波切在他的房間對初璽仁波切和他的隨從教授佛法。十七日，我坐在法會的法座上，林仁波切也參加以圓滿初璽仁波切的願望。二十五日，林仁波切搭車到佛陀教授般若經的靈鷲山，以及那爛陀寺遺址巡禮朝聖。那爛陀寺是許多得道大德的修行之地，例如以第二佛陀而名聞遐邇的殊勝導師龍樹。

三十日，應法友理津丹巴之請法，林仁波切與其他僧侶參加吉祥的說戒儀軌。

二月十五日，藏曆水鳥年新年。依照傳統，林仁波切在菩提伽耶西藏寺大殿主持新年的慶祝活動；自十九日起，他在傳召大法會中主持法會。二十日，林仁波切對約十五名接法眾傳三忿怒尊隨許灌頂，包括不丹第三任國王的皇后在內（彩圖31）。

三月四日，林仁波切離開菩提伽耶，兩天後抵達了達蘭薩拉，首先就去拜訪至尊赤江仁波切祝賀新年。隔天，他來見我，告訴我在菩提伽耶期間的大小事。二十一日十一點，我邀請林仁波切來訪，向他請教我馬上就要講授的佛法相關問題。二十日，在大乘法苑，林仁波切對約三五〇〇名僧俗二眾傳三忿怒尊隨許灌頂。隔天，他對約四百名僧侶教授及口傳《大威德七品本續》，使用的注釋是《耳傳寶鬘論》。

應上、下密院僧眾——他們都是具足三種戒的金剛持密續修行者——之請法，從四月六日至二十五日，林仁波切在拉章對約一五〇名僧侶傳數種教法，包括大威德金剛生圓二次第的解說。西藏宗教事務辦公室供養這些接法的僧侶金錢，林仁波切開示強調不論僧眾所屬教派，皆應確保弘揚西藏宗教傳統並使其繁盛的重要性。

二十二日早上，上下兩密院聯合供養林仁波切長壽法會，他欣然接受。隔天，傳法接近尾聲時，林仁波切給予一番發人深省的談話，強調上下兩密院必須追隨殊勝的密宗修行前輩大德為榜樣，平等而不偏心地在觀修密集金剛、勝樂金剛及大威德金剛各個本尊的聞、思、

---

③由供養使聚集的本尊感到滿足、由金剛飲食使修行者感到滿足、由甘露使智慧尊感到滿足、由樂空淨覺使眾本尊感到滿足、由樂音使外內空行母感到滿足、由供養朵瑪使世間神祇感到滿足。

修上努力。當時有位美國僧侶阿旺卓扎，贊助一場由尊勝寺僧侶進行的千盞酥油燈供養，林仁波切也參加了法會，並祈願功德主及所有與他相關的人們，未來都能致力供養三寶。

二十一日，林仁波切陪我到大乘法苑，以白瑪哈嘎拉儀軌為寶瓶開光。隔天，林仁波切對前代理總理魯康瓦的夫人傳沙彌尼戒。隔天，他對十九名上密院僧侶教授鐵堡儀軌，其中包括了儀軌助理及格西們。二十七日，從早上八點到十一點半，林仁波切在大乘法苑主持法會，修最後一天寶瓶開光法會。之後，我邀請兩位親教師一起用午膳。

六月十六日，西藏流亡政府內閣請求林仁波切為我修長壽法。他樂意地接受，而且馬上開始修行。二十一日，林仁波切受邀參加大乘法苑舉辦的十萬盞酥油燈供養，他祈願在西藏，饒益眾生及教法的佛法事業增長廣大。

八月八日，應然扎祖古之請法，林仁波切依據巴修喇嘛強巴格列，及阿旺楚臣的著作，傳「三性總修加持齊集入心」隨許灌頂；此外也依據扎貢祖古，及洛卓帕登奧色從淨相看到的長壽本尊，來傳宗喀巴大師的長壽灌頂。

八月八日，應藏醫曆算院之邀，林仁波切前往該學院主持開光。在來自拉達克的日宗祖古請法下，自十九日起，林仁波切連續三天以上傳如何進行大威德金剛大閉關的三座課程。

完成一次十三尊大威德金剛閉關之後，二十二日，林仁波切主持補遺火供。

應我之請法，從八月三十日到十月八日，林仁波切進行大威德八起屍閉關。隔天，他主持一場火供；與此同時，一名西方人士供養他一把印度彎刀。林仁波切認爲這非常吉祥，於是開心地接受了。

九日中午十二點，我邀請兩位親教師共用午餐，我們非常開心地談論淵博甚深的佛法。

十一月十一日，林仁波切到藏人行政中央拜訪至尊赤江仁波切。他們交換最近閉關及其他事業的經驗。兩天後，召請乃穹護法神降神，尋求其建議。從十五日起連續三天，林仁波切傳我灌頂，包括非常特別的如意珠度母灌頂等。

第三十一章 甘丹赤巴重返三大寺

應南印度三大寺堪布、札什倫布寺、上下密院、其他教派，以及許多南部定居點僧俗二眾之請，十一月二十二日，林仁波切由達蘭薩拉啓程前往德里，然後搭機飛往卡納塔卡邦首府班加羅爾，再從那裡搭車到蒙果①。這是林仁波切升任甘丹赤巴以來，第一次前往三大寺。他首先接受甘丹寺院務委員會邀請，訪問甘丹寺僧侶定居點，此爲吉祥徵兆。在僧衆列隊恭迎下，林仁波切登上甘丹寺夏孜扎倉大經堂法座，獲得供養茶、甜飯及糕餅。來自各扎倉的委員會及官員們，也獻上曼達及象徵佛陀身、語、意的佛像、佛經、佛塔。然後林仁波切又搭車到位於定居點的特別居所。

第三天，在開闊的戶外，林仁波切對蒙果所有僧俗居民傳普救惡趣觀音的隨許灌頂，以及長壽灌頂。隔天，他受邀訪問夏孜扎倉，並在那裡對扎倉的學生演講，提醒他們注意衛生健康、遵守校規努力求學。

十二月一日，應甘丹寺管理單位之請，依照傳統的甘丹赤巴儀式程序，林仁波切前往主要大經堂，接受供養茶、甜飯及糕餅，僧衆則獻上佛像、佛經、佛塔三象徵供物等。與會者包括院務委員、祖古、僧官等。

接著他前往哲蚌寺，僧衆列隊恭迎。哲蚌寺洛色林扎倉剛建好一座新的辯經場，應洛色林扎倉的請求，並做爲開光吉兆，林仁波切念誦班欽索南扎巴所造之《般若辨析論》一開始的內容。然後他念誦法稱的《釋量論》、世親的《阿毗達磨俱舍論》、彌勒的《現觀莊嚴論》、龍樹的《中觀論頌》，及功德光的《戒律本論》這五部大論根本法本的起始段落，並講授部分內容，以大慈悲祈願珍貴的聞思傳承能在世上廣爲弘揚、長久昌盛。

林仁波切再度應哲蚌寺洛色林扎倉之請法，對來自甘丹寺、哲蚌寺和其他教派的堪布、喇嘛、僧侶，以及一般大衆教授宗喀巴大師的《菩提道次第攝頌》。他對一些修行者授予崇高的金剛瑜伽母加持。在甘丹寺，應管理單位之請，他對兩大寺僧侶及許多僧俗二衆傳獨勇大威德金剛灌頂，以及嘎拉路巴外、內、密修法的隨許灌頂。

①一九六六年起，巴薩杜瓦爾僧侶定居點的情勢惡化，哲蚌寺及甘丹寺重建在卡納塔卡邦蒙果附近的藏人定居點，色拉寺則在同邦的拜拉庫比重建。

直到一九五九年前，現任甘丹赤巴會依照傳統，在結夏安居期間於甘丹寺教授宗喀巴大師《菩提道次第廣論》做爲年度課程。於是，殊勝的金剛總持法座持有者爲了遵循傳統，一整座時間從頭開始誦念《菩提道次第廣論》。在甘丹寺新大殿預定地，林仁波切與其他僧侶舉行一場吉祥的說戒儀軌，並念誦眾多祈願文祈求工程圓滿成功。他也前往林塞格西②辯經場，他在那裡停留很久，非常開心地看著年輕純淨的心靈一如傳統，運用完美的理路與邏輯次第，驗證及分析佛經的意義。六、七日兩天，林仁波切在哲蚌寺洛色林扎倉的辯經場，對一大群僧俗眾傳十七尊白傘蓋佛頂的前行儀軌及正行灌頂。

應南印度拜拉庫比藏人定居點的邀請，林仁波切隔天搭車前往定居點。他一抵達，便受到定居點官員及民眾熱烈的歡迎，並迎接護送他到下榻處。十日，他對定居點所有喇嘛、祖古、僧侶及俗眾，傳普救惡趣觀音的隨許灌頂，以及長壽灌頂。隔天，林仁波切受邀到當地西藏學校，並對孩子們開示。隔天，他對大約二十名致力修行的喇嘛及祖古們傳「訶字法」及六十四朵瑪供養儀軌的教法。十三日，他對色拉寺五十二名新出家者傳沙彌戒。

隔天早上，林仁波切應邀搭車前往札什倫布寺。寺方僧侶以及蒙古人咕嚕德瓦上師，供養林仁波切長壽法會，林仁波切欣然接受。十二月十五日，他教授了《兜率百尊》上師瑜伽法。之後前往扎雅仁波切的寺院，在定居點第二村主持開光法會，然後稍事休息。

隔天，附近地區所有西藏人僧俗眾供養仁波切長壽法會。十七日，在色拉寺新大經堂的預定地，林仁波切與僧侶們舉行吉祥的說戒儀軌。下午，他傳宗喀巴大師《三主要道》的傳承與教法，隔天則傳白傘蓋佛頂的前行儀軌及正行灌頂。

十九日，應下密院及卡納塔卡邦胡恩蘇爾的饒傑林藏人定居點的聯合邀請，林仁波切在前往胡恩蘇爾途中，於第五、第六村的社區寺院，對約兩百名僧俗二眾傳《上師薈供》。隔天早上，在下密院大經堂，林仁波切則對所有僧俗二眾居民，傳宗喀巴大師《功德之本頌》的傳承及教法，以及馬頭明王、金剛手菩薩及金翅鳥三尊的隨許灌頂，圓滿信眾願望。

隔天，林仁波切從班加羅爾搭機前往德里，他在那裡停留兩天，然後飛往菩提伽耶，為帕繃喀仁波切轉世靈童——洛桑圖登成來昆饒剪髮剃度。至尊赤江金剛總持那時也在菩提伽耶，兩位親教師因此見了一面。

二十五日，林仁波切拉章在菩提伽耶西藏寺大殿，贊助一場為赤江仁波切舉行上師薈供儀軌的長壽法會。參加者包括菩提伽耶當地僧眾，以及從其他地區前來的人們。林仁波切念

---

②林塞是一種格西學位。字義上意指「僧團混合」，其來源可以溯及至格西候選人接受超過一個僧團考驗的時期，例如桑普寺的傳統。

誦八吉祥及其他長壽供物之供養偈頌。

林仁波切年輕時，從帕綳喀大師座下接受了《上師薈供》，以及八世達賴喇嘛經師耶喜堅贊的《上師薈供法引》。然而，這個教授並不完整，在專注一境偈頌之後就沒繼續下去了。後來，他從至尊拉尊仁波切座下接受《上師薈供》根本法本的教授，修了全部的儀軌並教導別人。

然而，林仁波切還希望接受《上師薈供法引》完整傳承及教法。因此，從二十三日起，林仁波切每天都從赤江金剛總持仁波切座下接受《上師薈供》，及耶喜堅贊《上師薈供法引》傳承。在傳授過程中，林仁波切隨教授內容同時觀修。

二十五日，赤江仁波切拉章贊助了一場為金剛總持親教師舉行的長壽法會，衆僧侶在菩提伽耶西藏寺的大殿，以上師薈供儀軌進行。赤江仁波切獻上八吉祥及其他長壽象徵供物。三十日，菩提伽耶的僧侶宗竹堅贊贊助了一場以上師薈供儀軌，為我的兩位親教師舉行的長壽法會，他們兩人都欣然接受了。

一九七三年，首次受菩薩戒

自一九七三年一月一日起，林仁波切單獨傳赤江仁波切一些教法傳承。這些教授包括根據上密院會修的十六角鐵堡儀軌。這是關於做爲大威德金剛幻化輪的朵瑪鐵堡之甚深教法，使用第五世林仁波切所造之《三章》，以及「破土儀軌」的補充教法之教授。赤江仁波切之前接受過幻化輪的教法，完全理解此教法，並曾教導給他人。因此，林仁波切只對赤江仁波切解釋壇城的畫法、咒集等，而沒有解說正行修法。

林仁波切年輕時，曾接受文殊菩薩寂靜與忿怒相合修法的完整教授，並持續修行。然而，他也在菩提伽耶，從赤江仁波切那裡接受《金剛句》的根本法本，以及由蔣揚謝巴多傑阿旺宗竹所造之註疏《普滿福者心願》的教授。

一月四日，林仁波切對約七百人傳長壽佛灌頂，功德主是阿舍揚吉。從六日到二十五日，則應察雅圖登卓究之請，對約四五〇名僧俗二眾傳獨勇大威德金剛灌頂與一天的前行儀軌，還有《上師薈供》根本法本的經驗教學，更詳盡解說耶喜堅贊所造之《上師薈供法引》。參加者包括色拉寺傑扎倉的聖索仁波切，他常拜訪林仁波切，擔任抄寫員。教授的最後一天，應不丹的卡薩卡藏人定居點的丹增巴卓格西之請法，林仁波切傳三性總修的隨許灌頂。教授結束後，接法者供養林仁波切長壽法會。在法會中，來自大吉嶺的下密院藝術家阿旺諾布，獻給林仁波切一幅白度母的大型唐卡。林仁波切將之視爲吉兆，並欣喜地接受。

二月七日，林仁波切對丹增巴卓格西及其他十四人傳《朵瑪供養儀軌》修行口訣。

有一種受菩薩戒的方法，是接法者在受四部密續中任何一續灌頂之後來受。還有一種傳統，亦即寂天菩薩在《入菩薩行論》以「法身善逝佛子伴……」爲開頭的偈頌中，同時受願心儀軌及行心儀軌的傳承③，然而「同時受持」的意義必須加以深究。此外，宗喀巴大師在《菩提道次第略論》及《菩提道次第廣論》兩書中，提到願心儀軌受持的方法。在受行心儀軌方面，宗喀巴大師在《菩提大道》引了無著菩薩的《菩薩地》戒品，也有以這種特別儀軌來受菩薩戒的傳承，直到章嘉若必多傑等人的時代皆仍盛行。然而，近來在中藏已不太爲人所知，因此也就式微了④。爲了重振此傳承，我在達蘭薩拉獻給林仁波切一部《菩提大道》，同時請求他以這儀軌傳我菩薩戒的傳承。大慈大悲的他同意了。

許多傳統經文上提到，若無法找到具格上師時，可以對著如佛像的聖物，在心中受菩薩戒⑤。因此，二月十日，在殊勝的菩提伽耶聖殿中，林仁波切在偉大的佛陀像見證下，第一次受菩薩戒。然後，運用在《菩提大道》中的儀軌，林仁波切傳授菩薩戒給我和助理經師什貢仁波切。這是充滿法喜的時刻。從那時起，爲了重建這個傳統，我常常使用這個方法傳菩薩戒。

三月五日是藏曆水牛年的第一天。林仁波切坐在菩提伽耶西藏寺首席，接受由寺院僧侶、拉章職員及一般大眾，列隊獻哈達及象徵佛陀身、語、意的佛像、佛經、佛塔，做爲新年吉祥的象徵。八日，拉章和寺院聯合供養仁波切一場長壽法會，他接受了。九日，他和前幾年一樣，坐在傳召大法會首席。

三月十三日，林仁波切離開菩提伽耶，十五日回到達蘭薩拉。途中，他去拜訪赤江仁波切，兩位親教師研討佛法。後來，林仁波切來見我，告訴我上次見面以來發生的種種消息與事務。應我的請求，他在大乘法苑主持大法會。上密院全體僧團從戴爾豪斯前來參加神變月傳召大法會。二十四日，在紐涅寺，由密院供養親教師上師薈供與空行迎送儀軌合修的長壽法會，林仁波切欣然接受這場法會。

四月九日，仁波切對九位傳授予五身托命，其中包括哲蚌寺洛色林前堪布佩瑪堅贊。那

---

③發菩提心是為利益所有眾生，希望自己成就佛果，立誓行廣大的菩薩行，遵守菩薩律儀實際投入菩薩事業。

④有一類說法提到，過去有一段時間在中藏以及前藏地區，已經沒有《菩薩地》戒品當中傳授菩薩戒儀軌的傳承。由於大部分的上師們平常使用的，大部分都是寂天菩薩所造的《入行論》傳承之緣故，所以過去在某一個時間點，似乎《菩薩地》戒品當中傳授菩薩戒的儀軌傳承已經消失了，這是格魯派的講法。

⑤達賴喇嘛談皈依目的時曾表示：佛教有很多不同的戒。例如菩薩戒、密戒、別解脫戒中的出家戒與在家戒。有種說法是，你可在佛像前受菩薩戒，而不需要從另一個活著的人受此戒。但是金剛戒和別解脫戒必須從另一個活著的人授受，因為你需要一個未曾中斷的傳承。

天頂果欽哲仁波切到喬菩拉之家拜訪親教師，獻上長壽祈願文。同時，爲建立法緣，林仁波切從頂果欽哲仁波切那裡，接受由偉大第七世達賴喇嘛所造的禁食齋戒儀軌之傳承。

五月二十日，我邀請林仁波切與赤江仁波切來到我的居所，我們研討廣大甚深的佛法。

六月二十二日，林仁波切對約三十人傳普救惡趣觀音隨許灌頂，包括洛色林扎倉的昌都噶敦洛林。

根據從喇嘛和本尊那裡收到的占卜結果，顯然今年親教師有一至兩個壽命障礙。因此，尊勝寺派來十位僧侶，包括堪布在內，修長達一星期的長壽成就法儀軌。

七月十五日，在大乘法苑，兩百位僧侶爲金剛總持法座持有者修長壽法會空行迎送，包括上師薈供儀軌及長壽儀軌，由行政官員、哲蚌寺、色拉寺、甘丹寺、札什倫布寺，及上下兩密院聯合贊助。助理經師什貢仁波切獻上曼達講述、八吉祥，以及其他長壽象徵供物。長壽法會圓滿後，我邀請林仁波切到我的居所聊一聊。

隔天是我的生日，林仁波切依照傳統前來見我並獻哈達。七日十點鐘，我邀請親教師到我的居所，並誠摯祈請他長久住世，陪伴我們。十一日，林仁波切對八位先前接受過大威德金剛灌頂的西方人，給予立誓守護佛法的嘎拉路巴護法之外成就隨許灌頂。隔天，拉章召請乃穹和嘎東護法神降神，向祂們請問：在目前除了已修的長壽儀軌之外，是否還需要修其他儀軌。護法神的回覆是：還需要修更多長壽儀軌，且乃穹和嘎東護法神都誓言，爲了偉大金剛總持能長住世間，祂們要專注息、增、懷、誅四種事業。

爲了去除林仁波切壽命的障礙以確保長壽，菩提伽耶西藏寺的官員前來達蘭薩拉，在八月八日供養了長壽法會。

三日，林仁波切對三位信衆傳沙彌僧戒。之前我請求至尊赤江仁波切爲林仁波切修長壽法，於是他進行了十七天的如意珠度母長壽閉關。十六日，他到喬菩拉之家拜訪林仁波切，獻上長壽吉祥物，並請求他蓮足永固。

十七日，林仁波切對「法國西藏兒童之家」的管理員諾傑和其夫人，以及孩子們開示：皈依三寶──進入佛法的最佳大門、皈依三寶的理由、皈依方法，以及如何堅守皈依學處。

三十一日，應一位西方尼師之請，林仁波切根據帕綳喀德欽寧波的著作，傳獨勇大威德金剛成就法長軌。

達蘭薩拉西藏圖書館的一位研究學者喀尊桑波，正在編纂藏傳佛教四大派的歷史。他拜訪林仁波切，誠摯地請求我的親教師撰寫自傳，好讓他將之收錄於甘丹赤巴的系譜之中。應此邀請，林仁波切寫了非常簡短的自傳。

圓滿大威德金剛大閉關的上、下兩密院四位格西，也已經圓滿了大威德金剛幻化輪成就。十九日下午，我加入林仁波切修酬謝薈供，以酬謝大威德金剛本尊及其護法。二十三日，林仁波切慈悲地應我請法而講經說法。

十一月十一日，林仁波切進行某一本尊閉關圓滿後的補遺火供。

中國共產黨已經搗毀拉薩小昭寺的不動金剛佛像（此指尼泊爾的赤尊公主攜入西藏的釋迦牟尼八歲等身金剛佛像），並將之運至中國。因此，上密院在尼泊爾委製一尊新佛像，將之送往大乘法苑。於是，十四日，金剛總持親教師擔任金剛上師，與赤江仁波切和來自上密院的四十名僧人，以大威德金剛自生本尊儀軌修陀羅尼成就法，緊接著以七世達賴喇嘛經師章嘉阿旺曲丹的修行法，將咒語裝藏於佛像內。那天我供養兩位親教師午餐，他們欣然接受，我們也聊得很盡興。

隔天，是年度召請乃穹及嘎東護法神降神的日子。應格西饒登之請，林仁波傳給他及其他人長壽灌頂。十七日，佛天降日，上密院全體僧團爲大乘法苑中全新啓建的不動金剛佛像，以大威德金剛儀軌來修「妙善降霖撒淨」，進行盛大開光儀式。林仁波切參與最主要的一天法會，擔任法會金剛上師，從自生本尊及對生本尊（前生起）直到結行儀軌全程參加。我也參加了儀軌中從迎請智慧尊到本尊灌頂的部分。法會休息時間，林仁波切拜訪我，並表明他前往菩提伽耶過冬的計畫。三天後，他離開達蘭薩拉。

在菩提伽耶，從十二月起，林仁波切每天早上修一座如意珠度母的特別長壽修行，二十五日，我抵達菩提伽耶，林仁波切率領持香隊伍迎接我，並獻上曼達及佛像、佛經、佛塔三象徵供物。

第三十二章
新宅邸

一九七四年，蒙果新拉章

一九七四年一月，我在菩提伽耶傳時輪金剛灌頂。那段期間我每天都向親教師請益，以及請求協助我確保這一切都能成為饒益眾生及佛法的善行事業。十日，我傳完時輪金剛灌頂後，林仁波切對參與灌頂者傳三忿怒尊隨許灌頂、七世達賴喇嘛尊者的《觀世音菩薩讚》、度母讚，以及六字大明咒。十六日，他傳五十二名信眾沙彌戒。十七日，接法者供養偉大的金剛總持新教師長壽法會，由當地及外地喇嘛、祖古及僧侶們修法。隔天，仁波切傳二十八名沙彌僧具足戒。二十八日，他為噶倫堡的德康諾揚諾布夫人、來自香格里拉建塘的一位人士傳五種長壽居士戒。

二月九日，林仁波切應菩提伽耶西藏寺分院（佛陀苦行六年的聖地）之邀開光、祈禱等。十四日，在十二位一心一意想學佛法根本——毗奈耶戒律——的西方人懇請下，林仁波切傳他們沙彌戒，豐富其心靈。

二十二日，藏曆木虎年新年，林仁波切參加了例行法會。二十四日，拉章及寺院供養長壽法會。

二十五日，仁波切搭火車前往德里，停留兩天。二十七日，他搭機前往南印度。蒙果定居點的官員、堪布及寺院僧官等人前來貝爾高姆機場迎接，爲林仁波切獻上哈達。依照習俗，他也回贈哈達。那天，他下榻在胡布利，隔天搭便車到蒙果的浙霍桑拉祖古居所。哲蚌寺的管理單位及洛色林扎倉，獻給林仁波切哈達及佛像、佛經、佛塔三象徵供物。

之前，拉章管家曾請示偉大的乃窮護法神，拉章爲林仁波切在達蘭薩拉購置新宅邸是否合適。護法神的回覆是：最好能在蒙果的寺院土地上蓋新宅邸。於是，哲蚌寺洛色林扎倉的現任、前任堪布及僧官們，都向林仁波切提議在印度政府贈予他們蓋寺院的土地上建造新宅邸。對此，金剛總持親教師答覆：「新宅邸必須是簡單樸素的建築，無須蓋得精緻，只以居住爲目的設計即可。」於是，新宅邸便開始動工。

三月二日，哲蚌寺及甘丹寺的喇嘛、祖古、現任及前任堪布、乃窮及嘎東神諭，和許多其他人，持香列隊護送金剛總持親教師前往名為「給列巴拔」的新宅邸，林仁波切坐在會客廳的法座上。有一位生於吉祥年份的人供養他糌粑、茶及甜飯。然後拉章、寺院、兩密院、其他教派代表，以及許多僧俗二衆都列隊獻上哈達、曼達，以及佛像、佛經、佛塔三象徵供物，他都欣喜地接受了。乃穹寺的八名僧侶修煙供淨供儀軌、「禮讚敵神煙供」儀軌，以及一般護法酬懺儀軌。後來，在哲蚌寺洛色林扎倉廣場，僧團供養林仁波切長壽法會，他欣然接受。

三日早上，當我主持果芒扎倉新大殿的揭幕典禮，親教師也參加了。下午，在新甘丹寺的新大殿揭幕式，殊勝的甘丹赤巴林仁波切獻曼達，以及佛像、佛經、佛塔三象徵供物。之後，他受供養茶及甜飯。我則擔任經文誦經者，與衆僧侶修一場吉祥的說戒儀軌。

三天後，格魯派護持協會在甘丹寺大殿召開特別會議，授予我拉然巴與昂然巴的學位證明。在典禮上，殊勝的金剛總持甘丹赤巴進行開場演說，並贈予我圓滿學習經續教典的證書、一面金牌，以及上好的絲質哈達。那天早上，召請乃穹與嘎東護法降神，並感謝祂們守護林仁波切新居圓滿落成。兩位護法神也為宅邸房間開光。

殊勝的金剛總持林仁波切表示，我應該到新拉章主持開光典禮。因此我於三月八日前往。新宅邸是簡單的一樓平房，大小適中，林仁波切很滿意。我請求他長久住世，並為拉章裡代表佛陀身、語、意的聖物進行開光，以滿足他的願望。

兩天後。在甘丹寺大殿，哲蚌寺與甘丹寺管理單位供養林仁波切顯教傳統的長壽法會。隔天，林仁波切對三十八名受法眾傳沙彌戒。十三日早上，在哲蚌寺洛色林扎倉的辯經場，林仁波切對四百位僧俗眾授予禁食齋戒儀軌的傳承教授。下午，在同一個辯經場他也對約五十名喇嘛、祖古及格西傳六十四朵瑪供儀軌的教授。

兩天後，林仁波切飛往德里。十八日，他對一位名爲佩瑪的西方人及達仁夫人、色康夫人傳居士戒。二十一日，林仁波切由德里啓程，搭乘火車返回達蘭薩拉，於二十二日早晨抵達。回到居所途中，他到至尊赤江仁波切在藏人行政中央的居所扎西饒登拜訪，兩位親教師交換新年哈達，並開心地簡短聊了一下。

四月五日，應理嘉祖古之請，林仁波切對他及隨從傳白度母長壽灌頂。三十日，應美國僧侶之請法，林仁波切對約三十名接法眾授予獨勇大威德金剛灌頂，前一天則傳前行儀軌。

三天後，應登馬洛確仁波切之請法，金剛總持親教師對約三百名僧俗二眾傳六天傳承及講經說法，主題是宗喀巴大師的直系弟子南喀巴（虛空祥尊者）之著作《修心日光論》。

五月九日起，在他空閒時，林仁波切以阿旺彭措倫珠的註疏，對阿旺達吉格西、堪龍祖古、夏巴祖古等人解說阿努布地論師的《妙音聲明記論經》，教授範圍到五種連音，並使用

《顯明釋》，圓滿他們的願望。

六月三日，應藏醫曆算院師生之請，林仁波切傳「岡洛瑪①」，亦即《文殊禮讚文》的傳承，文殊菩薩是諸佛智慧總集的化現；還傳白妙音天女、財寶天女的隨許灌頂。隔天，他對八名信眾傳一日大乘八關齋戒。六月二十二日，應部長澤旺丹增之請法，林仁波切傳如意珠白瑪哈嘎拉隨許灌頂。

七月六日，我過四十歲生日。在慶祝活動期間，下午三點，林仁波切與赤江仁波切一起到我的私人辦公室獻給我哈達等。七月十八日下午，我邀請親教師及助理經師什貢仁波切到我的居所討論佛法。

林仁波切最近完成某一勝本尊的禪修閉關。九月二十日，他修息災補遺火供。二十二日，應一位西方僧侶之請，林仁波切至兜率天淨土中心，替西方修行者修《上師薈供》儀軌。

十月十七日，舉行了一年一度的召請嘎東與乃穹護法降神。三十日，林仁波切受邀參加西藏兒童村成立十四週年的慶祝典禮，並在為我們搭起的天帳下會面，他告訴我冬天前往蒙果及菩提伽耶的計畫。

十一月七日，林仁波切離開達蘭薩拉，在德里停留兩天。十一日，他搭機前往蒙果。前往哲蚌寺途中，他受邀前往甘丹寺大殿，院務委員會、喇嘛、祖古及僧官們請求接見。然後前往他在哲蚌寺的拉章居所，哲蚌寺管理單位及洛色林扎倉的現任、前任堪布都來拜見。十四日，應哲蚌寺洛色林扎倉及住在邦迪拉的昌都格西，洛桑達傑之請法，林仁波切對約一八〇〇名僧俗二衆傳宗喀巴大師的《菩提道次第廣論》。

十一月三十日早上，林仁波切受邀前往甘丹寺大殿，全體僧齊修《上師薈供》，做爲供養仁波切的長壽法會。此場法會由赤江仁波切拉章贊助。偉大的金剛總持赤江仁波切獻上長壽象徵供品，例如八吉祥等。法會後，林仁波切前往赤江仁波切拉章，獻給赤江仁波切哈達，做爲新宅邸興建順利的吉兆，兩位親教師私下交談。

林仁波切拉章贊助一場在洛色林扎倉辯經場爲金剛總持赤江仁波切舉辦的長壽法會。親教師獻上長壽象徵物例如八吉祥等，並請求赤江仁波切長久住世。赤江仁波切及其拉章職員則受邀到林仁波切拉章，獲得招待上好的茶飲與餐點。赤江仁波切獻給林仁波切哈達及佛像、佛經、佛塔三象徵供物，做爲前一年林仁波切新宅邸順利完工的吉祥物。

十二月二十一日，所有蒙果多古林藏人定居點的成員，包括哲蚌寺、甘丹寺、一所薩迦

---

①由於禮讚文以藏文「岡記洛卓」（gang gi blo kros，意即「何等智慧」）四字開頭，因此得名為「岡洛瑪」（gang blo ma）。

派扎倉、一所寧瑪派扎倉，以及一般大衆，都聚集在洛色林扎倉辯經場，供養兩位經教師長壽法會，他們倆欣然接受。十九日，林仁波切主持願心儀軌，並傳長壽灌頂。這些講經活動的功德主，供養林仁波切空行迎迴長壽法會，期間哲蚌寺院務委員會、洛色林扎倉高層、謝佩寺、托林寺，以及薩迦寺院都獻上佛像、佛經、佛塔三象徵供物，並祈願林仁波切蓮足永固。三十一日，菩提道次第法會的兩位功德主，在哲蚌寺洛色林扎倉辯經場供養了兩位親教師長壽法會。

一九七五年，獲贈拉然巴格西證書

一九七五年一月五日早上，在甘丹寺大殿，寺院管理單位以顯教傳承供養兩位親教師長壽法會。下午，親教師與赤江仁波切以馬背開光儀式，撒花爲甘丹寺大殿及其聖物進行開光。九日，洛欽祖古邀請林仁波切坐在哲蚌寺大法會首席。林仁波切都答應他們的請求。

十三日，格魯派傳統護持協會邀請林仁波切到甘丹寺大殿參加會議。僧團主要由三大寺組成，由洛色林扎倉的額東祖古開場，尊勝寺堪布進行開幕演講。親教師獲贈拉然巴格西證書、金牌，以及高級的絲質哈達。赤江仁波切也獲得了同樣獎項。不管過去在拉薩或現在於印度，通過拉然巴及昂然巴考試的格西們，獲贈證書及花環等是爲一項習俗。因此，僧團及定居點的居民代表也獻給兩位親教師禮物，表彰他們的成就。十五日，在甘丹寺大殿，格魯派傳統護持協會依照顯宗傳承，供養兩位親教師長壽法會。

隔天，在哲蚌寺洛色林扎倉辯經場，林仁波切對二十名信眾傳沙彌戒，並對七名女士傳沙彌尼戒。二十日早上，林仁波切和赤江仁波切一起前往果芒扎倉，爲其大殿及其聖物主持開光法會。下午，在林仁波切宅邸前的戶外空間，來自蒙果藏人定居點的一個歌舞戲劇團，獻上了兩小時的表演，內容主要是演繹虔誠的善財法王生平故事。林仁波切看得津津有味，圓滿了參與者的願望。二十三日，在哲蚌寺洛色林扎倉辯經場，拉章爲偉大的金剛總持護法供養空行迎迴長壽法會，在此之前是由當地僧侶修長壽成就法儀軌。

二十八日早上，林仁波切搭車前往貝爾高姆，再搭機至德里，停留三天後再往菩提伽耶前進。

二月一日，林仁波切抵達菩提伽耶，當地寺院官員及許多僧侶前來迎接。十一日，林仁波切主持木兔年的新年慶祝法會。十五日，寺院及林仁波切拉章聯合供養林仁波切長壽法會。那天，林仁波切開始主持傳召大法會的例行儀軌及法會。

林仁波切在此殊勝之地歡喜過冬。

第三十三章 五因明大師

一九七五年三月十三日，仁波切搭火車前往帕坦科特，然後轉搭車至達蘭薩拉，於十五日抵達。返回他的居所途中，林仁波切拜訪赤江仁波切，兩人交換新年哈達。隔天，林仁波切來見我，一五一十說明近來的活動細節，包括他在哲蚌寺口傳及教授三界之唯一明燈——《菩提道次第廣論》。

五月三日起，林仁波切傳給我虛空祥尊者的《修心日光論》，傳授我這個殊勝口授傳承的解釋。十一日，則傳我《朵瑪供養儀軌》的口訣。

接著，爲了赤江仁波切的健康，林仁波切禪修爲期七天的長壽法。十八日，他前往赤江仁波切的宅邸扎西饒登，獻上長壽吉祥物。五月二十五日是衛塞節的滿月日，認眞學法的西方人士邀請林仁波切到藏人行政中央西藏圖書館，主持上師薈供。同時也拜訪了赤江仁波切，兩位親教師談論廣大精深的佛法。

十九日，林仁波切對十八位西方人及西藏人，傳簡略大威德金剛灌頂及前行儀軌。

六月十八日，爲求西藏人民的精神及現世福祉，林仁波切在大乘法苑主持蓮師十萬大薈供。他爲了弘揚佛法、爲了衆生幸福，尤其是實踐西藏人民現前或長遠利益而祈願。隔天，和林仁波切關係深遠的乃穹及嘎東護法，透過神諭被召請降神，好向祂們請示一些問題。之後，林仁波切傳給兩位西方僧侶六十四朵瑪供儀軌的教法。

七月十八日，直貢澈贊仁波切前往喬菩拉之家，請求林仁波切如過去高僧大德一樣勤於聞思修，並護持弘揚佛法等事業。隔天，應瑞士尼師丹增洛佩之請，林仁波切傳長壽灌頂。

八月三日，林仁波切滿足五位受戒的西方人願望，傳由宗喀巴大師降伏並誓言守護佛法的「嘎拉路巴法王」之隨許灌頂。

最近，林仁波切進行一次獨勇大威德金剛閉關，並於十四日修補遺火供。十八日，林仁波切傳給我「跟傑切法王相關的教授」二十五日，則傳給我四十九尊大威德金剛灌頂，事先也修了前行儀軌。隔天則是大威德八起屍灌頂，延續往昔大德們的修行法門。

九月三日，林仁波切對西藏兒童村的三位男女職員傳居士戒。

十一月三日，林仁波切對三位女士傳沙彌尼戒。十八日，赤江仁波切到喬菩拉之家，兩位親教師開心地交談數小時。十一月十日，林仁波切來看我，並表明他前往菩提伽耶過冬的計畫。同一天，他對登馬洛卓仁波切及其他人傳長壽灌頂。隔天，林仁波切前往藏人行政中央拜訪赤江仁波切。十三日，他對什貢仁波切講經。隔天，他對一位法國女士德吉，傳居士戒。

二十三日，林仁波切抵達聖地菩提伽耶的西藏寺，許多僧侶前來迎接。應噶倫堡的德康諾揚諾布夫人之請，從十一月三十日起連續七天，林仁波切對約八百名僧俗二衆傳虛空祥尊者的《修心日光論》。

一九七六年，持續利益衆生的弘法

一九七六年一月五日到十七日，應前代理總理魯康瓦的遺孀，亦即已受戒成爲尼師的魯康瓦夫人之請法，林仁波切傳獨勇大威德金剛灌頂，之前是爲時一天的前行儀軌。林仁波切也傳及其生圓二次第的教授。

十四日，哲蚌寺洛色林扎倉供養林仁波切長壽法會，並供養金錢給這些接受教法僧衆。十八日，應噶倫堡德康諾揚諾布夫人及來自浙霍的商人饒登之請法，林仁波切傳一場長壽灌頂，以及普救惡趣觀音的隨許灌頂。

二十四日，林仁波切對十九名接法者傳沙彌戒。

二月十五日，在我的指示下，助理經師什貢仁波切前往菩提伽耶，與西藏寺的全體僧團一起供養親教師長壽法會，以及上師供養之千供法會，他慈悲接受。

三月一日，藏曆火龍年第一天。跟每年一樣，林仁波切如往常參與所有慶祝法會。此外，正如他每年所做的，一到菩提伽耶，就在聖殿前進行五妙欲千供，也供養眾僧侶；另外在傳召大法會時也在聖殿進行類似的供養，並捐款給僧團。

應我之請法，什貢仁波切、果芒扎倉嘉卓、康村的格西，理津丹巴仁波切，以及其他約三十人，爲偉大的林仁波切供養如意珠白度母儀軌的長壽法會，他欣然接受了。在法會中，林仁波切拉章供養修儀軌的喇嘛及僧侶豐富餐飲。七日，拉章及菩提伽耶西藏寺聯合供養林仁波切長壽法會。從那天起，一如以往，林仁波切在整個傳召大法會中坐在僧眾首席。

十日，林仁波切回到達蘭薩拉。十三日，他來看我，我們在我的宅邸輕鬆度過。之後，他拜訪赤江仁波切。十五日，林仁波切受邀主持傳召大法會僧眾集會。早上，他講授聖勇菩薩的《菩薩本生鬘》。隔天，他是下午法會的首席，並參加下午各座法會。我邀請兩位親教師到寺院殿頂的房間，並請他們享用午餐。

二十三日，親教師甘丹赤巴在赤江仁波切陪同下來到我的宅邸。他們請我爲了教法及眾生而長久住世；人民代表及年末例行代表大會，以及資深行政官員也請我長住世間。請示乃穹護法的意見，祂回覆：「目前跡象顯示，似乎有什麼事讓吉祥天母不歡喜。」這情況已經超越西藏人民能理解的範圍。於是，隔天決定舉行一場吉祥天母及五身法王的酬補與酬懺薈供。接著，透過神諭再度召請乃穹護法降神。在這期間，對吉祥天母懺悔及道歉，並請示乃穹護法，釐清我們到底犯什麼錯。

隔天在大乘法苑，藏人贊助為兩位親教師舉行的長壽法會，由當地及訪問的眾僧尼修儀軌。隔天，金剛總持林仁波切、赤江仁波切，以及助理經師什貢仁波切、尊勝寺、乃穹寺所有僧侶，一起進行了一場吉祥天母及五身法王的酬懺薈供。透過神諭，召請乃穹降神，請護法引導我們該怎麼辦。護法神答道，為了消解「欲界之主」吉祥天母的擔憂，各教派修行者應該如法行事等等。

二十九日，林仁波切傳給我大威德金剛灌頂。

四月十四日，林仁波切受邀在藏人行政中央的西藏圖書館，主持上師薈供，現場還有西方及西藏的修行者一同修法。林仁波切廣行供養，以取悅諸佛菩薩。

五月七日，林仁波切對五名具大福報的信眾傳沙彌尼戒。二十七日，林仁波切與昌都格西共同進行一特定本尊的生起次第閉關。七月十二日，林仁波切前往乃穹寺，透過神諭召請偉大的護法神，尋求建議。

八月二十日早上八點半，我到助理經師什貢仁波切的宅邸拜訪一會兒，然後前往喬菩拉之家去拜訪偉大的親教師林仁波切，獻給他一套新僧服，並祈請他蓮足永固。

至尊赤江仁波切爲偉大的金剛總持親教師主持了一場特別的長壽觀修。二十四日，在喬菩拉之家爲林仁波切獻上長壽吉祥物，並敦請他切末鬆懈長久住世的心願，以俾益佛法及眾生。八月二十六日，林仁波切圓滿對特定本尊閉關後，進行補遺火供。

隔天，宗教事務辦公室的究給崔津仁波切聽說親教師將教授獨勇大威德金剛生圓二次第，便請示自己是否也能參加。林仁波切問他以前是否接受過獨勇大威德金剛灌頂，他說自己接受過非格魯派傳承的灌頂，是薩迦派《薩迦派壇城密法教授總集》①中的獨勇大威德金剛灌頂。林仁波切再次仔細詢問灌頂中使用的儀軌，究給崔津仁波切回答說是章嘉仁波切所著的儀軌。對此，林仁波切答道，這樣的灌頂是可以接受的，因此究給崔津仁波切也參加了灌頂的教授。

究給崔津仁波切感受到親教師的頭、鼻等處散發異常光芒，耳後有發出藍光的兩隻小

①這部總集共有三十三冊，包括百餘種灌頂，由薩迦上師羅迭旺波（1847–1914）所造。

角，並有小小的舌狀瓔珞莊嚴。他告訴我，在此之前他沒對別人提過自己感受到的這個異象。我認爲，這表示兩位大喇嘛具有殊勝功德。之後，究給崔津仁波切常與金剛總持親教師見面並討論佛法。

九月十八日，林仁波切應兜率天淨土中心的西方閉關者之請法，到那裡主持上師供養法會，以取悅諸佛菩薩。

二十七日下午兩點半，林仁波切前來見我，表明他馬上就要去喜馬偕爾邦的庫魯縣。我提出一點建議：若能以沙壇城來傳我請法的一些灌頂會很好。林仁波切待到三點半，愉快並慈悲地回答我的問題，並爲我解答經續上各種疑問。之後，林仁波切拜訪赤江仁波切，分享彼此近況心得。

十月一日，浙霍擦絨家族對整個尊勝寺僧團進行供養並捐贈供養金；應功德主之請，林仁波切主持了僧團法會，祈願功德主及相關的所有人不受傷害，並藉由善用暇滿人身不間斷，能夠速證五智四身。

應庫魯縣西藏甘丹法輪寺之請法，十月三日，林仁波切搭車到庫魯縣，首先訪問了一所西藏學校，受到學生盛大歡迎。他對約一百人，包括教職員、學生及家長給予一些建議。兩天後，應西藏寺之請，林仁波切對約五百名接法衆傳十七尊白傘蓋佛頂灌頂，以及前行儀軌。隔天，林仁波切對約一五〇〇名僧俗藏人及金瑙爾縣信眾傳長壽灌頂及一場開示，開示中他觀修自己頂戴三寶，以及依照因果，如法正確行事的重要性。

八日起，林仁波切對約四百名僧俗二眾傳為期三天的十三尊及四十九尊大威德金剛灌頂、大威德八起屍灌頂，並完成前行儀軌，種下四身的種子。雖然林仁波切想用沙壇城來傳這些灌頂，但因為缺乏材料，因此以布壇城取而代之。隔天，應哲蚌寺洛色林嘉色祖古及理嘉祖古之請，林仁波切傳宗喀巴大師《菩提道次第略論》的傳承及教授，滿足他們的願望。

十六日，林仁波切應西藏桑耶確林寺之邀前往西姆拉。十八日，他受邀擔任僧團法會主席。二十一日，應行政官格津巴嘉措之請，林仁波切使用宗喀巴大師的《功德本頌》做為法本，仁慈地對約一三〇〇名當地僧俗二眾傳完整經續道次第，以及普救惡趣觀音的隨許灌頂、長壽灌頂。行政官津巴嘉措和卓佩原是林仁波切拉章成員，因此聯合供養林仁波切長壽法會。出席法會的一般民眾和當地西藏學校的學童們，對林仁波切獻上象徵佛陀身、語、意的佛像、佛經與佛塔，並列隊獻上哈達。之後，在寺院中，仁波切以馬背開光儀式迎請智慧尊融入三昧耶尊。

六日早上，應當地西藏學校之請，林仁波切對約五百名僧俗二眾，包括一般民眾、學校教職員，以及學生講解我造的《諦語祈願文》，並給予一般教誡。那天收到的所有供養，他都回贈給供養者。

隔天，林仁波切返回達蘭薩拉。兩天後他來見我，告訴我在庫魯縣、馬納里及西姆拉的弘法活動，都是利益眾生及佛法的事業。

十四日，藏曆九月二十二日，佛天降日的紀念日。林仁波切到大乘法苑主持開光儀式。

十一月七日，林仁波切傳我白傘蓋佛頂灌頂的前行儀軌，隔天是正行灌頂。之後，他傳我四面瑪哈嘎拉及吉祥天母隨許灌頂。隔天，林仁波切對佐欽晉美洛瑟旺布（第七世佐欽仁波切）、助理經師什貢仁波切、乃穹神諭，以及來自乃穹寺的十五位僧侶，傳五身賜命。二十日，林仁波切爲西藏兒童村的尼師卡丹跟其他人以白傘蓋佛頂儀軌進行禳解詛咒法。

從二十三日起連續五天，林仁波切仁慈地按照我的行程，傳給我之前請的許多教法。最後一天，他來看我，因爲他將啓程前往蒙果。

十二月三日，他前往德里，對來自理塘的阿達及約三十名其他德里居民，傳長壽灌頂。六日，林仁波切從德里飛往印度南部的貝爾高姆，然後再從那裡搭車到他位於哲蚌寺的拉章。哲蚌寺院務委員會、哲蚌寺洛色林扎倉和其他人們獻上曼達和佛像、佛經、佛塔三象徵供物。

藏曆十月二十五日[2]，紀念偉大的文殊上師宗喀巴大師往生兜率天淨土。林仁波切應浙霍創薩仁波切拉章、哲蚌寺洛色林扎倉邀請，分別在上午和下午主持法會。十二月二十四日，應果芒扎倉之請，林仁波切對果芒扎倉和哲蚌寺的全體僧團傳六臂大黑天的隨許灌頂。二十九日，殊勝的薩迦崔津法王，其為尊貴薩迦法座持有者暨薩迦昆家族教法明燈，前來拜訪林金剛總持——尊貴親教師及甘丹赤巴法座。他們互獻哈達及佛像、佛經、佛塔三象徵供物。在這非正式的聚會中，兩人討論經續佛法。那天，崔津法王也拜訪了至尊赤江仁波切。

一九七七年，精通五明的大學者

一九七七年一月一日，林仁波切至甘丹寺拜訪赤江仁波切，兩位親教師輕鬆度過了一天。四天後，林仁波切主持了哲蚌寺洛色林扎倉的生財儀軌法會。十六日，林仁波切拉章管家洛桑朗瑞輕微中風。林仁波非常關心，於是從藏曆當月十五日起，以摧破金剛本尊修除障儀軌。

十八日，在甘丹寺夏孜扎倉，林仁波切對約五百人傳虛空祥尊者的《修心日光論》的傳

---

②這天亦稱為二十五日供養。兜率天分為內外兩院，外院屬於天界，內院屬於淨土。

承及教授。二十九日，教授圓滿，期間收到的供養都回贈給原供養者。隔天，應甲絨格洛桑卓津之請法，林仁波切傳參與教法的人們普救惡趣觀音的隨許灌頂。三十一日，哲蚌寺洛色林扎倉供養兩位親教師以上師薈供進行的長壽法會。同一天，哲蚌寺管理單位及蒙果定居點的代表們，獻給林仁波切象徵佛陀身、語、意的佛像、佛經、佛塔，並請求他長久住世。

二月二日，甘丹寺管理單位邀請林仁波切和赤江仁波切坐在法會首席，並依照顯宗傳統供養兩人長壽法會。之後林仁波切至赤江仁波切宅邸訪問，兩人一起用午餐。

隔天，在哲蚌寺洛色林扎倉的經堂，赤江仁波切爲了親教師，贊助了一場以上師薈供進行的空行迎迴長壽法會及上師薈供供養。赤江仁波切獻上八吉祥，以及其他長壽象徵物。隔天，林仁波切從赤江仁波切那裡接受尼古瑪傳承的長壽灌頂，拉章總管洛桑朗瑞也參加了。從二月六日起連續四天，林仁波切在哲蚌寺洛色林扎倉辯經場對約四十名喇嘛、祖古及格西們，一起進行獨勇大威德金剛的大閉關。十日，林仁波切受邀在甘丹寺夏孜扎倉修開光前行準備。他去拜訪了赤江仁波切宅邸，赤江仁波切特地爲管家洛桑朗瑞進行除障驅魔的儀軌。林仁波切也和管家一起坐著修儀軌。

二月十九日是藏曆火蛇年新年。在拉章，所有的儀式都按照慣例進行。之後，林仁波切受邀坐在法會首席，獲得供養糌粑、茶、甜飯等。之後，他接見堪布、喇嘛及官員，並發送保護繩。

二十一日，林仁波切前往甘丹寺拜訪赤江仁波切，獻給他經過長壽禪修加持的長壽甘露丸，並獻上哈達慶祝新年。兩位親教師在輕鬆的談話中共度一段時間。

二十四日早上，林仁波切受邀到哲蚌寺的傳召大法會，他與僧侶們進行吉祥的說戒儀軌。之後，哲蚌寺洛色林扎倉邀請他去經堂，聚集的僧侶們供養他長壽法會。院務委員會、不同的康村以及薩迦和寧瑪派寺院獻給他佛像、佛經、佛塔三象徵供物及哈達。從二十六日起，林仁波切在哲蚌寺大經堂主持甘丹寺與哲蚌寺聯合傳召大法會。第一天，在早茶時段，集合的僧侶們根據顯宗傳統供養兩位親教師一場長壽法會。之後，赤江仁波切到林仁波切拉章拜訪，獻哈達做為新年祝賀，兩位親教師輕鬆交談。

三月一日，林仁波切在哲蚌寺洛色林扎倉對四十五名接法眾傳沙彌戒。三月三日，他傳二十名沙彌僧具足戒。七日，應哲蚌寺、甘丹寺管理單位，以及不具名的功德主之請，林仁波切對數千名僧俗二眾傳長壽灌頂。林仁波切以法語甘露圓滿他們的願望，強調出家人同樣應該重視聞、思、修的重要性；居士行者則應該斷惡行善。

三月十四日，偉大的金剛總持和兩名侍從搭飛機到德里。十八日早上，他對名為珮瑪的西方女士和其他人傳長壽灌頂。下午，他啓程返回達蘭薩拉。二十二日，林仁波切來見我，我和金剛總持親教師及赤江仁波切共度愉快的時光。三十日，林仁波切受邀到兜率天淨土中心，他對一些西方人傳具足戒，對其他人傳沙彌戒。六天後，依照我的指示，我的私人辦公室供養林仁波切長壽法會，在林仁波切拉章的房間進行。之後，在我建議下，林仁波切對一位印度人傳沙彌戒。

六月六日，透過神諭召請乃穹護法降神，並向祂請示預言及建議。十三日，林仁波切和我有場饒富意義的討論。三十日，包括西方佛法修行者、阿旺達吉格西和其他僧眾，約有二十人在林仁波切拉章的房間裡，欣喜地舉行上師薈供。功德主是西方沙彌圖登卓達。

七月六日，我的四十三歲生日，殊勝的根本上師和赤江仁波切一起來見我，獻上哈達。二十六日，林仁波切傳尼師魯康瓦夫人長壽灌頂。

八月十八日，上密院供養林仁波切一場長壽法會。在法會中，赤江仁波切獻上一份書面請求，祈請偉大的金剛總持長久住世，爲佛法及眾生擔任有力的引導和護法，並獻給他在禪修長壽法之中加持過的長壽象徵物。八月三十日，林仁波切應我之邀來看我，我告訴他最近自己到南印幾所寺院弘法的狀況，以及我最近的南印度之行。他由衷對我的這些法行感到開心。

九月三日，林仁波切對圖登梭巴和七位其他喇嘛、祖古和格西，講授《朵瑪供養儀軌》

和延壽本尊灌頂。八日，他透過口譯員對一位美國人講授《兜率百尊》上師瑜伽法。九月二十二日，林仁波切應我之請來看我。在非常輕鬆的氣氛下，他為我解答我對甚深廣大佛法難義處的許多疑問。

十月十三日，宗教事務辦公室請求林仁波切為我修長壽法。他欣然答應了。四天後，召請乃穹護法神降神以請示意見。

那時候，拉章管家洛桑朗瑞受心臟及水腫所苦。於是，至尊赤江仁波切特別來到拉章，送他一些舍利甘露丸，也修了馬頭明王除障儀軌，並給予治療的建議。偉大的金剛總持林仁波切也非常關心管家的病情，每晚睡前他會給洛桑朗舍利瑞甘露丸，並為他修儀軌。

十月十八日，居住在加拿大的西藏人民請求親教師蓮足永固。二十八日，林仁波切為強巴索巴和他的家人進行禳解詛咒法，以女本尊頂髻大白傘蓋佛母儀軌來修法。兩天後，上密院僧侶為林仁波切舉辦長壽法會，他慈悲接受。功德主是一位法國護士賈桂琳，為林仁波切在法國住院時照顧他的護士。

藏曆九月二十二日，我向親教師請求教導梵文文法。林仁波切答道，他有阿努布地論師的《妙音文法經》（又稱《妙音聲明記論經》）以及積分論的《儀軌經》傳承，他要我考慮一下哪一部比較適合。於是，我進行了占卜。結果顯示《儀軌經》比較合適。我把這個消息告訴林仁波切，他回覆說自己曾經上過幾次《妙音文法經》的課程，但是沒有接受過《儀軌經》的教法，也還沒看過原本，因此林仁波切必須研讀其註疏。我提供自己居所裡的一部註疏給他。於是，從十月十四日起，林仁波切配合我的行程傳《儀軌經》的教法，直到梵文五種連音的那一章。

在我出生前，親教師林仁波切曾從庫努喇嘛，丹增堅贊那裡接受了《儀軌經》。這傳承所使用的註疏，是由早期學者沙桑瑪堤班禪所著。在這四十年間，林仁波切一直抽不出時間閱讀。然而現在只看了一次註疏，在解說時就能根據《儀軌經》根本法本隨心所欲憑記憶背誦。我眞心認爲，他一定是五明大班智達，我對他的深刻尊敬是與生俱來的。每當我的梵文發音出錯時，會逗得親教師大笑。對我來說，那是美好而幸福的時刻。

不久後，林仁波切使用第五世達賴喇嘛的《妙音歡歌》爲我講授詩學。不過這些教授並沒有全部完成。

第三十四章
我們所祈願的最大成就

一九七七年十一月六日，殊勝的金剛總持在前往鹿野苑和菩提伽耶過冬前來看我。十日，他從達蘭薩拉啓程。應格魯弟子福祉委員會之請，他前往鹿野苑，來迎接的包括西藏高等研究學院的校長額東仁波切、印度籍及西藏籍的師生。他被安排下榻在中國寺院。

十四日，林仁波切對來自拉達克的巴庫拉仁波切等人傳長壽灌頂。隔天，殊勝的金剛總持和他的侍從，在法國尼師圖登卓喀及法國護士賈桂琳陪同下，造訪了祇園精舍所在地舍衛城——此地是佛陀對弟子說法多年的聖地。林仁波切下榻在摩訶菩提協會的賓館。一旁正在建造佛殿，由某位母親的後代所建，而她曾在日喀則擁有一間店面。應這家族之請，林仁波切進行咒語開光，將之布置於佛殿中，並念誦祈禱文。拉章也對之進行廣大供養。林仁波切在這聖地度過輕鬆愉快的時光。

應前外交部長聶廈土登塔巴之請，林仁波切傳由宗喀巴大師所造之《緣起贊》的傳承，教授佛陀「緣起性空」的觀點，林仁波切也講述這聖地的偉大之處。十七日，林仁波切前往拘尸那羅，佛陀示寂涅槃之地。由尊勝寺僧侶藏巴安排，他下榻在新建的西藏寺，並進行諸多供養及祈願。

訪問完後，他回到鹿野苑，應格魯弟子福祉委員會之前的請法，從十一月二十一日起，在西藏寺對約四五〇名信眾傳殊勝大威德金剛灌頂，以及《上師薈供》的教法。這些講授之後，應來自瑞士藏人定居點的行政中心僧官佩馬等人之請，林仁波切傳自己著述的《時輪金剛上師瑜伽法》。拉章提供茶、食物及供養金給接法眾，並在偉大的西藏寺前修五妙欲千供。哲蚌寺洛色林扎倉贊助長壽法會，並贈予供養金給接法者。

十二月四日，格魯弟子福祉委員會為林仁波切供養一場長壽法會，他欣然接受。校長額東仁波切進行壇城供養及開示。隔天，應來自陶的僧侶洛桑丹增、來自拉章的丹增彭措之請，林仁波切傳普救惡趣觀音的隨許灌頂及長壽灌頂。在二十五日供養法會那天，有一部分是由林仁波切說法，並如弟子之願給予建言。

七日，林仁波切啓程前往菩提伽耶。十三日起，除了他平常依止如意珠白度母修長壽法之外，林仁波切還主持特別的長壽觀修早課。三十一日，林仁波切對色拉寺傑扎倉的蔣揚祖古等人，傳大威德金剛大閉關的教法。

一九七八年，永生永世的根本上師

一九七八年一月一日，林仁波切對十名接法者傳沙彌戒。十四日早上七點半，我抵達菩提伽耶，林仁波切帶領持香隊伍來迎接，並獻給我哈達及象徵佛陀身、語、意的佛像、佛經及佛塔。同一天，林仁波切慈悲傳一位法國女士居士戒。

二十六日，應來自大吉嶺的藝術家阿旺諾布、菩提伽耶的僧侶宗竹堅贊，以及察雅阿澤之請，林仁波切對約一萬名群眾口傳度母咒、釋迦牟尼佛心咒，以及傳白度母長壽灌頂。隔天早上，林仁波切在聖殿參加由我主持的馬背開光，參加者還有上、下兩密院的僧眾。

二月八日是藏曆土馬年第一天，林仁波切照例參加所有慶典。十三日起，林仁波切主持傳召大法會。應西孟加拉邦噶倫堡的德康諾揚諾布夫人之請，林仁波切與所有僧眾參加一場吉祥的說戒儀軌。十六日，拉章和西藏寺院聯合贊助一場長壽法會，以上師供養及詳細薈供進行。二十八日，應瑞士藏人定居點的覺就舉昧之請，林仁波切對約兩百名僧俗二眾傳白度母長壽灌頂。

三月十日，林仁波切進行馬背開光，為新整建的菩提伽耶西藏寺護法佛殿進行加持。

十三日，林仁波切啓程返回達蘭薩拉，並於十五日前來見我。二十七日，至尊赤江仁波切造訪林仁波切拉章，獻給林仁波切三卷他的著作選集，林仁波切欣喜地接受了。

四月一日，林仁波切受邀坐在大乘法苑的尊勝寺法會首席。三日，他對兩位西方人及五名藏人傳沙彌戒。十三日，應幾位來自加拿大定居點的藏人之請法，林仁波切傳長壽灌頂。之後，他對一位西方人傳沙彌戒，然後對昌都格列洛桑等人傳三忿怒尊隨許灌頂。

四月二十五日，我邀請林仁波切到我的居所，他給予我建議，並解答了我將要進行的一次某一勝本尊閉關，以及其他法類的疑問。

六月四日，林仁波切受邀到達蘭薩拉兜率天淨土中心，為已經完成生成次第閉關的僧眾修獨勇大威德金剛的自灌頂。十七日，召請乃穹護法降神。二十一日，林仁波切在他的宅邸對十二人傳一場長壽灌頂。

十九日，應達波巴丘仁波切之請，林仁波切傳金剛薩埵隨許灌頂。

八月八日，林仁波切受邀到甘丹曲林尼院講授宗喀巴大師的《功德本頌》。他在尼院待了幾小時，與大家輕鬆談話。十二日，林仁波切在他的房間裡對約十五名西方人講授皈依，圓滿他們的善願。內容包括皈依的因、皈依對境、皈依學處。二十六日，林仁波切到藏人行政中央至尊赤江仁波切居所拜訪他。兩天後我邀請林仁波切到我的居所，向他請示多方事務的建議。

九月十日，住在美國的蒙古格西旺傑來拜訪林仁波切，並給他觀看美國蒙古寺院的幻燈片。林仁波切開心地看完後，兩人談了很多美國的事。

從十月五日至十四日，林仁波切很開心地對西方僧侶強巴索巴①及約四十名僧俗衆傳獨勇大威德金剛灌頂及其解釋。十六日，我邀請林仁波切共進午餐，並徵詢他的意見及解惑。二十六日，林仁波切傳十二人沙彌戒。

十一月八日，林仁波切對西藏兒童村的僧侶頓佑等人傳《朵瑪供養儀軌》。隔天，應一些西方人之請，林仁波切講授有關皈依的法類。

不久前，乃穹護法神透過神諭宣布：達賴喇嘛身爲法王，應該盡可能接受所有藏傳佛教派別的灌頂、傳承及核心教法，多多益善。然而那時並不方便立刻實現這個目標。於是，十一月十三日，我邀請林仁波切到乃穹護法受到召請、在芒域吉隆之王像前降神的房間，傳我各種傳承及教法。林仁波切不只是我這一世的根本上師，而且永生永世都會是我的根本上師，慈悲眷顧直到我成就佛果。乃穹護法神是與各世達賴喇嘛及西藏政府甘丹頗章有特殊關

①英譯者注。強巴索巴（Jampa Söpa）可能即為加拿大僧侶強巴醫波（Jhampa Zangpo），現名為強巴尚恩曼（Jhampa Shaneman）。正如本書所述，他擔任林仁波切的口譯。然而，根據他本人回想，並不太確定這件往事。

係的戰神。芒域吉隆之王，亦稱爲「聖瓦帝桑布」，則是西藏的保護本尊，經偉大的第五世達賴喇嘛認證爲「二聖者」之一。此外，在房間裡也有一幅吉祥天母的唐卡，自從一切遍智二世達賴喇嘛根敦嘉措以來，它就是各世達賴喇嘛觀想占卜的一個管道。幾位大喇嘛也和我一起參加這次林仁波切的教法傳承。

那時候，除了第五世達賴喇嘛所造《密印內在普巴灌頂》之中的普巴灌頂之外，我沒有接受其他普巴金剛灌頂及傳承。寧瑪派的普巴修法叫做《利刃精藏》，是由伏藏師索甲取出的伏藏，爲前世達賴喇嘛在適當時機修的寶貴法門。這是尊勝寺固定修持的伏藏法，而在乃穹護法的敦促下，我已經和尊勝寺一起抛撒朵瑪修朵瑪供，也得到具體結果。然而，在這些本尊及大喇嘛之前，我宣布要占卜，看看是否應該要接受其他普巴金剛灌頂。占卜結果顯示，我應該再次請求接受普巴金剛的灌頂、傳承及核心教法。

之後，親教師深信不疑地說：「達賴喇嘛尊者佛行事業的廣大甚深，是我們祈願的最偉大成就。接受普巴金剛灌頂是能圓滿此事的方法之一，任何人有頭腦的人都不會對法王應該接受普巴金剛灌頂有一丁點的懷疑。」因此，毫無疑問地，林仁波切同意我接受灌頂。當時至尊赤江仁波切不在達蘭薩拉，因此，後來當兩位親教師聚在一起時，我向他報告這件事。

順帶一提，除了決定我是否應該尋求接受這普巴金剛灌頂，我們並沒有占卜應該向誰請求灌頂。因此，後來我們向乃穹護法神請示，並提名幾位喇嘛的名字以進行占卜。結果，毫無爭議地，頂果欽哲仁波切的名字出現了。那天早上，當乃穹護法被召請降神占卜時，金剛總持親教師林仁波切在場。

幾天後，林仁波切來見我，表示他要啓程前往菩提伽耶。他十六日出發，十八日抵達菩提伽耶，受到僧團歡迎。三十、三十一日，兩位親教師互相爲彼此供養長壽法會。

十二月十五日，林仁波切修了特別幾座的白度母長壽禪修。

一九七九年，對佛陀話語聞思修

一九七九年一月二日，林仁波切對索康家族的德吉索康夫人傳長壽灌頂。二十六日，他對已受具足戒的義大利僧侶圖登頓佑，以及約二十五名僧俗二眾傳長壽灌頂。三十一日，應僧侶宗竹堅贊之請，林仁波切對約兩百名僧俗眾傳十三尊大威德金剛灌頂的前行儀軌，接著是正行灌頂。

二月二日，應一位居住在甘托克的藏人之請，林仁波切對約三百名接法者傳長壽灌頂。隔天，林仁波切對約兩百名接法者傳瑪哈嘎拉、吉祥天母，以及內、外、密嘎拉路巴的隨許灌頂。接著是藥師佛的隨許灌頂及一場開示。七日起，他連續三天為西藏寺及其所屬聖物修名為「妙善降霖撒淨」的開光儀軌，林波切坐在法會僧眾之首。功德主是比丘尊祝嘉千。之後，林仁波切對下密院的四名僧侶傳大威德金剛大閉關的口訣。

隔天，我抵達菩提伽耶，身為西藏寺堪布的林仁波切為我獻上曼達及哈達。十六日，他對下密院四名僧侶傳六十四朵瑪供儀軌的教授。隔天是藏曆土羊年第一天，林仁波切依慣例主持了法會。

三月十五日，林仁波切搭乘火車前往德里，下榻在圖登次仁宅邸。應之前的請求，林仁波切為哲蚌寺在德里的密宗學院新大殿進行揭幕。十八日，應居住在德里的藏人之請法，他傳了三忿怒尊的隨許灌頂，並應約客餐廳主人阿瑪卓仲之請法傳長壽灌頂。二十日，林仁波切對主管達賴喇嘛新德里辦公室的沙度仁欽等人，傳《二十一度母禮讚文》的傳承。二十六日起，林仁波切在全印醫藥科學院，接受了由巴帝亞醫師等人進行的連續六天全身健康檢查。三十一日下午，林仁波切在西藏之家修開光儀軌。

隔天，四月一日，林仁波切回到達蘭薩拉。三日，他來見我，跟我說他的健檢結果並提及其他事務。十日早上七點，西藏政府、人民代表，以及安多人協會使用無量壽佛內成就五尊的儀軌供養我長壽法會。期間，親教師還慈悲傳五部長壽佛壇城供的說法。隔天，應哲蚌寺洛色林扎倉的格列洛桑之請，林仁波切在大乘法苑傳藥師佛的隨許灌頂。二十二日，則應達旺寺堪布嘉色祖古之請法，林仁波切傳白文殊隨許灌頂。此外，林仁波切在二十四日也傳嘉色祖古、格西索南仁欽等人《朵瑪供養儀軌》的教授。三十日，林仁波切對住在美國的卓瑪烏仲及其親屬傳長壽灌頂及度母傳承。

五月六日，林仁波切對哥摩祖古等人傳三忿怒尊的隨許灌頂。

至尊赤江仁波切那時候身體並不好，因此五月八日林仁波切前往他的宅邸扎西饒登，請求他長久住世。林仁波切的來訪讓赤江仁波切非常高興，他說：「林仁波切未經安排且即興來訪的吉祥活動，無疑是我們之間因互相信任、承諾及清淨誓言的絕佳明證。」

二十日，應兩位義大利僧侶之請法，林仁波切傳誓言守護佛法的嘎拉路巴法王隨許灌頂。二十四日，他對來自瑞士的卓珠格列等人傳《上師薈供》。二十八日，宗教事務處贊助一場在大乘法苑進行的養地寶瓶法會，由金剛總持親教師主持。下午，我邀請林仁波切到我的居所，請求他修西藏政府主要護法吉祥天母的酬懺法會，好讓我即將啓程的外蒙古訪問能夠利益佛法及衆生。於是，自六月十七日開始，他修了爲期一週的酬懺法會。二十八日，林仁波切主持了夏季召請偉大護法神乃穹降神儀式。

七月六日，林仁波切獻給我哈達等慶祝我的生日。二十二日，林仁波切以白傘蓋佛頂儀軌爲兒童村的尼師卡丹等人進行白傘蓋禳解詛咒儀式。西藏圖書館有一座新的觀世音菩薩立體壇城完工，林仁波切受邀和赤江仁波切一起修撒淨及開光儀軌。之後，色拉寺傑扎倉的經師阿旺達吉格西，邀請兩位親教師到他的居所，並招待點心。

十四日、十八日及二十一日，爲了利益佛法及西藏人民，大乘法苑修多種儀軌，林仁波切受邀坐在法會首席。應達波巴丘仁波切之請，從十六日到二十三日，林仁波切每天授予宗喀巴大師的《辨了義不了義善說論藏》的講經說法。二十八日，他對巴庫拉仁波切等人傳大威德金剛集咒隨

兩位親教師和西藏圖書館文物館主任阿旺達吉格西（前景），在達蘭薩拉一同為觀世音菩薩立體壇城開光。

許灌頂。

從九月六日至八日，林仁波切對來自奧地利的鮑伯及其他二十名西方人，傳獨勇大威德金剛灌頂、嘎拉路巴法王隨許灌頂，以及《兜率百尊》上師相應法的講授。二十七日，林仁波切對西莫仁波切的轉世及他的家人、拉章成員傳長壽灌頂。

十月一日，西方僧侶強巴索巴以及上密院僧侶，供養林仁波切長壽法會。五日，林仁波切對饒揚欽及尊勝寺的其他僧侶，傳金剛手菩薩三忿怒尊的隨許灌頂。二十四日早上，林仁波切主持夏季乃穹護法召請降神。同一天，他來見我。二十七日，林仁波切受邀到西藏兒童村。三十日，他對直貢澈贊仁波切傳著名噶當派格西切喀瓦的《修心七義》，以及阿底峽尊者的《菩提道燈論》。

十一月二日早上十點半，我前往林仁波切拉章請示建議。林仁波切欣喜及慈悲地回答我的問題，我所收穫遠遠超過預期。三日，林仁波切對兒童村的職員僧侶丹增及其他人傳三忿怒尊隨許灌頂。七日早上十點半，林仁波切到我的居所來，表示他即將如往常啓程到菩提伽耶過冬，他欣然地應我先前之請法，以大威德金剛儀軌傳我洗滌晦氣汙穢法。

九日下午，林仁波切由達蘭薩拉啓程，隔天早上抵達德里，並住在圖登次仁的宅邸。十三日早上，林仁波切在德里對娘熱建楚及約十五名接法者，傳三忿怒尊隨許灌頂。隔天，林仁波切受邀前往附屬於達蘭薩拉兜率天淨土中心的「德里兜率天大乘禪修中心」（都由喇嘛圖登耶喜創立），他在那裡跟西方人一起修上師薈供，同時也依西方人之請，進行簡短的說法。

十六日上午，林仁波切飛往蒙果。那天晚上他下榻於胡布利。隔天早上，他前往自己在哲蚌寺的拉章，哲蚌寺的管理單位、各扎倉等都獻給他象徵佛陀身、語、意的佛像、佛經、佛塔，並獻哈達。二十一日，林仁波切主持林康村全新大經堂的揭幕典禮。之後，哲蚌寺、甘丹寺的代表，以及其他扎倉的堪布獻哈達給他。隔天，哲蚌寺管理單位供養長壽法會，由哲蚌寺僧眾在大殿以上師薈供儀軌來修，目的在祈願金剛總持親教師長久住世，利益佛法及眾生。

十一月二十九日到十二月七日，應哲蚌寺洛色林扎倉及菩提伽耶僧侶宗竹持續的請法，林仁波切在洛色林大經堂，對約一一〇〇名僧侶及約一五〇名俗眾傳大威德金剛灌頂及其生圓二次第的經驗教授。接著是應創薩拉章之請法，傳宗喀巴大師《菩提道次第攝頌》。

十日，應哲蚌寺管理單位之請，林仁波切在哲蚌寺大殿對約三七〇〇名僧俗二眾傳延壽本尊隨許灌頂。傳法之後林仁波切有段談話，籲請聽眾中出家人要維持清淨持戒的基本，努力聞、思、修佛陀教言之意義，也籲請在家人斷惡行善。隔天，在果芒扎倉經堂，林仁波切對約兩百名僧俗信眾傳宗喀巴大師《三主要道》。

應甘丹寺管理機構之請，林仁波切在甘丹寺大殿對約兩千人傳《兜率百尊》上師相應法。那天，赤江仁波切造訪林仁波切拉章。在哲蚌寺洛色林辯經廣場，林仁波切對八十七名接法者傳沙彌戒，其中包括一些祖古，並傳十八位沙彌僧具足戒。二十二日，林仁波切前往甘丹寺，在夏孜扎倉大經堂供養赤江仁波切長壽法會，做爲仁波切長壽的吉祥徵兆。二十六日，林仁波切對上、下密院的十三名僧侶進行大威德金剛大閉關前行解說。二十八日早上，他主持哲蚌寺浙霍康村新經堂的揭幕典禮。下午，他對約六百名接法者傳吉祥天母隨許灌頂。三十一日，林仁波切在果芒扎倉主持招財引福法會。

那時候的果芒扎倉堪布是蒙古喇嘛阿旺尼瑪，他對林仁波切表示，金剛總持親教師林仁波切不只之前傳蔣揚謝巴第六世轉世沙彌戒，也爲了配合要在那裡建立上密院的分院，而派遣經師到安多的拉卜楞寺主持不同的儀軌修行。他現在能來參加果芒扎倉的招財引福法會，這是對果芒扎倉的大慈大悲！林仁波切玩笑道：「不只如此，我是果芒的僧侶。我是蒙古人頓珠嘉措——五十六任甘丹赤巴的轉世。」堪布也聊到林仁波切曾接受果芒扎倉布杜仁波切的教法。當時在場的還包括第四世達普嘎旺，以及他的明妃。林仁波切回憶，前世莫確祖古，耶喜丹白堅贊，看到達普嘎旺的明妃只有一隻眼睛，他也因此確定她是天女耶嘎札蒂的化身。

同一天，林仁波切在覺沃之家進行馬背開光。

一九八〇年，長轉廣大甚深的法輪

一九八〇年一月二日，林仁波切與赤江仁波切受邀到甘丹寺大殿，甘丹寺全體僧團供養兩位親教師長壽法會。下午，甘丹寺夏孜扎倉也舉辦了類似的長壽法會。隔天，赤江仁波切拉章贊助了在夏孜扎倉大經堂爲金剛總持親教師舉辦的長壽法會，赤江仁波切獻上吉祥物及其他長壽象徵供物，祈願林仁波切延年益壽長住世間。應哲蚌寺洛色林扎倉之請，林仁波切主持一場招財引福法會，同時念誦祈願文，祈願修行及世間的財富如河水般持續湧入。

八日，林仁波切受邀在哲蚌寺大殿主持第三屆格魯派護持協會的會議，在會上授予拉然巴格西們學位證明及獎品。他也在會中演講，籲請大家要實踐在會中所學所知。十三日，林仁波切與赤江仁波切受邀到甘丹寺普康宋仁波切的居所，享用一頓宴請午餐。在兩位親教師面前，宋仁波切以上師供養儀軌供養他們長壽法會。後來兩位親教師、宋仁波切、拉章管家洛桑朗瑞及帕登合影。十八日，林仁波切造訪赤江仁波切拉章，兩位親教師互獻哈達及佛像、佛經、佛塔三象徵供物。

二十日，林仁波切搭火車從蒙果到胡恩蘇爾，再搭車到色拉寺。當他即將抵達時，僧侶們列隊迎接他到色拉寺傑札倉上面的居所。應浙霍康村的長久之請法，從二十二日起連續五天，林仁波切對將近千名僧侶、約五十名藏人及西方人，傳宗喀巴大師的《辨了義不了義善說論藏》。隔天，浙霍康村、色拉寺管理單位以及一般大眾聚集在正殿，供養林仁波切長壽法會。再隔一天，林仁波切傳四五〇〇名僧俗二眾普救惡趣觀音的隨許灌頂、馬頭明王、金剛手菩薩、金翅鳥灌頂，以及長壽灌頂。後來，接法者獻上哈達，並從林仁波切那裡接下保護繩。林仁波切回贈所有的供養。

二十八日，應色拉寺昧札倉之請法，林仁波切對約千名的僧俗二眾授予三性總修隨許灌頂，以及宗喀巴大師的《緣起贊》。隔天早上，林仁波切在色拉寺傑扎倉大經堂，傳白文殊的隨許灌頂，以及《文殊眞實名經》的傳承。兩天後，林仁波切在正殿傳二二四位接法者沙彌戒。三十一日早上，林仁波切受浙霍康村之邀，在那裡對約一五〇名接法者傳《兜率百尊》上師相應法。下午，林仁波切受邀到札什倫布寺及察雅寺進行開光。打從年輕時，扎雅仁波切就是林仁波切的法友，他們一起接過許多教授。因此，他們兩人一起度過愉快的時光，並聊聊當前的事務。

林仁波切也受邀到帕繃喀拉章。他在那裡度過愉快的時光，並籲請帕繃喀轉世盡可能努力聞、思、修，進行教授、辯經及著述事業，從而迎頭趕上他的前世至尊德欽寧波（即帕繃喀）的典故。

二月二日，林仁波切離開色拉寺，首先到「十日會②」道場，他傳《兜率百尊》上師相應法，以及宗喀巴大師《功德本頌》的傳承。然後他再到查古爾藏人定居點，對約四五〇名僧俗眾傳馬頭明王、金剛手菩薩、金翅鳥灌頂，以及長壽灌頂。林仁波切獲獻哈達時，他把收到的所有供養物品都轉送至藏人定居點。

接下來，林仁波切應邀到胡恩蘇爾附近的下密院。三日早上，下密院和宗卡秋德寺聯合供養林仁波切長壽法會。下午，他對約五千名僧俗二眾傳普救惡趣觀音的隨許灌頂。隔天，應下密院之請，林仁波切對約三五〇名接法者傳嘎拉路巴法王內外密成就的隨許灌頂，以及密集金剛的根本續傳承。隔天，林仁波切前往宗卡秋德寺進行馬背開光。六日，他來到我在卡納塔克邦的科爾萊加爾的居所，定居點的代表獻給林仁波切佛像、佛經、佛塔三象徵供物及哈達。隔天早上，林仁波切對約四千名接法者傳長壽灌頂，並接見群眾。下午，林仁波切與下密院堪布及儀軌僧侶，在護法神寺修上師薈供。

二月九日，林仁波切離開班加羅爾（印度卡納塔克邦的首府）搭機到德里，十一日再到菩提伽耶。十七日，他主法鐵猴年的新年慶祝法會。二十一日，西藏寺和林仁波切拉章，以及一些飽學的上師及虔誠的修行者，例如格西理津丹巴仁波切及邦南仁波切，供養了林仁波切長壽法會，他欣然接受。二十五日到三月一日，依照慣例，林仁波切主持傳召大法會。

三月二日，林仁波切傳十二名接法者沙彌戒。五日，他在西藏寺主持開光。八日，林仁波切前往德里並下榻在巴庫拉仁波切宅邸。隔天，赤江仁波切前來拜訪，兩人交換新年哈達並欣喜交談。十五日，林仁波切對娘熱建楚及其他約四十人傳長壽灌頂。從十六日到二十二日，林仁波切在醫院檢查身體。二十九日，我抵達德里，林仁波切到阿肖克飯店來見我。

四月二日，林仁波切由德里返回達蘭薩拉。十五日，由印度前往西藏的首屆藏人代表團成員，播放了西藏現況的影片，林仁波切和我都參加了。二十二日，林仁波切到藏人行政中央拜訪赤江仁波切。二十七日，在林仁波切拉章，我的私人辦公室為林仁波切供養長壽法會，由尊勝寺堪布及十二名僧侶以上師薈供儀軌來進行。

隔天下午四點，林仁波切應邀來我的居所。我們談到之前在兩位親教師面前請示乃穹護法關於「普巴金剛修法」的結果，以及在芒域吉隆之王及吉祥天母唐卡前的占卜，結果一

②固定於藏曆十日、二十五日這些密教修行特別日子施行儀軌的宗教團體。

致顯示我應從頂果欽哲仁波切那裡，接受由索甲伏藏師取出的普巴金剛修法灌頂。林仁波切說，所有的西藏人希望獲得幸福，而幸福的源頭就是尊者的佛行事業。因此，如果這修行有利尊者佛行事業，我很確定要接受這個教法。

林仁波切傳義大利僧侶圖登頓佑及約八十七名西方人，有關宗喀巴大師的《功德本頌》，以及藥師佛的隨許灌頂。二十五日，召請乃穹護法降神，請示關於林仁波切即將前往西方數國事宜，並籲請去除訪問期間的所有障礙，確保林仁波切所有事業都要爲衆生及佛法帶來利益，且能夠毫不費力圓滿成就。殊勝的護法神承諾會如是而行。

六月五日，赤江仁波切拜訪林仁波切，獻給他哈達及道別禮物，並祈願林仁波切能在西方找到最好的醫師做檢查及治療，他也因此能毫不感到疲累地爲那些已經準備好接受佛法的人，長轉廣大甚深的法輪。

十九日，林仁波切爲八名信衆授戒。

第五部
人生晚年
1980～1983

第三十五章
訪問歐洲及北美洲

在法國，發菩提心的甚深教法

一九八〇年六月二十九日[1]，林仁波切搭乘法國航空班機飛往巴黎。達波巴丘仁波切和各佛法中心的代表們前來接機，接著他下榻在巴丘祖古的宅邸。前來接機以及其他與林仁波切有關的人都來獻上哈達，林仁波切和他們一起食用茶及甜飯。

七月九日至十二日，在善增菩提洲佛學中心的安排下，林仁波切對約二五〇人講經，其中包括幾位藏人、許多法國人及其他西方皈依者等，根據的法本是噶當巴格西，朗日塘巴的

[1] 英譯者注。本書現代藏文版記為七月二十九日，但根據本章的日期推斷，英文版將日期改為六月二十九日。

《修心八偈》，以及包括教導寂天菩薩的《入菩薩行論》，這是發菩提心的甚深教法，例如愛我執的過失、愛他執的利益、自他同樣不希望受任何苦痛，以及自他交換的修行等。

十三日，林仁波切受一所越南寺院之邀，對約兩百人講經，並供養寺院、念誦祈願文。之後，他獲邀享用午餐，並與行政人員討論佛學中心相關事宜。他們拍了一張團體照，有人獻給林仁波切一尊大約高三十五公分的瓷製尊貴度母佛像，手上拿著一只寶瓶。林仁波切開心收下這份禮物，後來將之與其他最珍惜的聖物一起供奉在自己的房間。

十五日，他受索甲仁波切之邀前往寧瑪佛學中心。他應邀說法，之後提供重要的建議，說明遵照過去殊勝修行者腳步之重要性，例如寧瑪派的偉大瑜伽士及大師措傑多傑——蓮花生大士的另一稱謂——的二十五位弟子等人，也要徹底專注於顯密道次第的聞思修。隔天，是無與倫比的上師釋迦牟尼在鹿野苑初轉法輪教授四聖諦的殊勝日。因此，應善增菩提洲佛學中心之請，林仁波切與其成員們參加了上師薈供儀軌。之後，林仁波切針對這殊勝日子給予開示。

二十六日，應德瓦吉夫人之請，林仁波切飛往濱海的尼姆，休息五天修養身體。他每天在海邊散步，有時則會坐在傘蓋下觀察渡假的人們。他開心回憶道：「這個國家適合工作與娛樂。他們工作時認眞工作，玩樂時盡情享樂！瞧他們，看來是多麼快樂！」林仁波切並沒有下海游泳，但在別人力勸下，他走入海中直到海水及膝。

在義大利，說法博大精深

八月一日，應義大利多聞佛法中心長期之邀，林仁波切飛往米蘭，下榻在八雷拉・巴斯東尼的宅邸五天。林仁波切在米蘭善增菩提洲寺教授《修心八偈》，並傳長壽灌頂。艾力歐擔任口譯員。接著林仁波切搭機前往比薩，然後再搭車到波美亞的宗喀巴喇嘛學院。約有六十名西方人及藏人持哈達，以西藏傳統方式迎接他。八、九日，林仁波切對約七十名佛學中心成員及其他接法者，包括扎雅仁波切在內，傳獨勇大威德金剛前行儀軌，隔日是正行灌頂。因此無疑種下了四身種子。在前行儀軌的前行說法那天，林仁波切廣泛地講授顯密共同的道次第，並簡單講授顯密差異、密續的特色，以及四部密續。

然而，應接法者之請法，他根據宗喀巴大師《功德本頌》講授顯密圓滿次第。前下密院堪布奧建澤登也在接法眾之列，在講解時，親教師邀請他主持領唱旁註多瑪、獻曼達拉、祈願文等。魯卡柯羅那將之翻譯為義大利文，他的兄弟馬西莫則翻譯英文。殊勝上師的說法博大精深，有些西方人不太能理解。因此，提及圓滿次第的主題時，林仁波切只講述概要，而不詳細說明。講經的最後一天，接法衆以上師薈供來供養仁波切，他欣然接受。

每天講經結束時，林仁波切會穿著輕便服裝，在拉章管家洛桑朗瑞的陽台休息。偶爾會在此跟扎雅仁波切及前堪布奧建澤登見面，並爲他們解答佛法問題（彩圖32、33）。

二十日，林仁波切仁慈地傳某些西方人居士五戒，並對其他人傳沙彌戒。林仁波切獻了一幅兜率百尊的唐卡給佛學中心，做爲他們修信的聖物。那天稍晚，他接到來自美國的蒙古喇嘛卓傑的電報，邀請金剛總持親教師到紐約時能傳獨勇大威德金剛灌頂。林仁波切答應這項請法。

在瑞士，給予年輕藏人建言

隔天，林仁波切飛往日內瓦，受到帕哈圖丹奧登、若特格西，以及其他多位西藏人及西方人的歡迎。他搭車從日內瓦前往由若特格西創立的解脫法洲佛學中心（現已改名爲拉布敦卻林寺）。二十四日，透過貢薩祖古的翻譯，林仁波切對約兩百名接法衆傳白文殊的隨許灌頂，以及白度母長壽灌頂。隔天，他根據宗喀巴大師的《緣起贊》，對卓尼格西的《雜讚》進行爲期三天的傳承及教授。二十八日，佛法中心供養林仁波切長壽法會，應惹對寺的前糾察師洛桑蔣揚之請，林仁波切與已完成金剛瑜伽母本尊生成次第閉關的群衆，進行金剛瑜伽母的自灌頂及薈供儀軌。

二十九日，林仁波切傳給幾位接法者沙彌戒。

九月一日，應卡美洛桑與札隆家族之請，林仁波切前往豪爾根。三日，仁波切針對約一百名藏人接法衆傳《二十一度母讚》、七世達賴喇嘛所造之《觀世音菩薩讚》、觀世音菩薩心咒，以及長壽灌頂。

七日，林仁波切前往瑞康西藏學院，受到堪布及當地藏人的歡迎。他在當地對約九百名接法衆（主要爲藏人）傳觀世音菩薩、三忿怒尊的隨許灌頂、長壽灌頂，並口傳我的長壽祈願文與度母祈願文。之後林仁波切給予年輕藏人教誡，告訴他們應該要堅強，並努力學習現代西方教育。同時，他們必須學習自己的文化，例如藏文，也應該要確保對三寶及業果法則的堅定信仰。重要的是藉由受良好教育，未來就能幫助到自己的國家。他們應該要能護持自身的宗教、文化及良好傳統，也應該瞭解如何以西方教育來推展自身的文化遺產。林仁波切提醒他們，我們因現在的情況得住在他人國家，「如果我們喝了那國的水，就該遵守該國法律」。此外，我們也應該注意遵守合宜得體的行爲舉止規範。

九日，林仁波切前往蘇黎世，在意喜法持佛學會對約兩百名聽衆演講，主題是於珍貴菩提心修心軌理，聽衆感到非常受用。

十八日，林仁波切回到法國。之前診斷出甲狀腺問題的醫師們，前來仁波切居所見他，並爲他做檢查。醫師要求他到醫院進行甲狀腺的注射。在醫院注射時，也檢查了他的膝蓋。

一旦有空，林仁波切常去散步。

在美國及加拿大，提醒所有藏人都是佛陀的追隨者

十天後，應格西旺傑之請，林仁波切啓程前往美國。二十八日下午，林仁波切抵達紐約甘迺迪機場，前來迎接的包括藏人行政人員代表、蒙古格西旺傑、穹拉惹對祖古等人，以及一些佛學中心負責人、蒙古僧院的堪布（彩圖34）。林仁波切獲獻哈達，他接受之後又回送給贈送者。然後他被載往蒙古喇嘛卓傑宅邸，由穹拉祖古安排林仁波切在那裡住宿。

隔天，林仁波切前往新澤西州的拉松謝主林寺（美國第一座藏傳佛教寺院）。該寺僧衆穿上黃僧袍及班智達帽，持香列隊迎接林仁波切到他的房間（彩圖35）。

午餐後，格西旺傑對林仁波切提及興建新寺院的事。隔天，在美國學者傑佛瑞·霍普金斯翻譯下，林仁波切根據尼古瑪傳承，對將近二五〇名蒙古人、藏人及西方人傳單尊、單

瓶無量壽佛長壽灌頂。翌日，一位名叫多傑的蒙古人請求仁波切教導他，如何能確保來生不會下墮三惡道，例如地獄，而能投生三善道。林仁波切笑了，然後問管家：「這要怎麼教呢？」在管家提議下，林仁波切慈悲傳他普救惡趣觀音的隨許灌頂。

十月一日，林仁波切受邀到蒙古吉祥善增洲寺，對包括該寺堪布格西雅佩、色拉寺昧扎倉的格西，洛桑達青在內，約一百名聽眾解說《兜率百尊》上師相應法，並傳長壽灌頂。格西雅佩的視力變差，加上年事已高，所以懷疑自己是否還有機會與林仁波切再見。因此，隔天林仁波切要離開時，他高聲唱誦：

祈願大喇嘛——教法之光，長久住世
祈願世間充滿佛法執持者②

②英譯者注。這兩行偈，是當七世達賴喇嘛上馬準備離開中藏時，西藏官員頗漢索南朵傑即興詠出的偈誦。由於情緒太過激動，頗漢並未完成傳統的四行偈誦。因此，七世達賴喇嘛回應兩行將之完成：「願教法的影響昌盛、功德主財富繁榮；願對佛陀教誨的吉祥有利事業能長久持續。」

林仁波切傾聽著，亦回贈祈願文。

之後，林仁波切前往蒙古的菩提法洲寺，慈悲地對永登嘉措及約一百名聽眾傳長壽灌頂。隔天，林仁波切造訪蒙古札什倫布寺，對佐格祖古及約一百位蒙古人，傳皈依戒、講授念誦觀世音菩薩心咒的利益，並口傳《密集金剛根本續》第一品。四日，林仁波切前往費城，拜訪新的蒙古寺院甘丹增勝洲寺。林仁波切對約五十人傳觀世音隨許灌頂。然後他搭乘一位蒙古人的自用轎車返回紐約。那部車半途拋錨了，臨時又叫不到計程車，所以林仁波切到紐約時已晚，我聽說當時等他的人們頗爲擔心。

應紐約法友之請，林仁波切參加紐約藏人協會的聚會，並按照西藏傳統，獲贈茶、甜飯，以及佛像、佛經、佛塔三象徵供物等。林仁波切傳一場廣博甚深的開示。

他表示，如果藏人彼此團結，那麼無論想要達到的共同目標爲何，遭遇的阻礙會較小，而且別人引發的問題及困擾，都不會影響他們。藏人之間的友誼與和諧，不該囿限於少數個人或小團體，而應該適用於不同宗教派別，以及西藏主要三區的民衆。西藏四個主要宗教派別的大喇嘛們的教法主張，或有些許不同，誦經風格也有異同，修行及儀軌也有些微差異。但是除此之外，藏人都追隨同一位導師——佛陀。應該要記得這一點，不該因貪嗔而起的偏見而動搖心志，應盡可能努力相互理解：所有教法其實互不抵觸，一切教言皆是教授，互相欣賞所散發出的珍寶光芒將照到彼此。西藏三區被稱為「區」，是因為各區分擁各自的語言、習俗，但都在觀世音菩薩所轄範圍中。因為來自不同區而爭執及仇視的態度，都該揚棄。反觀，應該懷抱合作互惠的觀念，永遠不讓友好的紐帶鬆脫。

隔天，穹拉祖古的佛學中心邀請林仁波切，對約二五〇名僧俗二衆傳《兜率百尊》上師相應法，以及尼古瑪傳承的無量壽佛長壽灌頂。他為這佛學中心取名為「普遍解脫洲」（亦即紐約西藏中心）。在一卷佛陀唐卡背面，他以藏文寫道：「致普遍解脫洲佛學中心，以此做為修信之聖物。九十七任甘丹赤巴。」英文的翻譯也落款其上。林仁波切造訪過的所有寺院和佛學中心，他都為它們的唐卡留下類似的提字。

講經說法結束後，林仁波切進行了一場演講。他表示：現今世上所有我們不樂見的問題，例如戰爭，都是源自於未調伏的心志。拋棄對敵人、朋友及陌生人的貪嗔偏執，而應愛惜衆生，視他們如帶來世上所有利益的如意寶；持續增長「幫助衆生」的這種想法及行為，這種態度是很重要的。要達到此目標，必須依賴聞思佛法。只知道佛法是沒有用的，還必須運用佛法來調伏內心。

蒙古喇嘛卓傑早就向林仁波切請法大威德金剛灌頂，不僅因為從來沒有人在紐約市傳大威德金剛灌頂，也是因為喇嘛卓傑求知若渴，冀望接受偉大金剛總持親教師的教法，除此之外也有很多其他理由。

因此，十月九日、十日，在普遍解脫洲佛學中心，林仁波切對約三十人傳獨勇大威德金剛灌頂，以及前行儀軌。林仁波切強調六段上師相應法應該每天念誦六次，以及提醒每天持修自生本尊的重要性。聽衆中有些人已經每天持修十三尊大威德金剛的自生本尊，他們向仁波切請求自己不另外修獨勇大威德金剛自生本尊的開許，仁波切也同意了。

林仁波切在紐約進行的這些說法，翻譯者是美國人亞特．恩格爾。

隔天，喇嘛卓傑、達波巴丘祖古、穹拉祖古以及其他接受灌頂的人們，供養林仁波切一場以上師薈供進行的長壽法會。在講經的期間，一名來自香港的年輕漢僧馬克斯，就在這佛法中心樓上的公寓裡供養林仁波切午餐。也在馬克斯的建議下，林仁波切接受一位中醫師為他針灸治療膝蓋。

不久後，林仁波切受菲立普．漢姆利之邀，前往拜訪他的佛學中心。透過拉達奇強巴的翻譯，林仁波切講授了四聖諦的取捨實作方法。一天，普遍解脫洲佛學中心的祕書瑪傑雷邀請林仁波切參觀一二〇層樓的世貿大樓。林仁波切透過雙筒望遠鏡從頂樓俯瞰紐約市。在頂樓餐廳稍事休息、受供養茶飲點心後，林仁波切表示想買些假花做為供品。衆人帶他到中國城，但店裡並沒有他屬意的花朵。林仁波切改買了一個精緻的布袋和尚瓷像。

隔天，穹拉祖古的三位弟子尼克、東尼及艾瑞克和其他人，帶林仁波切參觀附屬於聯合國的一座博物館。林仁波切對於展示的一塊月球岩石特別感興趣。之後，一行人前往梅西百貨——世上最大的商店之一。拉章管家洛桑朗瑞在那裡爲林仁波切買了一雙好鞋。當管家和其他人去逛其他區時，林仁波切就在鞋區休息。他對穹拉祖古表示，金剛總持帕繃喀大師眞的看過至尊達扎仁波切以大威德金剛現身。他也表示，達扎仁波切曾告訴自己，前世林仁波切洛桑隆朵丹增欽列，只擔任十三世達賴喇嘛七年的親教師，而他應該繼續前世林仁波切的職務。如今看來這似乎是有先見之明的一項指示。

後來，祕書瑪傑雷帶林仁波切去看星際大戰電影《帝國大反擊》。林仁波切非常喜歡這部電影，問了很多問題。在他停留紐約期間，普遍解脫洲佛學中心的學生及職員，很樂意爲林仁波切服務，例如供養餐點等等。

十二日早上，林仁波切一行人飛往加拿大蒙特婁。各佛法中心會長、當地藏人及西方信衆，都在機場迎接並獻哈達。他搭車前往菩提法洲寺，受供養茶及甜飯。衆佛法中心會長、所有當地藏人以及西方信衆，都來拜見林仁波切。

隔天，噶瑪巴仁波切和金剛總持親教師受邀到一座噶舉佛學中心用午餐。林仁波切抵達時，噶瑪巴仁波切已經在那裡了，但因他身體狀況欠佳，只能在房門口恭候林仁波切，而不能到外面迎接他。噶瑪巴仁波切對他解釋這一點。林仁波切也已發現自己爬階梯時有點困難，於是請求噶瑪巴仁波切：「我年紀大了爬樓梯不方便，你們年輕人應該長久住世，以利益衆生及弘揚佛法。」然後他們互獻哈達，並互碰額頭致意。

兩位貴賓都享用了午餐。噶瑪巴仁波切從他的座墊下拿出四百美元，供養金剛總持親教師，祈請親教師爲噶瑪巴仁波切修長壽法會。噶瑪巴仁波切也透過甘丹寺絳孜扎倉的格西建饒，請求林仁波切在長壽供物上用印。因此，林仁波切修了一場長壽法會，並將長壽供品供養給噶瑪巴仁波切。

六世林仁波切與十六世大寶法王噶瑪巴仁波切在蒙特婁合影。

翌日，林仁波切受邀去逛街。在一間店裡，他買了一對手工製作、品質很好的瓷器小豹。

那時候，我也抵達加拿大。林仁波切來我住的飯店見我，由我弟弟阿里祖古在大廳入口迎接。我們在飯店裡交談，我告訴金剛總持，自己為佛法及有情眾生做了哪些事，他也表明自己在歐洲和美國弘揚佛法的事業，也提到他目前健康狀況。隔天早上，我受邀為菩提法洲寺主持揭幕典禮及開光。至尊林仁波切也參加並進行祈願。之後我受邀到仁波切的住處，我注意到桌上那對瓷製小豹，讚美它們很漂亮，林仁波切馬上送給我當做禮物。

十六日，應當地藏人及西方信眾之請，林仁波切傳三性總修隨許灌頂，以及關於此世及來世重要修行的開示。十七日，當地藏人供養林仁波切長壽法會。

二十一日，應多倫多藏人之請，林仁波切從蒙特婁飛往林賽機場，受到許多藏人和西方人的歡迎，再搭車前往多倫多。隔天早上，他對當地團體教授宗喀巴大師的《菩提道次第略論》、傳白度母長壽灌頂，並給予如何在此世和來世增善斷誅惡的建議。應察塞祖古、吉列席哈等人之請，林仁波切為甘丹法洲佛學會揭幕，並在他們敦請之下同意接受中心會長之名。

二十三日，應喇嘛噶瑪成來之請，林仁波切在一間噶舉佛學中心對約八十人傳《修心八偈》。之後，林仁波切受邀到多倫多最高建築物，從CNN大樓頂端俯瞰多倫多市。二十四日早晨，林仁波切應達波仁波切的弟子洛桑帕卓（俗名爲蘿絲瑪莉・巴頓）之邀，在她母親凱薩琳位於薩頓的家中停留三天。林仁波切講經說法及給予建議，滿足衆人之請法願望。

二十六日上午，林仁波切離開加拿大前往美國。當地藏人及其他加拿大居民到機場恭送。在紐約拉瓜迪亞機場，穹拉祖古以及普遍解脫洲佛學中心的學生及職員前來接機。林仁波切搭車到先前住處稍作休息。隔天，林仁波切前往甘迺迪機場，準備啓程至歐洲。但因爲天候影響，他必須在機場貴賓室等候一個小時左右。那時候，林仁波切爲穹拉祖古及馬克思・東尼兩人拍了照，提起他較年輕時曾經自己洗相片的往事。

林仁波切抵達巴黎，住在達波巴丘仁波切的家。三十一日，應哲蚌寺洛色林扎倉格西阿旺建饒、法國南部上普羅旺斯阿爾卑斯省會的迪涅萊班（簡稱迪涅）佛學中心祕書，以及迪涅市之請，林仁波切飛往當地，造訪了第一位入藏的西方女性——亞歷山卓・大衛尼爾③的家。

十一月一日，林仁波切在當地一所佛學中心對約一二五名信衆開示，並進行佛法問答。隔天，他講授並口傳《修心八偈》。三日，應佛學中心祕書之請法，林波切開示皈依佛法。

在市政府爲仁波切舉辦的歡迎會上，市長表達對於林仁波切來訪及講授佛法的喜悅之情，並獻上市旗及紀念獎章。林仁波回贈市長上好哈達及三枚藏幣，並讚揚亞歷山卓．大衛尼爾女士，表示她的足跡遍布西藏多處，並曾拜見幾位大喇嘛，例如十三世達賴喇嘛尊者及前世班禪喇嘛確吉尼瑪。她也拍下西藏許多地方及寺院的景觀，出版眾多西藏專書。林仁波切又說，支持她成立的基金會是件很重要的事。

林仁波切在迪涅停留三天。許多人來拍林仁波切，關於他到訪的報導，也出現在歐洲各地的電視螢幕上。

五日，林仁波切返回巴黎。應善增菩提洲佛學中心之邀，林仁波切對約三百名信眾開示，主題是紀念佛天降日。之後，林仁波切參加供養法會。此外，也應善增菩提洲寺之邀，在接下來四天對同樣的三百名信眾口傳及教授宗喀巴大師的《菩提道次第攝頌》，以及傳白文殊及綠度母的隨許灌頂。

十九日，一位斯里蘭卡僧侶邀請林仁波切在國際文化協會上共進午餐，他欣然赴約。後來，應甘丹寺夏孜扎倉格西隆里南傑之請，林仁波切對解脫洲佛學中心約八十人講解皈依。

③法國著名女探險家、記者、作家、藏學家、東方學家、歌劇歌手。她是一位佛教徒，於一九二四年進入西藏拉薩，以第一位入藏的歐洲女性而聞名。於一九六九年逝世，因此林仁波切訪問她家時，那裡已經變成博物館。

十五日，他對約三十名旅居法國的蒙古人講授《兜率百尊》上師相應法，圓滿他們的願望。

返回印度

十一月十六日，林仁波切由法國啓程返回印度。巴丘仁波切、各佛學中心的職員、當地藏人與其他信眾到機場送行。十七日早上，林仁波切抵達德里，藏人政府代表沙度仁欽、拉達克西藏之家會長巴庫拉仁波切等人前來接機。在德里，林仁波切下榻在圖登次仁家裡。隔天，應阿謝揚吉之請法，林仁波切對約五十人傳白度母長壽灌頂。二十一日，他搭火車返回達蘭薩拉。

二十三日，藏曆十月十五日，是吉祥天母的特別日子。因此，這天尊勝寺全體僧團和我，有修護法的一般酬懺，也有修個別護法的酬懺，包括黑護法吉祥天母，紅護法乃穹護法，祈求佛法及西藏人民的利益。那天，林仁波切來見我，並向我詳述他在西方從事的活動，以及弘揚及護持佛法的事業。下午，他跟我一起出席酬懺法會。

二十七日，透過神諭進行年度冬季召請乃穹護法降神。林仁波切對乃穹表達感激，全心讓仁波切在西方弘揚佛法及利益衆生的事業圓滿成功。

十二月一日，親教師來向我道別，因爲他即將前往菩提伽耶。下午，我們和尊勝寺僧衆一起到大乘法苑，林仁波切主持了二十五日供養的薈供輪。其中包括以上師供養法進行的薈供、大威德金剛、勝樂金剛、密集金剛、時輪金剛的祈請文等。

六日，林仁波切從達蘭薩拉啓程，八日抵達菩提伽耶。十五日，他開始進行一場特殊的長壽禪修。應一位不丹僧侶之請法，二十九日，林仁波切以大威德金剛生起次第儀軌，來爲他教授大威德金剛生起次第的法門。

一九八一年，鞏固生命力量的支柱

一九八一年一月一日，林仁波切傳二十名信衆具足戒。五日，他對兩位不丹僧侶講授《加行六法——賢緣頸飾》，內容爲進入菩提道次第修行時，六種前行修法。十一日早上，我抵達菩提伽耶，偉大的金剛總持到我的房間，獻上曼達及象徵佛陀身、語、意的佛像、佛經、佛塔。十四日下午，依照我先前請法，就在聖地菩提伽耶殊勝神殿旁、寺院上方的房間裡，我從林仁波切座下接受大威德金剛灌頂。儀軌助理由什貢仁波切擔任。什貢仁波切因爲站太久顯得有些疲累，當上師金剛總持發現時，展顏笑了。我覺得在如此甚深的教法中看到仁波切如此歡喜，我感覺深受加持。

在接受灌頂的地方，我收到一個密封的信件。打開後，讀到我母親往生的消息。衆政府首長本來希望這消息由親教師轉達給我，好讓他可以安慰我。然而，我先開了信封，反而是我告訴林仁波切這個消息。我請求兩位親教師爲我母親迴向祈願。金剛總持親教師安慰我，我既高興又傷心。

十八日，我必須回達蘭薩拉，仁波切來看我，我們有場非正式的談話。隔天，在神聖的菩提伽耶大殿，應在德里經營約客餐廳的吉宗之請，林仁波切對超過一千名僧俗二衆傳長壽灌頂，並給予勸誡，說明善惡業取捨的重要性。

二月五日，藏曆鐵鳥年新年，林仁波切在他的房間修新年法會，然後參加西藏寺的薈供。從九日起，林仁波切和往常一樣主持傳召大法會。

三月十六日，林仁波切離開菩提伽耶，十八日抵達了達蘭薩拉。途中，他造訪赤江仁波切宅邸彼此祝賀新年。二十二日，他前來見我。

應來自理塘的朵丹等人之請，林仁波切對二十名接法者傳了馬頭明王、金剛手菩薩以及金翅鳥灌頂。

我將面臨厄年，爲了排除所有可能降臨在我身上的障礙，四月十九日，藏人行政中央及其藏人供養長壽無死五尊的長壽法會。藏傳佛教主要派別領導人都參加法會，包括我的親教師、殊勝的崔津法王、竹巴法王、敏珠林法王，以及苯教寺院堪布隆朵丹義。林仁波切、赤江仁波切及什貢仁波切，三人一起坐在僧眾最前排。這場長壽法會確實鞏固了生命力量的支柱。

五月二十五日，應我私人辦公室的耶喜東登醫師之請，林仁波切傳三忿怒尊的隨許灌頂。我即將前往美國傳時輪金剛灌頂，因此，林仁波切和

林仁波切、崔津法王，以及敏珠林法王祈請達賴喇嘛長久住世。攝於達蘭薩拉，一九八一年四月十九日。

赤江仁波切於二十七日前來看我，他們獻給我哈達以及象徵佛陀身、語、意的佛像、佛經、佛塔，我們針對一些主題進行討論。

七月十二日，透過神諭召請嘎東及乃穹護法降神，請求占卜預測。三十日，林仁波切對兩位西方女士傳沙彌尼戒。

八月一日，應達波巴丘仁波切之請，林仁波切每天講授一節宗喀巴大師的《辨了義不了義善說藏論》。在這一系列講經中，他解答了哲蚌寺果芒扎倉與洛色林扎倉教科書的不同觀點。

二十日，我邀請兩位親教師林仁波切與赤江仁波切來訪。我向他們報告不久前訪問美國威斯康辛州鹿野苑佛學中心，進行初次在北美洲傳的時輪金剛灌頂，以及其他種種活動，他們回以讚美之詞。應穹拉祖古之請，林仁波切對穹拉祖古及達波巴丘仁波切講授宗喀巴大師的《成就海火供》，以及貢唐丹白仲美的《十明王守護迴遮教授廣論》。

九月三日，達波巴丘仁波切即將返回法國，林仁波切贈予帕繃喀大師全套著作。六日，應巴喜彭措旺嘉之請，林仁波切口傳並簡短教授宗喀巴大師的《緣起贊》。

十月十日，應澤塘阿南等人之請，林仁波切傳白度母的長壽灌頂。

至尊赤江仁波切身體不適，林仁波切於三十一日到藏人行政中央的扎西饒登宅邸探病。

他祈請赤江仁波切長久住世。他們接下來造訪蒙果的行程一致，所以兩人討論在甘丹寺見面事宜。我認爲，這是未來都將在南方寺院尋得兩人轉世的徵兆。

第三十六章 赤江仁波切圓寂

十一月八日，林仁波切透過神諭召請乃穹和嘎東護法降神。隔天早上，耶喜東登醫師來喬菩拉之家爲他定期把脈，並向林仁波切報告，赤江仁波切的脈搏微弱。林仁波切立刻搭上醫師的車前往赤江仁波切宅邸。他獻給赤江仁波切象徵佛陀身、語、意的佛像、佛經、佛塔並獻哈達，祈請他長久住世。不過，如果赤江仁波切已經決定示寂，林仁波切籲請正確無誤的轉世能很快出現。然而那時赤江仁波切似乎已示寂了。

我一聽到赤江仁波切脈搏微弱的消息，立刻前往他的拉章。林仁波切那時已經離開宅邸了。我抵達時，赤江仁波切的呼吸幾已停息，已經無計可施了。我的頭觸碰赤江仁波切躺著的床墊，一心祈願。我、拉諦仁波切及惹對朱巴祖古一起修上師薈供，並念誦勝樂金剛祈願文。至尊赤江仁波切看著我長大，常常送我禮物。不論任何狀況，他都會慈悲地給我善巧的建議，對我格外仁慈。下午，林仁波切前來見我，我獻給他一尊蓮花生大士的塑像，並祈請他長住世間。

十二日，親教師前往赤江仁波切宅邸，在赤江仁波切法體前修五妙欲雲供，並與荼毗助理念誦三次他自己造的祈願文，祈請赤江仁波切迅速轉世。

十五日，林仁波切來見我，告訴我他即將前往蒙果。十九日，他啓程前往旁遮普邦帕坦科特，然後搭火車到孟買。他獲得安排下榻在一位來自康區的老婦人家中兩天。從那裡，他搭機到貝爾高姆，再搭車到蒙果。在前往拉章途中，他受邀到甘丹寺並被迎接到大殿，受供養茶及甜飯。之後，甘丹寺及各扎倉的僧官、喇嘛、祖古及其他人們，為林仁波切獻上哈達。

仁波切接著前往拉章。一抵達，哲蚌寺院官員、哲蚌寺所屬扎倉、康村、喇嘛、祖古等都前來拜會。

十二月六日，哲蚌寺洛色林扎倉全體僧團以薈供儀軌，為親教師與上師供養儀軌進行長壽法會。哲蚌寺管理單位、果芒扎倉、薩迦寺官員以及人民代表，獻上象徵佛陀身語意的佛像、佛經、佛塔，祈請仁波切長久住世。

應哲蚌寺洛色林扎倉、甘丹寺夏孜扎倉，以及菩提伽耶寺院僧人宗竹堅贊先前之請法，林仁波切在洛色林廣場對來自三大寺、札什倫布寺、上下密院，以及來自其他地方約一八

○○名僧眾及約八十名在家人，傳十三尊大威德金剛灌頂。之後他講授四世班禪喇嘛羅桑卻吉堅贊的《上師薈供》。十九日，哲蚌寺、色拉寺、甘丹寺，以及上下密院、札什倫布寺、安多拉卜楞寺、蒙果的藏人定居點，聯合供養林仁波切長壽法會。

十二月二十日，藏曆二十五日薈供日，適逢赤江仁波切圓寂第六週。因此，應赤江仁波切拉章之邀，林仁波切早上前往甘丹寺大殿，與僧眾祈願赤江仁波切帶給眾生及佛法利益的清淨諸願能圓滿實現，而他正確無誤的轉世靈童能夠盡快出現。

二十三日早上在哲蚌寺，林仁波切對約兩五○○名僧俗二眾，傳以宗喀巴大師爲本尊的長壽灌頂。二十四日，林仁波切圓滿《上師薈供》的講授，兩位功德主以及蒙古人咕嚕帝華以上師薈供儀軌聯合供養長壽法會，林仁波切欣然接受。二十七日，義嘎祖古與林康村，在林康村大經堂聯合供養林仁波切長壽法會。二十九日，他對七十五人傳沙彌戒。三十一日早上，寺院管理單位在哲蚌寺大殿供養林仁波切長壽法會。下午，他傳學處圓融的比丘戒給二十名沙彌。

那一年，林仁波切拉章護持洛色林扎倉如下：擴建洛色林辯經場；供奉於廣場上鍍金宗喀巴大師等身像爲延壽本尊，以及兩側各一尊四十三公分兩位心子之像；一一五尊高三十公分、身穿僧衣的宗喀巴大師像；供奉諸像的佛壇；十六尊者[1]的唐卡，軸頭是由中國銀器打造；一套七個銀製供杯；一個銀製浮雕酥油燈座。一如往年，林仁波切拉章也護持僧團一整天的供養金、飲食，並在二十五日供養日護持薈供法會經費，也供養茶、飲食、功德金。

一九八二年，無限的慈悲

一九八二年一月三日，應擦絨及蒙果民眾之請，林仁波切在蒙果藏人定居點對數千僧俗二眾傳三忿怒尊的隨許灌頂、長壽灌頂，並給予教誡。

隔天，林仁波切接到來自我私人辦公室的信件，請求他爲我進行一場長壽禪修。他欣然同意，並立刻修法。後來林仁波切在楚康村對二十多名祖古、喇嘛及僧侶傳五身賜命。九日，林仁波切受邀主持洛色林昌盛儀軌，祈願輪迴與涅寂的所有善業，像夏季豐沛雨量而來。十日，應甘丹寺院務委員會之邀，林仁波切前往大殿，與僧團修長壽儀軌。十七日，他前往赤江仁波切拉章，以金剛瑜伽母成就法儀軌，對赤江仁波切的遺骨、骨灰及髮毛修沐浴淨化法。

①編注。或稱十六羅漢，是釋迦牟尼的得道弟子

二十五日，應甘丹寺夏孜扎倉之請，林仁波切在甘丹寺夏孜扎倉大殿對甘丹寺二扎倉僧團傳白文殊隨許灌頂，以及《文殊讚》。之後，甘丹寺供養林仁波切長壽法會，他欣然接受。

二月四日，林仁波切從貝爾高姆飛往德里，由行政中央代表及哲蚌寺洛色林扎倉送行。七日，他到德里的阿肖克飯店來見我。之後，他前往新德里的兜率天大乘淨土中心，對約四百名僧俗衆傳長壽灌頂。十一日，林仁波切主持哲蚌寺在德里的密宗扎倉揭幕典禮。

隔天，林仁波切離開德里，前往菩提伽耶，並於十三日抵達。自十五日起，他進行一場特別的長壽禪修。二十四日是藏曆水狗年第一天，林仁波切主持了例行的慶祝法會。二十八日起，在傳召大法會期間，早上他主持念誦聖勇菩薩的《本生鬘喻》法會，並於下午主持祈願大會。

之前，金剛總持親教師訪問紐約，在普遍解脫洲佛學中心講經時，一位美國人羅德．普里斯隨侍照顧。羅德剛抵達菩提伽耶，受拉章歡迎，以貴賓招待。當他至那爛陀朝聖，林仁波切派侍從丹巴陪同前去。林仁波切也贈予加持過的佛珠，以及自己的簽名照。在菩提伽耶聖殿，羅德為了利益雙親而進行千供，由金剛總持親教師主持法會。林仁波切把羅德雙親照片放在桌上，並專心對著它祈願。我聽羅德對其他人說，他永遠不會忘記這件事，還有其他事，和林仁波切對他的大慈大悲。

此外，林仁波切聽說有一位精神失常的女性會在街上拾取印有藏文的紙張再燒掉，避免有人踩過去。林仁波切表示，她根本不是失常，大家都應像她那樣，即便是一個字都要尊爲法寶。林仁波切說，這不僅適用於藏文，英文字也不應被踩在襪底與鞋底之下。他也表示，用其他語言的報紙去包裝東西也不委當。由此可見他對所有語言的敬意。

三月八日早晨，林仁波切爲昌都的嘉若祖古及桑布祖古舉行剃度典禮，並口傳《兜率百尊》上師相應法。十一日，應他們之邀，林仁波切造訪位於世尊苦修六年聖地的西藏寺院。在那裡，他傳八人沙彌戒。

二十四日，林仁波切返回達蘭薩拉。二十七日，我和他在大乘法苑見面。

四月十二日，應行政中心之請法，林仁波切圓滿爲我修的長壽禪修，後來獻給我長壽象徵供物。二十四、二十五日，應圖登耶喜喇嘛等人之請，林仁波切在兜率天淨土中心，對約四百名西方及西藏僧俗二眾傳獨勇大威德金剛前行儀軌，接著是正行灌頂（彩圖37、39）。

五月二十三日，林仁波切對來自瑞士的藏人竹頗家族傳長壽灌頂。三十日早上，他在大乘法苑對一大群僧尼及在家人傳單日戒。同一天，他也在大乘法苑主持誦億遍六字大明咒法會。

六月二十二日，我與什貢仁波切前往拉章，接受林仁波切傳的修息、增、懷、誅四事業中，增法黃大威德金剛長壽灌頂。

七月五日，藏人僧俗二眾供養我以如意珠白度母儀軌進行的空行迎迴長壽法會。在這法會中，偉大的金剛總持親教師擔任金剛上師，並進行獻曼達拉說法。三天後，藏人祈請殊勝的金剛總持長久住世。

我的厄年即將來臨。因此，二十五日，林仁波切拉章廣大供養達蘭薩拉各教派僧尼供養金，例如尊勝寺、辯經學院、策秋林寺等。拉章也贊助由二世達賴喇嘛尊者所造之《十六羅漢禮讚供養》法會、度母與無量壽佛的長壽法會、黑護法吉祥天母、紅護法乃穹護法的酬懺法會、念誦前攝政熱振仁波切爲我所寫的長壽祈請的計數法會，並招待我及我的下屬一頓饗宴。偉大的金剛總持獻給我曼達及佛像、佛經、佛塔，向我說明爲何我必須爲利益佛法及眾生而長久住世。林仁波切也跟我共進午餐。

二十九日，林仁波切主持前色拉寺昧扎倉堪布，嘉絨祖古的轉世靈童剃度典禮。

八月三日起，林仁波切進行爲期數週的特別長壽禪修。二十六日，林仁波切來見我，我們針對佛法許多方面討論了很久。同一天，林仁波切受西方學生之邀，到兜率天淨土中心參加唱誦法會，例如上師薈供儀軌等。之後他給予一些教誡。

九月八日，我即將啓程出訪國外之前，林仁波切來見我，並獻給我哈達。

十日，林仁波切對義大利僧侶強巴托昧及其他人，傳《兜率百尊》上師相應法，以及嘎拉路巴法王的隨許灌頂。十九日，他對侍衛團長達拉平措扎西（達賴喇嘛尊者的姐夫）及其家人，傳白度母長壽灌頂。隔天，他對阿里祖古傳馬頭明王、金剛手菩薩及金翅鳥的隨許灌頂。如此，他圓滿了接法衆們的願望。

第三十七章
無量的慈悲

一九八二年十月十九日，林仁波切透過神諭召請乃穹護法降神。他向護法神請示自己即將在色拉寺講授並傳承宗喀巴大師《菩提道次第廣論》的情形。乃穹回覆，這是很好的法行，並敦請林仁波切以大慈悲接下這個深廣的講經，同時要注意自己的健康。

兩天後，林仁波切爲來自吉隆、人稱「阿瑪洛桑」的洛桑卓瑪醫師一家人，以白傘蓋佛頂，進行禳解詛咒儀式。

二十八日，林仁波切離開達蘭薩拉，經帕坦科特前往菩提伽耶。

十一月十四日早晨，林仁波切開始特別的長壽禪修。二十二日，菩提伽耶寺院及林仁波切拉章聯合贊助長壽法會，由夏闊寺堪布，格西尼瑪堅贊主持。

十二月十六日，林仁波切傳廣大僧俗二衆一場公開的長壽灌頂。

十八日，林仁波切前往德里，十九日住在巴庫拉仁波切宅邸。二十三日，他從德里飛往班加羅爾，應先前之請，他下榻在桑登查卓藏暨沙度家族的賓館三天。

二十六日早上，色拉寺昧扎倉及傑扎倉的堪布們、寺院管理單位、南印度藏人定居點的代表們等人，前來恭迎林仁波切到色拉寺。抵達後，由僧侶列隊迎接到色拉寺傑扎倉大經堂。他坐在法座上，喇嘛、祖古及前任和現任堪布們獻上曼達及佛像、佛經、佛塔，並供養飲食。法會之後，林仁波切被護送到扎倉上方的房間。隔天，林仁波切受浙霍康村的僧侶諾布多傑之邀，主持色拉寺傑扎倉的法會。

十二月三十日，應傑扎倉先前之請法，林仁波切在大經堂對色拉大乘林全

林仁波切在菩提伽耶。

體僧團，以及來自其他寺院的僧侶、美國與其他地區的幾位西方人，還有約三百名藏人僧俗二衆講授《菩提道次第廣論》。首先，林仁波切背誦三次法本的前幾段。接著由堪布丹瑪雷丹複誦，保持殊勝持有傳承上師們的傳統。

林仁波切表示，以前偉大的十三世達賴喇嘛在拉薩羅布林卡宮傳《菩提道次第廣論》時，並不像現在有麥克風和擴音喇叭的設備。然而，據說只要你進入羅布林卡宮正門，就可以清楚聽見十三世達賴喇嘛尊者講經說法的聲音。林仁波切引用宗喀巴大師的《文殊菩薩禮讚文》，禮讚他演說部分「住近不甚響，住遠亦不成輕微」，這可視爲證悟者的一種不可思議功德之一。

一九八三年，即將離我們而去的跡象

一九八三年一月十八日，應浙霍康村之請，林仁波切口傳及教授宗喀巴大師的《三主要道》。十九日林仁波切圓滿《菩提道次第廣論》的教授，並主持菩提心法會。在我的指示下，私人辦公室供養林仁波切以上師供養及薈供儀軌進行的長壽法會，二十日則由此次法會的接法衆進行。三十日，色拉寺兩個扎倉及院務委員會供養林仁波切長壽法會。在這期間，哲蚌寺洛色林扎倉及果芒扎倉、甘丹寺夏孜扎倉、絳孜扎倉、扎布倫什寺、寧瑪派白玉寺、直貢噶舉寺等寺的堪布，以及行政人員代表與民衆們，獻上象徵佛陀身、語、意的佛像、佛經、佛塔加持聖物，並祈願他長住世間。

三十一日，在色拉寺昧扎倉大經堂，林仁波切對約四千名僧衆傳十七尊白傘蓋佛頂灌頂的前行儀軌。隔天，他傳正行灌頂。

二月一日，應住在邦迪拉的僧侶圖登次仁之請法，林仁波切傳普救惡趣觀音的隨許灌頂，以及白度母長壽灌頂。之後，林仁波切接見大衆。大約這時候，頂果欽哲仁波切來拜訪金剛總持親教師。林仁波切對一位來自尼泊爾的女士丹增究給傳居士戒。拉章為接法衆贊助上師薈供儀軌，並供養茶、餅，及捐贈金錢。同時對色拉寺僧衆、兩扎倉、浙霍康村捐贈供養金。

五日，林仁波切啓程前往胡恩蘇爾藏人定居點，途中他在西藏兒童村暫留，對約三百名職員及學生傳文殊菩薩禮讚文（岡洛瑪）、六字大明咒，以及給予開示。之後，他前往札什倫布寺，對大衆傳度母傳承。他也受邀到恰城寺，受供養茶飲及食物。六日，林仁波切造訪下密院。他在那裡對僧俗二衆傳長壽灌頂，也對修行給予建議。他們供養林仁波切長壽法會，之後他接見大衆。七日，他造訪南印度的宗卡秋德寺，隔天則歡喜欣賞寺院為他安排的金剛舞。林仁波切廣大供養宗卡秋德寺及下密院各供物及護持款。

九日，林仁波切啓程前往蒙果。十日，前往拉章途中，他受邀到甘丹寺，現任及前任堪布、喇嘛、祖古與行政代表們前來求見。十一日，我抵達蒙果，邀請林仁波切來哲蚌寺大殿頂樓房間來見我。

二月十三日，水豬年的新年。當天早上，林仁波切坐在拉章會客室法座上，主持吉祥的新年儀軌。之後，哲蚌寺洛色林扎倉全體僧衆都來拜見。九點，我坐在哲蚌寺主殿法座，主持行政中央贊助的新年法會。尊勝寺誦經團供養念誦八吉祥、八瑞物及七政寶①的偈頌，接著念誦迴向文及《教法昌盛祈願文》。然後行政中央資深官員代表獻給我佛像、佛經、佛塔，金剛總持親教師為我獻曼達及佛像、佛經、佛塔，以及他之前長期做長壽禪修的長壽供物。我感受到這些都是加持的甘露。

法會結束後，我邀請金剛總持親教師到正殿頂樓的房間，我與什貢仁波切一起供養林仁波切上師薈供，並祈請他長久住世。隔天，上密院供養林仁波切長壽法會。十六日，林仁波切陪我到甘丹寺絳孜扎倉，為新大殿開幕儀式修開光法會。兩天後，上午十點，應赤江仁波切拉章的邀請，仁波切陪我到拉章，參加由上密院八十名僧衆為銀舍利篋修勝樂金剛開光儀軌，裡面裝藏由至尊赤江仁波切遺骨刻製的小泥像。

下午兩點，在甘丹寺大殿，由格魯經典研究學會安排了一場活動，殊勝的甘丹赤巴林仁波切對一九八〇至一九八二年這三年間通過拉然巴、噶然巴，以及阿闍梨考試的九十名格西頒發證書。我授予前三名格西獎品。二十二日，林仁波切拉章在哲蚌寺洛色林扎倉，以上師薈供爲我供養了長壽法會。我的殊勝根本上師，戴著黃班智達帽坐在法座上，誦念獻曼達拉，並獻給我八吉祥以及其他長壽供物。我也祈願爲了遵照親教師的指示、爲了弘揚佛法以及現世的責任，我應該長住世間。

之後，親教師跟我、什貢仁波切在親教師拉章的房間共進午餐。那天，林仁波切拉章也對所有在那裡的官員供養豐盛午餐。那時候，助理經師什貢仁波切流淚提出一個感人的請求：「這些日子，在這樣的日子裡，宗教和世俗的重責大任被加諸在達賴喇嘛尊者一人身上。除了親教師，他沒有任何人可以傾訴。因此親教師必須長久住世，不能拋下尊者。林仁波切，也請您爲我們活得長長久久。」林仁波切被這懇切祈求而動容，我也因心痛而流淚。

什貢仁波切向來是虔敬事師的最佳模範。當我們三人見面，他會情緒激動地訴說一些事

①編注。供修行的聖物，各有不同功用：琥珀，驅邪定魂；硨磲，消災解厄；珊瑚，增智慧，結佛緣；水晶，開啓脈輪；珍珠，開悟大智；金，增益效果；銀，息災定神。

情並且哭泣流淚。然後，他又會旋即開起玩笑來，並笑不可抑。

水豬年，是金剛總持親教師獲得格西學位的六十週年，這一年也是我取得拉然巴學位的第二十五年了。這兩件事湊巧發生在同一年。爲此，二月二十五日在哲蚌寺大殿舉行了紀念儀式，由我的親教師——金剛持甘丹赤巴及親教師林仁波切主持。所有的行政官員、寺院僧侶及西方賓客都來參加。我於是引用宗喀巴大師的《證道歌》如下：

佛陀曾特別表示，要獲致大樂，
不要狂妄空想，
而應增上過去的功德。
為圓滿此目標，也為了其他許多原因，
你應該在心中升起如是喜樂才對。

我接著概述從宗教方面看自己人生走到目前的歷程。就我的學習而言，直到十五歲左右是由他人努力協助而得，之後才再加上自身的努力。我成爲格西後，不須別人督促，我也孜孜不倦地學習。我幼時就思緒靈敏，但因懶散，並不是一直喜歡學習。而親教師每天會來爲我上兩堂課、日復一日年復一年。金剛總持親教師的廣大慈悲無法衡量，也將會永遠持續如此，即使我證得佛果亦不止息。我在結論時說道，現在他年事已高，但基本上健康狀況良好，心靈充實滿足。我提醒金剛總持親教師，他曾答應我的請求，要與我們同在直到百年。

這一年，約有三五〇〇名僧侶前來參加爲期八天的傳召大法會。尊勝寺密宗利樂善說林扎倉修了「驟請閻魔法王交付事業法」，下密院修鐵堡朵瑪儀軌，上密院修瑪哈嘎拉儀軌，薩迦寺修「度母破陣法」，寧瑪寺院根據北方伏藏傳承修普巴朵瑪儀軌。八日下午兩點十五分，開始年度的抛撒朵瑪法會。因此，十二點，我和助理經師什貢仁波切、金剛總持親教師一起修六十四朵瑪供儀軌，並爲弘揚佛法及西藏安順而祈福。

那時候，林仁波切拉章供養大法會的僧衆享用茶、西藏湯麵、甜飯及供養金。林仁波切拉章也爲各別的扎倉，以及薩迦、寧瑪寺院提供類似的供養。

一天早上，林仁波切在拉章會客室透過神諭召請乃穹及嘎東護法降神。乃穹給了一個間接的說法：「如果偉大的金剛總持同意長住於世間，我，無形的護法神，將於晝夜六時，全程提供協助。」

之前，乃穹寺僧侶佩傑前往美國時，林仁波切指示代送一套五部根本大論及一部色拉寺昧扎倉，夏欽阿旺楚臣的《守護律儀戒論》給穹拉惹對仁波切。後來穹拉惹對仁波切發現在這些法本中，其中阿闍黎功德光的《毗奈耶經》有林仁波切從頭到尾標出註釋的筆跡，便請求林仁波切傳這些註釋的傳承。林仁波切回覆道，如果穹拉惹對仁波切整理出來的話，他就會給傳承。最後這些註釋出版了，初版由前內政部部長帕拉圖登雲丹親自獻呈給林仁波切。那時候，他懇切請求林仁波切長久住世。林仁波切表示他一定會對三寶祈願自己能長住世間，但他無法控制生死，因此無法完全答應能實現這項請求。

帕拉圖登雲丹對拉章管家表示，過去他在西藏擔任達賴喇嘛侍從期間，助理經師措尼仁波切曾特別前往布達拉宮西邊的巴瑪山，針對我和兩位親教師的健康與弘法事業運勢、西藏政府局勢好壞，向格薩爾王護法神進行占卜。護法神的回覆是，佛法和西藏即將經歷障礙及巨大動盪，但是林仁波切會登上甘丹寺法座，廣大弘揚顯密教法。那時候，西藏的宗教及政治情勢確實遭遇極大障礙，帕拉圖登雲丹曾認爲林仁波切可能很難成爲甘丹赤巴；然而到了印度之後，完全印證了當時占卜結果非常靈驗，實在令人驚嘆。

印度與尼泊爾許多不同佛學教科書的出版社，都會把初版呈送林仁波切。林仁波切贈予哲蚌寺洛色林扎倉圖書館非常多的書籍，並說這些書籍對學生們會有幫助。他告訴強巴祖古，拉章有一些上好的藏紙，應該用來印製甘丹寺的道次第法本《掌中解脫》清晰版，並說它將對某位特定的孩子有用。林仁波切也對強巴祖古說，如果他從達蘭薩拉發送緊急電報給強巴祖古，他應該立刻前往。這些事情和其他一些跡象，似乎是明確的預言，顯示林仁波切即將離我們而去，而他下一世殊勝的轉世靈童，將會在這座寺院接受教育。

三月十一日，林仁波切搭車離開蒙果，洛色林的官員及行政代表陪他到貝爾高姆機場。當林仁波切即將登機前往德里，一再回望前來送行的人們，但他以前從不曾如此做過。強巴祖古覺得林仁波切不會再回到蒙果了，並表示自己對此悲傷不已。

在德里，林仁波切住在巴庫拉仁波切的宅邸。當時西藏之家的主任多布祖古正邀請西藏各教派的領袖前來講經說法。因此，西藏之家代表西方信徒，請求偉大的金剛總持講經說法。於是，林仁波切於十四日前往西藏之家，從十六日到二十日，每天對一百名西方信衆傳七世達賴喇嘛格桑嘉措所造之《中觀見訣具四念之歌集》的一節講經。口譯者是夏巴祖古。

講經結束後，西藏之家以上師薈供儀軌舉行仁波切的長壽法會。那時供養給林仁波切的禮物之中，包括一些西藏之家出版的論典，其中有耶喜堅贊著作全集。除了這些論典之外，林仁波切回送其他供養物品。接法衆之中包括娘熱建楚仁波切和印度官員拉文佐佛瑪在內。

後來，應西藏之家之請，林仁波切對約一千名藏人及西方人傳普救惡趣觀音的隨許灌頂、單尊單瓶無量壽佛長壽灌頂。接著，他給予建議，提醒大家盡可能盡力投身行善的重要性。

二十三日，應圖登次仁之請，林仁波切離開西藏之家，然後在家休息數日。二十五日，在拉章管家洛桑朗瑞陪同下，林仁波切在全印醫藥科學院待了五天，進行徹底的身體檢查。這時候，圖登次仁的宅邸每天爲林仁波切送來飲食。醫師表示林仁波切沒有特別的健康問題，然而，林仁波切對管家表示，他明年不想再回醫院做檢查。這似乎是林仁波切不會再回德里的一個徵兆。

四月一日，林仁波切啓程前往達蘭薩拉。西藏之家主任、行政中央代表、巴庫拉仁波切等人送林仁波切到車站。隔天早上，他抵達帕坦科特車站，與西藏人民代表大會的資深部長和主席碰面。之後，林仁波切回到達蘭薩拉的拉章，眾人獻給林仁波切象徵佛陀身、語、意的佛像、佛經、佛塔，並獻哈達。

二十四日，宗教部在大乘法苑爲林仁波切贊助的空行迎迴長壽法會，由尊勝寺全體僧眾及當地僧團共同修法，以單尊單瓶無量壽佛的長壽儀軌進行。二十八日，拉章贊助了由策秋林寺僧眾以長壽三尊之一尊勝佛母儀軌進行的長壽法會。當該寺僧侶扎西堅贊獻上長壽象徵物給林仁波切，他請求林仁波切長久住世千萬歲。林仁波切開玩笑對他說：「我不是應該**超過**千萬歲嗎？」

穹拉惹對仁波切即將返回美國。當他和仁波切道別時，表示希望能在林仁波切今年前往菩提伽耶期間拜見他，也請求林仁波切將自傳增補出版，並詢問自己是否可以擔任抄寫員。林仁波切欣然接受這個請求，並爲他講授七世達賴喇嘛尊者的《中觀見訣具四念之歌集》，還送上該法本的原版，並給予一些教誡。他也要求穹拉仁波切研究自己出生地熱薩的金剛瑜伽母像。

五月十一日兩點，我邀請林仁波切及什貢仁波切到我的房間。這次會面到三點半結束，會話內容涵蓋許多主題。十五日，林仁波切對色拉寺傑扎倉格西卡揚等人傳長壽灌頂。十九日，西藏人民供養我長壽法會，由金剛總持親教師主持。二十二日，前任僧俗官員以上師薈供供養林仁波切長壽法會。

六月十一日，林仁波切對莎利及其他五名人士，傳六座上師瑜伽和大威德金剛祈願文，由夏巴祖古擔任口譯②。二十三日，林仁波切主持例行的召請乃穹與嘎東護法降神儀式。大約這時候，一名每次到印度都住宿在前世赤江仁波切拉章的法國尼師納蒂亞，前來拜訪林仁波切。林仁波切告訴她，前世赤江仁波切和自己非常親近，在拉章，他們的茶杯杯蓋設計也是一樣的！法國女尼請求林仁波切住世無量，他答道：「赤江仁波切示寂時是八十一歲，今

②英譯者注。莎利證實自己參加了這次說法，但表示口譯者不是夏巴祖古，當時他已經離開達蘭薩拉。

年我也是八十一歲。」似乎暗示今年會圓寂。

七月十七日，來自中藏的僧俗衆在大乘法苑聯合爲林仁波切舉行長壽法會，使用空行迎迴儀軌，與上師供養千供及薈供儀軌合修，參加者有當地居民以及剛到達蘭薩拉的衆僧尼。二十五日兩點，我邀請偉大的金剛總持親教師以及助理經師什貢仁波切，共同進行非正式會面，持續了三個半小時。

我還沒有從林仁波切座下接受的灌頂、傳承及核心教法，是印度論師無畏笈多的《金剛鬘大灌頂》等各種灌頂，林仁波切尚未閉關觀修其中的本尊。然而，除此之外，林仁波切已傳大多數我向他請法的灌頂。

基本上，我認爲自己對於授予傳承、解說及講經具有熱忱，也盡可能廣博精闢。我相信這樣做是好事，這是因爲我知道這樣沒有危險。進行灌頂時，如果上師和弟子都不具格、如果未能有效專注一趣，而光是念誦儀軌而已，那麼會把密法咒語變成它自己的影子。這樣的灌頂是非常危險的。教授和口傳不同經論時，如果不清楚其中某些內容，便不要再多說什麼，只要坦承「我不懂這個」而先行略過。除此之外，如果以良善動機教授所知所學，那麼我想會帶來一些利益。

因此，經年累月，我逐步從親教師座下接了我請的諸多經論解釋和各種教法。親教師本人接受的教法筆記一直留在西藏，未曾送達印度。林仁波切欣喜地告訴我，除了一、兩種較爲零散的教法傳承，他已經傳給我所有的教法。

第三十八章
助理經師什貢仁波切圓寂；林仁波切健康狀況走下坡

一九八三年九月四日，在印度北部喜馬拉雅偏遠的史彼提山谷，助理經師什貢仁波切突然示寂。林仁波切拉章管家無法對金剛總持親教師提這個消息。然而，兩位尊勝寺的僧侶前往拉章，請求林仁波切占卜並給予建議，看看他們是否應該前往史彼提協助安排什貢仁波切荼毗大會。因此，拉章管家不得不向林仁波切報告這個消息。親教師非常關心這件事，並告訴僧侶們應該立刻前往，他也建議在達蘭薩拉甘丹寺夏孜扎倉的僧侶也應該前去。

隔天早上五點，當管家照常前去服侍林仁波切起床梳洗時，發現林仁波切似乎中風了。拉章的人員立刻去請我私人辦公室的耶喜東登醫師及格列達吉。醫師讓林仁波切吃了藥，並以金針診療。格列達吉前往乃穹寺，向乃穹護法神求助。護法神的回答是：「正如無形的我之前曾指出，這似乎是對尊者的障礙，但如果儀軌執行得當，就不至於太危急。」於是，拉章立刻安排修長壽儀軌，例如在一天之內繪製完成一幅白度母唐卡。

接到什貢仁波切在史彼提圓寂、親教師生病的電報時，我人在瑞士。林仁波切病情顯然很嚴重，我非常傷心。我從小就認識什貢仁波切，他的念頭極為純淨，總是願意為了佛法及自己的國家扛下所有責任。他怎麼能突然就撒手人世，沒機會再做任何事呢？此外，親教師也隨之病重倒下。到底怎麼了？我覺得悲傷而且困惑。

幾天後，我接到私人辦公室寄來更詳細情形的信件。本來我想要馬上回印度。但想了一下，什貢仁波切已然圓寂，對於親教師的病情我也無法提供即時幫助，因此我指示私人辦公室採取所有即時且必要的措施。我該做的，就是懇切地祈願親教師痊癒，並決定盡可能圓滿我在西方的行程，再返回印度。

宗教部、三大寺、兩密院、其他寺院與個人、各團體、僧俗二眾以及林仁波切拉章，都為了林仁波切的身體狀況能好轉紛紛贊助法會及修儀軌。耶喜東登醫師不須照顧病人時，大部分時間都待在拉章，傾注心力照護林仁波切。

給桑耶喜發送電報到哲蚌寺洛色林扎倉，請桑拉強巴祖古前來達蘭薩拉。桑拉強巴祖古抵達後，便念誦林仁波切定期誦讀的內容來承事親教師。圖登次仁從德里趕來協助，穹拉惹對仁波切則從美國回來，當他抵達拉章時，林仁波切親切地歡迎他。穹拉仁波切負責念誦林仁波切日常課誦。林仁波切告訴他，要慢慢念誦，偶爾還會模仿穹拉仁波切的聲調，開心地笑。

晚上，桑拉強巴祖古、穹拉仁波切、達波巴丘祖古、上密院僧侶昆措丹增等人，在林仁波切近前修大威德金剛自生本尊儀軌，也修六十四朵瑪供、替身食子等。林仁波切的所有侍從聚集在一起誦念長壽祈願文，林仁波切應該有聽到。達波巴丘祖古、圖登耶喜喇嘛、尊祝仁波切等人供養數場長壽法會，由儀軌僧在林仁波切房外陽台上修法。修各儀軌的間隔時間，功德主進入林仁波切房間供獻佛像、佛經、佛塔，並請求他長久住世。對此，林仁波切祈請三寶，並告訴衆人應該也要祈求三寶。

後來，林仁波切一位法國弟子尙皮耶，藏人叫他蔣貝，也來服侍林仁波切。每天他都爲林仁波切按摩肩膀及左腳。爲了改善林仁波切的說話能力，他強調發出母音 a 或 u 的重要性。金剛總持親教師要求穹拉蒞對仁波切跟他一起唸這些母音。蔣貝的妻子伊莎貝爾前來探訪林仁波切，並請求他爲她加持佛珠。林仁波切拿起佛珠，誦六字大明咒二十一次，然後把佛珠還給她。

九月十九日早上，穹拉仁波切依照念誦時間表課誦《文殊眞實名經》，林仁波切喚他過去。起初穹拉聽不懂林仁波切說什麼，林仁波切又重複說了幾次。最後，他明白林仁波切在持咒「嗡巴刹帝謙篤喀」，意指「金剛利斷憂」。金剛利菩薩是文殊菩薩的別稱，而具種白蓮所造之《時輪廣論》（亦稱《無垢光廣論》），是對《文殊眞實名經》的主要註釋。

拉章的丹增彭措在照顧林仁波切時，曾請他幫忙戴上林仁波切常戴的毛線帽。那時林仁波切坐著，右手結說法印，左手結禪定印。這顯然是一個清楚的指示，亦即未來保存他的法身時應該呈現的姿勢。

九月二十五日中午十二點，我回到達蘭薩拉。下午兩點，我到拉章去探視親教師。看到他病得這麼重，我非常傷心，卻也束手無策。我衷心祈願林仁波切康復，長久住世。二十六日早上我再次去探病，並獻上曼達及象徵佛陀身語意的佛像、佛經、佛塔，懇切祈請他恢復健康。乃穹護法已經指示我們應該修解毒洗禮法會，但實際上並不便修此法。因此我修息增懷誅四位度母的息法功德白度母之閉關來代替，爲期三天。這是在五世達賴喇嘛尊者的《淨相輪封印》一卷中發現的修行。我帶來一瓶在這次閉關中修的淨水獻給林仁波切，讓他每天飲用。

十月七日是藏曆九月一日，上午八點，我再到拉章爲林仁波切獻上更多經過閉關加持的淨水，並請求他病癒康復。十六日上午八點，我再到拉章。他的病情有了一些起色，我再獻上淨水。

十一月三日十點，我到拉章探視林仁波切，詢問他的病情，並表明我最近爲佛法所做的一切事業等。十九日九點，我再去探訪，並與管家談到照顧林仁波切的事情。二十日，透過神諭召請乃穹護法降神。護法神在林仁波切近前跳神，然後獻給他象徵佛陀身、語、意的佛像、佛經、佛塔。乃穹護法之後跪在林仁波切前，懇求金剛總持親教師康復，並祈願未來生生世世永遠受他眷顧。乃穹護法眼中充滿淚水，好一陣子無法言語。護法神後來說：「正如之前我在蒙果所說，如果林仁波切承諾長住世間，我將晝夜六時專注承事仁波切。」護法神接著揉了林仁波切的手腳，並對房間進行開光。之後，他離開神諭的身體，離開了房間。

之前我獻給林仁波切一部《無量壽經》，含有《長壽佛陀羅尼》的法本，並請拉章管家念誦此經達一定次數。結果，桑拉強巴祖古及代林仁波切念誦日常課誦的穹拉仁波切，也每天多遍念誦這部經。林仁波切也特地請穹拉仁波切修此經的持咒。

一天下午，林仁波切要求念誦勝樂金剛身壇城祈願文的結行偈頌，林仁波切跟著穹拉仁波切一起誦念：

此生縱未獲得勝果位，
願於臨終佛父母眷屬，
以妙供雲悅耳歌樂聲，

微妙稀有瑞兆來接引。
其後能持死亡之光明，
並且領至能修殊勝道，
持明處所清淨空行刹，
願得迅速圓滿此深道。

二十一日下午，即便已圓滿所有念誦，林仁波切仍要求穹拉仁波切為勝樂金剛身壇城修兩次朵瑪供養、誦念三遍勝樂金剛祈願文、迴向文，然後再念一次勝樂金剛身壇城祈願文。穹拉仁波切按照林仁波切指示而行。

林仁波切的宅邸喬菩拉之家位在山丘高處，冬天極冷。因此，為了林仁波切的健康著想，任職於宗教文化事務部的給桑耶喜，邀請林仁波切搬到他在藏人行政中央的房間。十二月一日清晨，林仁波切被載往山下。抵達時，給桑耶喜供養林仁波切茶及甜飯，並獻上佛像、佛經、佛塔三象徵加持聖物等。林仁波切欣然接受，並對讓他住在這裡的給桑耶喜表達謝意。穹拉仁波切、藏醫曆算院的主任及職員、其他弟子、給桑耶喜與其家人邀請儀軌僧到家裡來，供養仁波切長壽法會，林仁波切欣然接受。林仁波切坐在輪椅上被推到陽台看看戶外。有一次，林仁波切看到從西藏逃亡出來時照顧林仁波切騾子的騾伕扎西，如今在廚房幫忙。林仁波切馬上叫他過來並爲他加持，告訴扎西要盡忠職守。

十二月十日晚上九點，聽說林仁波切病情惡化，我立刻去看他。雖然我悲不可抑，但我深信偉大瑜伽行者所做所爲都有其原因，因此我祈願仁波切的願望都能圓滿實現。我也念誦他的名號咒一千遍，同時專注於四灌頂加持。隔天九點我再去探訪林仁波切，那時我們已經知道繼續服藥也無濟於事了，現在必須審愼考慮是否要將林仁波切送往印度大醫院進行治療。與醫師們諮詢後，決定林仁波切應該留在原地。結果，藏醫澤坦多吉沙度藏爲林仁波切進行檢查、開藥治療。桑拉強巴祖古祈請林仁波切再留下來陪我們三年，如果不行，請住世三個月，或者最起碼住世兩個禮拜。在此請求下，林仁波切身體顯示少許好轉跡象。

有一次林仁波切對桑拉強巴祖古說：「如果我往生了，你應該要幫助管家洛桑朗瑞。」桑拉強巴祖古回覆說，轉世被發現之前，洛桑朗瑞一定是値得重用的侍從，就像在他之前的其他管家一樣。林仁波切聽了很歡喜，請登馬洛確仁波切（曾擔任尊勝寺堪布）爲他念誦宗喀巴大師的《菩提道次第廣論》及《辨了義不了義善說藏論》。

林仁波切的病情漸漸惡化，二十二日早上八點，我去探訪仁波切。我不斷祈願迴向，但顯然他將不久於世。我對洛桑朗瑞說，如果林仁波切示寂進入涅槃，要供養一條哈達。我也建議他要做哪些事。

同一天，我對超過一千名僧俗二衆傳十三尊大威德金剛前行儀軌及正行灌頂，之後修十三尊大威德金剛薈供。這次灌頂是應衆多原因而傳，包括拉章管家助理圖登登巴請法；我之前就想對從西藏來印度探訪親人的藏人講經說法；這也是憶念親教師大慈大悲的方式，他以無量悲心傳給我灌頂、口傳及核心教法，圓滿我的所有願望；藉由廣修供養，也能圓滿林仁波切的甚深願望。

我對來接法的大衆表示，他們尤其要祈願金剛總持親教師的聖願能無餘圓滿，覺得難過是於事無補的，不論上師在世或圓寂，他做的一切都是爲了利益佛法和衆生，我們遵照上師傳的教法來修行最爲重要。

第三十九章 林仁波切圓寂

林仁波切的病情惡化。

我接獲消息，林仁波切已經在十二月二十五日早上十一時示現圓寂。我立刻全心全意念誦祈請文，但願這位慈悲的導師圓滿了弘法利生的願望，並希望正確無誤的林仁波切轉世很快能被找到，新一任轉世能效法林仁波的知識、功德與殊勝的事業，以及他的教授、著述和辯經技巧。

那天，爲了表示對偉大上師的敬意、憶念上師的慈悲，藏人行政中央所有辦公室都停班一天。同一天，拉章安排在林仁波切法體前，進行從早到晚的大威德金剛自灌頂等儀軌，由登馬洛確仁波切主持，與八名①儀軌僧共同修儀軌。從二十六日到二十八日，我的私人辦公室贊助獨勇及十三尊大威德金剛的自灌頂，由登馬洛確仁波切及十四位儀軌僧修法。十二月二十九日，藏曆十月二十五日，是二十五日薈供日。在大乘法苑，拉章贊助了五妙欲煙供及薈供，由尊勝寺全體僧眾爲主的僧團，以及已完成閉關的僧尼及俗眾，修十三尊大威德金剛自灌頂。民眾也懇切念誦《觀音頌》，並反覆持咒六字大明咒。從七點半起，我全天參加法會，再次祈願我的根本上師圓滿成就眾生獲得解脫的願望，他的殊勝轉世能盡快被找到。

從三十日起連續六天，我的私人辦公室贊助《甘珠爾》（將佛陀教法譯爲藏文的「教敕譯典」）、《丹珠爾》（印度論述的譯典），以及宗喀巴大師與其兩位主要弟子著作的課誦。凡是能夠閱讀法本的僧俗眾，全部聚在大乘法苑一起助念。我也參加了第一天的法會。

三大寺扎倉及上下密院的僧侶、西方人、藏人一起在親教師的法體旁，進行實物及觀想的盛大供養，並祈禱生生世世仍能喜樂攝受殊勝上師的眷顧、早日得以拜見他的殊勝轉世尊容。

拉章管家洛桑朗瑞請我以占卜來決定，偉大上師的法體應該火化還是進行防腐處理。結果顯示，一般來說法體防腐對佛法的保存應該比較有利，就文殊化身宗喀巴大師的法脈傳承而言尤其如此，也能對許多眾生帶來巨大利益。我也建議他，爲求吉利，法體應擺設成以宗

①英譯者注。藏文版翻譯舊版記為「十四名」，初版則為「八名」。這可能是因為抄寫員跳過兩行，看到「十四名儀軌僧」的結果。此外，十四名僧侶在小房間為法體誦經似乎人數太多。

喀巴大師做為長壽本尊的姿勢。然而，印度氣候炎熱，氣候型態和西藏不同，不知印度是否具備快速乾燥遺體的方法。為此，圖登次仁及藏醫澤坦多吉沙度被派到昌迪加爾（旁遮普邦及哈里亞納邦兩邦首府）的一間醫學院進行考察。此外，透過印度外交部，有三位醫師從德里北上達蘭薩拉。他們和那所醫學院一致表示，印度並沒有防止遺體在一、兩週後腐壞的方法。因此就決定以西藏的防腐方式處理法體。

一九八三年是障礙強大的一年。之前，當我在德里的阿肖克飯店，即將訪問西方國家時，敏林澈清仁波切前來看我。他身體不適，必須由旁人攙扶雙臂。他抵達後便很認眞對我說，今年是非常危險的一年，我應該多加小心，應該馬上修某些特定儀軌。當時，我請林仁波切負責安排這些儀軌，必須盡力讓這些儀軌發揮效力。我說，我會提供修儀軌所需要的費用及供養金。

什貢仁波切和親教師都在今年圓寂，這些似乎都是障礙的顯現。當我從瑞士返回達蘭薩拉，我重新檢視什貢仁波切驟逝的細節。然而，我回想他那時所說的話、當時的行爲，他怎麼會在幾個小時內就圓寂等等，顯然這是偉大佛法修行者的行徑——似乎他是刻意決定示現寂滅。

金剛總持親教師出現嚴重中風跡象，但我們很難確實知道他不可思議的祕密眞相。年輕時，他努力投入學習。不論學到什麼，他都實修實用，人生只有爲了弘揚佛法及利益眾生之目的。因此，即使從一般人的觀點來看，他都是位不可思議的人物。多年來跟在他身邊，我深信如此。

一般來說，偉大人物所做所爲，絕對都只爲利益他人。至於親教師，不論別人看來如何，他生了這場病後還陪伴我們三個多月，是特別的慈悲行爲，以及非常善巧的方式。爲什麼呢？正如我先前所說，我無法承受親教師可能要進入涅槃的結果，心中受恐懼折磨。那當然只是愚蠢的思緒，因爲我終將要面對這個結果。然而，這些思緒仍舊糾纏著我。就在我這麼想時，親教師罹患了重病。接下來三個月，病情時好時壞。在那段期間，我有機會常常去探訪他，向他提出許多請求。這使我幾乎習於這種糟糕的狀況。因此，最後當他眞正示寂，先前我所害怕無法承受分離的恐懼，就不再那麼強烈了。我深信這是金剛總持親教師大慈大悲爲我顯現的善巧方法。光是這樣的慈悲就讓我多世都難以回報。

一九八四年一月四日，偉大的上師仍然安住禪定狀態，他的左手在床上移動了幾吋。在許多經、續法本中，佛陀描述證得佛果的弟子處於禪定狀態時，他們的意識清楚、肌膚不會失去光澤。在林仁波切圓寂之前，他的身體因爲病痛而失去些許自然膚色。然而，當他鼻息停止，呼出最後一口氣後，就像是年輕的文殊菩薩拋開所有外在附屬裝飾，進入內在的禪定狀態，林仁波切的臉上綻放明光並面帶笑容。登馬洛確仁波切、桑拉強巴祖古等人在照顧法體時，清楚聽到鈴聲及頭骨鼓②的聲音。諸如此類的超凡跡象，在林仁波切安住於禪定狀態的十四天內都清楚顯現。

一月六日早上六點半，一場暴風雪來襲，雪花的形狀有如花朵，雷聲不斷響起。就在此時，禪定狀態結束了。些許尿液自金剛身流出，是其徵兆之一，而且顏面膚色也改變了。然而，他身上穿著的背心，胸部部分還留著絲絲溫度，於是淨身儀式往後延。七日十一點左右，法體排出更多尿液，眼中流出些許淚水。四點，舉行林仁波切全身淨身儀式，期間他的頭部位置維持不變。之後，開始進行防腐灑鹽脫水的儀軌。

十七日，我到林仁波切法體前查看防腐過程。我也念誦三次自己造的祈願文，懇切祈請林仁波切迅速轉世。二十三日，我在菩提伽耶教授寂天的《入菩薩行論》時，我也傳授了祈請他迅速轉世的禱文，並對聽眾開示，請他們也能祈願仁波切的無垢願望能圓滿成就，能夠盡快發現其轉世。

三月十八日，達蘭薩拉及來自其他地區的僧侶，在各寺院堪布、宗教事務部主管等人領導下，列隊持香迎接乘轎的法體從藏人行政中央給桑耶喜的房間，返回喬菩拉之家林仁波切拉章（彩圖40）。在那裡，我向防腐完成的法體頂禮，獻上哈達、念誦偈頌。之後，新任甘丹赤巴強巴森彬、夏孜曲傑、絳孜曲傑、各寺院前任和現任堪布、行政官員，以及住在達蘭薩拉的藏人、西方人，都前來致敬。

幾天後，應其他信眾之請，主要爲了圓滿金剛總持親教師的願望，我對一群爲數眾多的僧俗二眾傳「道次第八大教授」，爲以《菩提道次第廣論》爲首的八部論著，包括宗喀巴大師的《菩提道次第廣論》《菩提道次中論》《菩提道次第略論》、三世達賴喇嘛尊者的《道次第熔金》、五世達賴喇嘛尊者的《妙音教授論》、四世班禪大師《安樂道論》、五世班禪大師《速疾道論》，以及塔波阿旺扎巴《菩提道次第善說藏》等殊勝著作的開示。這是甚深如雲的修行供養，爲了使林仁波切這位大喇嘛欣喜，並彰顯榮耀林仁波切。

拉章職員，以管家洛桑朗瑞來說，他們不辭辛苦，自始至終扛起了全程責任，發自內心虔誠以對。尊勝寺堪布登馬洛確祖古、來自兩密院的儀軌僧、乃穹寺的助手圖登吉美及圖登丹卓，他們毫無怨言地修淨身及醃鹽脫水儀軌。一位曾接受親教師傳法的美國人麗莎希斯，是位高明的雕塑家。她毛遂自薦，花費三年時間喜樂地專注一趣，憑藉一張照片，運用現代

②amaru，外型為沙漏狀的鼓，兩邊附有旋轉球。如用人類頭骨製造，則被稱為頭骨鼓。

技術精心製作栩栩如生的林仁波切法像，用來罩在殊勝的防腐金身上。那時候，林仁波切的一位美國弟子提嘉布洛克，隨喜贊助麗莎雕塑作業所須的全部費用。親教師的金身現在豎立在大乘法苑的一間房裡，做爲信徒禮拜的佛殿（彩圖41）。

一九八四年三月十二日，黃道吉日，我以獨勇大威德金剛儀軌，修殊勝林仁波切金身的開光儀軌，也修了一場薈供，並修諸多實物及觀修的供養，祈願無誤的林仁波切轉世能被發現。

拉章以黃金、銅在哲蚌寺打造一座近三公尺高的佛塔，林仁波切的牙齒以及珍稀特別的物品，都列入佛塔裡供奉的聖物品目。佛塔位於哲蚌寺大殿，成爲該寺主要的聖物（彩圖42）。

一九八四年十二月二十三日，我與甘丹赤巴、來自上下密院的儀軌僧、前任和現任堪布們，以殊勝密集金剛方式，一起修妙善降霖開光法會。我將這場儀軌的所有功德迴向給這位殊勝善知識的未來生生世世，藉此我們能速速通過菩提道次第，證得金剛總持圓滿的七支和合身。

金剛總持親教師刻意地在第十世達賴喇嘛尊者傳記的第十四、十五頁之間放了一張書籤，那部分記載十世達賴喇嘛尊者的出生。其中包含以下一段內容③：

藏曆火牛年（一八一七年）九月九日，一隻布穀鳥在山的東邊甜美地鳴叫著。在這世上，布穀鳥的叫聲被認為優美而吉祥。因此，這是明確的徵兆，這位偉大人物超凡及殊勝的身、語、意功德，及其散發的光芒與聲望，將再遍照十方。眾生一致認為：「現在我們擁有了我們的導師及護法。」他們的喜悅將一再增上。他們懇切祈願，他們讚揚他的功德，他們將拋撒喜樂的花朵。

③六世林仁波切出生於十世達賴喇嘛擁有的莊園，如本書第四章所述。

第四十章

林仁波切生平綜述

依照過去的聖徒傳記格式，以下我要總結親教師的一生，提綱挈領使讀者易於記憶。

殊勝的林仁波切有三十位上師。當他年幼時，拉章會調查並決定聘任老師來固定教授經論。但自從林仁波切長大成人，他自己會仔細觀察某位老師是否具足資格，是否值得虔誠追隨，不論是小乘、大乘、金剛乘之中哪一種老師。他不會急著下決定，從以下例子就可以了解：林仁波切請問帕繃喀仁波切，是否值得接受卓尼仁波切——佛法如意寶雲——的教誨。後來，他也在釋迦牟尼佛等身像、覺沃仁波切佛像前進行糌粑麵糰占卜，看看是否應該接受貢布明雅仁波切的傳承。

通常，傳法的所有上師喇嘛都是具格的。即使他們的知識和理解程度和林仁波切一樣，甚或不若林仁波切。然而一旦林仁波切接受過他們的教導，只會提起他們身語意的傑出修行，從不曾顯示不敬或批評。他對穹拉惹對仁波切說過，從金剛總持上師帕繃喀教導的事師法讓他學習到，正如道次第所授，自己的知覺未必正確。因此，他的上師不論表現出什麼平凡的特質，他也不介意。

林仁波完全投入弘法之後，有一次，教他繪製壇城的上密院昂然巴洛桑尼瑪曾提及每次餐前念誦《隨念三寶經》的重要性，林仁波切立刻採納這個建議。由此可知，不論是喇嘛高僧或是一般僧侶，林仁波切並不會忽略對方所說，而會如實照做，以行為方式供養讓他們欣喜。

年輕時，林仁波切從帕繃喀仁波切等人座下接受獨勇及十三尊大威德金剛灌頂，與其生圓二次第的教授。經過實修之後，他再廣傳給他人。然而，在他人生後來的階段，林仁波切希望再對這本尊進行生起成次第閉關。因此在菩提伽耶時，他又從赤江仁波切那裡接受灌頂。從那天起，在讚頌帕繃喀仁波

第六世林仁波切。

切——他第一次接受這灌頂的來源——名號後，林仁波切也穿插並誦念他自己寫下對赤江仁波切的禮讚偈頌。他對上師的恭敬之心不僅限於赤江仁波切，從他親自寫了所有上師名字的稱號頌，並且持續每天念誦即可見一斑。哪怕只從別人那裡聽過一段偈頌的佛法，他都視之爲佛，牢記對方的慈悲，對他們十分虔敬。

林仁波切並沒有接受很多法脈傳承，但他接了許多灌頂和經驗教授。更有甚之，他以熱切的願望接受所有教法且付諸實修。他說：「每當我聆聽講經，我總會想：『像我這樣的人，該如何把這些內容教授給他人呢？』因此，後來我經常和我的法友扎日仁波切等人討論，例如什麼樣的灌頂法本，能夠運用於某一特定的灌頂等等。」

每當聆聽說法時，林仁波切都非常注意應該專注於哪些觀想等等。以下例子可以說明這一點：林仁波切早先已經從康薩仁波切那裡接受了盧伊巴的勝樂金剛灌頂，也做了筆記。然而，他想不起來觀修的確實程序。因此，即將進行勝樂金剛閉關持修之前，他再次接受了赤江仁波切的灌頂。

林波切的學養

林仁波切在哲蚌寺求學時，即被尊爲傑出辯經者等級之列。許多學者都記得當年，林仁波切如何在立宗或答辯時打擊辯經對手的信心。即使在他接受格西學位後，除了修行或接見賓客，他總是在研讀法本，因此奠定了他在經續及科學上優越的自信心。同時，他也是一名演說大師。

然而，他從來不會以遍知法本的態度自居。若弟子們針對法本的論點或修行方面提問，林仁波切會先與當時在場的喇嘛或格西們進行討論。如果他們無法得出確切的答案，殊勝的親教師便會明確回答。和親近的弟子輕鬆談話時，林仁波切也會引經據典，甚至講出引文的正確頁數和行數。博學的學者們來拜會時，即使林仁波切上了年紀，也會談論經續的深義，而他們就在那裡修行靜默！林仁波切仍然非常確定經典法本中的論題，就像他在辯經場時一樣。有些法本，儘管他已多年未再閱讀，但總能隨心所欲地背誦出來。這似乎是他獲得了法陀羅尼的徵兆——能對佛法聞持不忘。

嚴守清淨戒律

對林仁波切而言，受戒並不僅止於下定決心。他去除所有戒律的錯誤詮釋，將之融會貫通。不過，在他常念誦的幾本法本中，他還是保留一本貢唐丹白仲美的《三戒學處攝頌》，並珍惜耶喜堅贊《心與心所攝頌》的根本法本及註釋。林仁波切認爲，上座禪修和下座之後都要反省內心，在煩惱生起之際立即修適當的對治法，這是最重要也最殊勝的修行，他勸別人也這麼做。

每當太陰月（陰曆）十日、二十五日，林仁波切會修獨勇大威德金剛及金剛瑜伽母的自灌頂成就法。他也每天修持金剛薩錘儀軌、念誦金剛薩錘百字明，以及獨勇大威德金剛四灌頂加持儀軌。如果偶爾犯了微細的戒，他會效法偉大人物修法懺悔，不讓犯戒的惡業存留到隔天。

林仁波切的殊勝行為

林仁波切非常希望能居住在與世隔絕的阿蘭若，但當他成爲我的親教師後，除非休假等日子，大部分時間他都必須住在羅布林卡或我在布達拉宮的居所。然而，這並沒有讓他不悅。每當沒有賓客造訪，他就會誦經、閱讀法本。念誦時，也不會躁進，而是跟著儀軌的每字每句，專注於觀修的程序。有時候，爲了能清楚地觀想，他會重複四、五次儀軌中那個段落或特別的咒語。

如前所述，當林仁波切在西藏布達拉宮進行盧伊巴勝樂金剛生成次第閉關修行時，光是念誦自生本尊成就法，就花了三個小時。林仁波切對待這樣的修行，態度非常嚴謹。年輕時，他完成了十萬遍大禮拜；即使後來上了年紀、變胖了，他還是每天早晚頂禮三拜。修持六座瑜伽當中的供曼達供時，他會安立壇城。他盡力修集資淨障的法門。在這基礎上，他持續精進聞、思、修，就像大河之流源源不絕。因此，他在心中發展慈悲及其他偉大的功德，我已在前面各章提及明確的事蹟。

還有另一個跡象顯示林仁波切具備神通能力。圓寂前一個月，某天晚上十一點左右，林仁波切突然對一位上密院僧侶——拉章成員貢卓丹增說：「去看看你的房間是不是被偷了。」貢卓丹增馬上回房間查看，結果發現有人闖空門，偷走了他的收錄音機等物品後逃之夭夭。當時有幾位拉章成員在場目睹這件往事。

由於因果不虛，因此效法林仁波切方法修行的人，一定能對密教發展深刻的理解。基於殊勝的內在素養，林仁波切能夠差遣佛法護法者做爲己用。曾有一次，林仁波切似乎發揮了這種能力。

在西藏夏巴阿蘭若，林仁波切主持繁盛法會，儀軌僧阿旺倫珠和他的助理慈誠也都參與。那天法會結束，林仁波切為擣除乃穹護法神像外衣的灰塵時，把圍裙穿戴回去時拉得太高了。慈誠指出這一點，林仁波切開玩笑地回答說：「今晚祂會去探訪你！」午夜，慈誠驚醒，因為他床邊的香座盤發出很大的碎裂聲。然而，他立刻記起林仁波切所說的那句玩笑話，認定是林仁波切派了護法神過來。慈誠於是鬆了一口氣，卻也加深了他對林仁波切的虔敬。這件往事是慈誠自己告訴大家的。

我本人也曾見證過，就連「欲界之主」吉祥天母都無法勝過這位偉大上師，最後必須圓滿林仁波切的心願，不過在此暫不贅述。

林仁波切保存了文殊菩薩化現的宗喀巴大師清淨傳承，並將之傳授給其他人。然而，他從來沒有對其他藏傳派別或教師們懷有不敬或鄙視之意。不論誰來拜訪他，他總是微笑歡迎，完整回答他們的問題。他也從未忽視或看不起任何人。如果你經常拜會他，那麼對他身、語、意的修鍊之崇敬將會與日俱增。

每個人都看到，金剛總持親教師就像一座高山，不論情勢如何改變，從不會改變他所堅信之事。歷代諸位林仁波切都擁有四聖種性的功德，而林仁波切也隨喜接受侍從們提供給他的食物、服裝等，從來不會說「我要這個、我要那個」。簡而言之，跟他親近多年的弟子或侍從，從沒有人說他執著於所有物品，或者對親近的人顯示偏心。

許多人請求林仁波切著述新作品，對此他答道：「現在缺少的是聞與修，我們並不缺乏聞與修的法本。」他多半拒絕這類請求，因此他的著作並不多。然而，他的著作完美闡釋佛法，是能讓智者欣喜的傑出教本。

口傳時，林波切會以準確的發音來念誦，不疾不徐地，清晰而正確發出每個字音。經驗教授時，他主要依循過去大德們的修行與傳承，屢次深廣解釋等。解說經文時，對於經典法本中最困難的難義處，他會以理路和引經據典的方式授予廣大甚深的說明。這些都讓學者們心服口服。除了在年事已高的階段，林仁波切傳灌頂時，總是親自發予灌頂物，不會草草了事。他也會完整解釋全部灌頂程序，從前行的發願開始，到解釋如何在道次第修行中運用灌頂。

在西藏，曾有次他對一位僧侶教授並傳承宗喀巴大師的《菩提道次第廣論》。後來，林仁波切對我和其他人四度深入教授《菩提道次第廣論》，也曾教授六次五世班禪洛桑耶喜的《菩提道次第捷徑面授法》。因爲他是以身爲熱譯師再世而聞名，幾乎每年都有許多信衆請求他傳獨勇大威德金剛灌頂，並教授其生、圓二次第，他也都會圓滿信衆的願望。林仁波切也傳「毗盧遮那灌頂」，這法脈非常稀有；他也會解說西藏中部罕見的傳承法脈經典伏藏。他的這一世都在傳別人諸如此類的許多傳承。

為往生者度亡祈願

一旦有人前來請求林仁波切賜予祈願文，林仁波切便會立刻念誦一段。林仁波切甚至會保存一張寫上往生者名字的紙張，爲了引導往生者投生解脫道，每個月或每兩個星期他會爲往生者祈禱。爲此，林仁波切本人會念誦宗喀巴大師的《往生西方極樂世界發願文》，有時也和別人一起念誦。之後，他會依照習俗燒掉那張紙。這是這位偉大衆生導師不可思議行儀的又一例。

林仁波切的弟子們

在法脈傳承中，和林仁波切彼此互換師生角色的法友們包括：我的經師暨攝政達扎仁波切——曼達大海之大師；我的初級親教師至尊赤江仁波切——宗喀巴大師教義的明燈；庫努喇嘛仁波切丹增堅贊——偉大的佛法闡釋者。

林仁波切的其他弟子，包括頂果欽哲仁波切，寧瑪派教法的闡釋者；薩迦派度母宮的崔津法王，他是西藏貴族昆氏家族①的明燈。林仁波切升座爲甘丹赤巴後，格魯派幾乎沒有人不是這位殊勝護法者的弟子。藉由過去前數世的善業及祈願的力量，打從小時候我就喜樂地受著這位上師的眷顧。我恣意攝受得自上師的所有傳承教授，就像瓶中灌注甘露，滿溢瓶口。我持守這些教法，決心加以實修，同時將之廣傳。我持續祈願，只要佛法存在，來自這位殊勝金剛總持親教師的法雨甘露將生生不息，如蜂湧而來的幸運弟子們將得以如意圓滿。

①薩迦法王出身於西藏高貴的昆氏家族，採取度母宮和圓滿宮兩宮輪流繼承。

第四十一章 第七世林仁波切轉世

金剛總持親教師的親傳弟子，包括我在內，以及不分教派所屬，懷抱爲利益衆生及佛法清淨心願的人們，都渴望這位偉大上師的轉世、「五百末劫時代①」的法冠寶珠，能快速且正確無誤地被發掘，並能擁有媲美前一世的功德及品德。爲此，我們持續向三寶念誦佛陀眞言、祈願，藉由眞言的眞義能使祈願得到回應。此外，服侍上師永不懈怠並具單純心意的拉章總管洛桑朗瑞，根據本尊們明確神聖的指示，安排了特定次數的多次祈願及儀軌，且不疾不徐地執行。他也廣大供養三寶，並對僧團捐獻供養金，一切都是爲了盡快找到正確無誤的轉世靈童。

我也被請求針對殊勝的轉世所在地占卜。因此，藏曆火虎年（一九八六年），我向三寶俱現的大悲勝海紅觀音請示進行占卜。結果明確指出，轉世已經於藏曆木牛年（一九八五年）出生，但他的出生地並未卜現。因此我指示，針對出生在那一年的孩子們進行地毯式尋訪工作，不管他們是否顯示特殊的靈童跡象。於是，包括代表哲蚌寺洛色林堪布的林貢巴祖古與一位侍從，以及來自拉章的洛色林桑拉強巴祖古與丹增彭措，兩組人馬前往印度各個藏人定居點，整理出一份所有生於木牛年的孩童名單，不論他們是否曾顯現特別徵兆。結果，名單人數約達六九〇人。

據此，我在藏曆火兔年正月（一九八七年），進一步占卜，結果指出，進行正式驗證前，最好再等候一陣子。後來我去供奉金剛總持親教師金身的神殿，利用麵糰占卜，詢問是否已到可以進行確認的時機？如果是，名字是否在名單上？如果在名單上，按照以發音為ka、ca、ta三個種子字②標示的三組地點，能否找出其出生地？占卜結果顯示，不僅認證時機已成熟，而且出生地就在發音為ca這一組。幾天後，在大乘法苑的芒域吉隆之王──「聖瓦帝桑布」塑像前，我更進一步占卜，請示出生地是否在發音為ca組的四個小組其中一區。結果強烈顯示，在ca組距離達蘭薩拉兩小時路程的比爾鎮。我請求再度檢視出生於木牛年的

①「五」指「五濁世」，「百」代表人生壽命百歲。

②編注。以佛教金剛乘的標準，以梵字書寫，佛菩薩金口宣說的真言咒語，即稱為種子字。主要是因它具有「自一字可生多字，多字複可含攝於一字」之意。

孩子名單，其中有十一人在那年出生於比爾鎮。洛桑朗瑞和強巴祖古去驗證了其中十位，都沒有顯示任何特別轉世跡象。

第十一位孩子名叫丹增曲帕③，在他母親過世後④被送到西藏兒童村收養。一九八七年八月二十六日，藏曆火兔年七月二日，第十七個繞迴，強巴祖古、前世林仁波切的侍從丹增彭措與圖登格列，前往西藏兒童村進行驗證。他們詢問兒童村的養母，丹增曲帕在哪裡？就在她於孩子們中尋找時，一名二十個月大的孩子自行來牽住丹增彭措的手。照護養母說：「他就是丹增曲帕。」丹增彭措把孩子抱起來坐在自己腿上，孩子笑了。當被問道：「你認得他嗎？」小男孩點了點頭。強巴祖古給孩子看了四串類似的佛珠，其中一串是屬於前世林仁波切的。小男孩選了正確的那一串，在手中數了大約二十一個珠子。強巴祖古大爲喜悅。

隔天，拉章總管前往兒童村進一步測試。他準備了點心，而丹增曲帕把食物分給了職員及拉章人員。丹增曲帕也用手摸頭加持大家，再再明顯都是偉大人物的內在象徵。更有甚之，前世林仁波切小時候是左撇子，而丹增曲帕主要也是使用左手。拉章管家向我報告所有這些細節，我要求把孩子帶來由我認證。隔天，孩子被帶來拉章，馬上很開心地坐在總管腿上好一陣子。接著，他來到我在大乘法苑的居所，我送他保護繩及一些點心，他恭敬地接受了。從他的所有行爲舉止來看，他似乎是眞正的轉世靈童。

然而，由於茲事體大，應林仁波切拉章之請，我將木牛年出生在比爾鎮的另外三位孩子的名字，和丹增曲帕放在一起進行占卜。透過可靠的三寶，我對孩子們的名字一一徹底占卜，以驗證何者爲眞。結果發現丹增曲帕確實是慈悲的金剛總持親教師轉世，他的父母親是來自上區波絨的拉布帕桑波，和來自壯納的喀桑曲珍。於是，轉世靈童經過驗證是正確無誤的（彩圖43）。

之前，拉章曾請求藏醫曆算院，針對金剛總持親教師的轉世進行名爲「元音數術」的星宿占卜，所得結果如下：

> 殊勝的轉世靈童已誕生，健康良好，
> 完美如海洋之珍寶。

---

③第十四世達賴喇嘛在《流亡中的自在》一書中（達賴喇嘛口述，哈伯．佩瑞尼爾記錄，1991年出版。）曾提及數則關於如何發現林仁波切轉世的故事：「當仁波切十八個月大時，他清楚叫出一位前世親友的姓名，並趨前對他微笑。隨後，他正確無誤地認出前世的隨侍弟子。」達賴喇嘛繼續說道：「當林仁波切二歲時，他前來菩提伽耶拜訪我，在沒有任何人引導的情況下，手足並用地爬上二樓，找到我的臥室，並在我的床上放置一條哈達。」

④英譯者注。據現任七世林仁波切的侍者丹增肯澤表示，雖然官方說法指出七世林仁波切出生於比爾鎮，但他的母親在懷孕期間因病到達蘭薩拉進行治療，表示等同七世林仁波切也出生於達蘭薩拉。

然而其母病重，
家中人丁不旺，沒有人脈。
為確保剷除未來障礙，
建議施行廣大儀軌。
一年八個月又七天之後，
將出現確定的徵兆。

這個占卜結果說準了很多事。他的母親已經往生；遇見殊勝轉世的此時，距離他出生以來，已經過了一年九個月。

應林仁波切拉章之請，我爲他取名丹增·隆朵·成來·曲帕。同時，我做了一首長壽祈請文，包含著我熱切的渴望，希望轉世靈童未來公開或私人的行儀，都能成就滋養佛法及利益衆生的事業。

藏曆火兔年八月十三日，即西曆一九八七年十月五日星期一，是第七世林仁波切的升座典禮，在前世林仁波切使用的法座「無畏法座」舉行。打從小時候起，我就是金剛總持親教師的弟子之一，他無微不至地照顧我。那天中午十二點，我在拉章參加了升座典禮。殊勝的轉世靈童虔敬地獻給我曼達以及佛像、經書、小佛塔。我回送他哈達，並念誦祈願文，獻給他一尊佛陀銅像和保護繩，做爲他將有如第二佛陀的吉祥物。

如今轉世靈童已獲認證，並確實身在金剛總持親教師的居所中，我實感歡喜。我與仁波切轉世共進午餐，他用手拿起食物，開心地分享給我。午餐後我必須離開，坐上車後跟他碰了額頭，他拉住我的僧袍想跟我一起走。這個行動激起我喜樂的信心——我的根本上師將永遠、欣喜地生生世世照顧我。

以下謹記錄幾項殊勝轉世靈童的非凡事蹟。

確認林仁波切的轉世靈童後，兒童村租了一間賓館讓他下榻休憩。在拉章舉行的一場法會上，他從一盤甜飯中拿起一顆葡萄給總管洛桑朗瑞；他把收到的五盧比做爲供養金，與一條哈達一起獻給養母桑珠卓瑪。第一天晚上，他睡在前世林仁波切的床墊上，突感悲傷，大約哭了五分鐘。在那之前，當拉章總管要離開時，他想要跟著總管一起走，把雙手繞在總管的脖子上。養母試了各種方法才把轉世靈童帶回房間。當赤江仁波切拉章總管帕登來訪時，轉世靈童馬上開心地跳到他的腿上。帕登請求殊勝的靈童爲一條哈達念誦禱文，欲獻給赤江仁波切金身所在的佛殿。靈童把哈達拿在手上，並將哈達放在額前很長一段時間，念誦祈願文。

當登馬洛確仁波切來訪，奉茶時，轉世靈童明確表示想跟登馬洛確仁波切一起，於是獻上茶點給靈童。他拿起甜餅，剝開後裝在碗裡再獻給登馬洛確仁波切。

惹對朱巴仁波切前來拜訪，並待上一會兒；殊勝的轉世靈童拾起前世赤江仁波切贈予惹對朱巴仁波切的手杖，一位老婦人手持佛珠走過來，轉世靈童便接下那串佛珠，用另一手拿著手杖走來走去。

甘丹寺夏孜扎倉的前堪布拉諦仁波切來訪，林仁波切轉世表現許多他們過去熟稔的動作，也顯示出前任林仁波切對待他人的大慈悲心。

殊勝的轉世靈童被帶到拉章後，在進行十萬遍度母修行期間，總管洛桑朗瑞開始使用香灶進行百盞燈供，轉世靈童拿起香，點燃百盞油燈。那時候，一位當地尼院的堪布塔嘉來訪，並獻給轉世靈童一些毛巾做禮物。他把毛巾交給總管，並稱她一聲「阿尼⑤」，彷彿知道塔嘉是尼院的堪布。轉世靈童來拜訪我時，一位名叫洛桑嘎瓦的侍從正在服侍我，因爲他之前生病還沒有見過靈童。但殊勝的靈童看到他後，立刻從桑拉強巴祖古那裡拿了一條哈達獻給洛桑嘎瓦。

當林仁波切轉世抵達位於菩提伽耶西藏寺頂樓的房間時，握著照護僧給桑的手，催他打開佛龕下面的一個櫃子。靈童拿出一條哈達，獻給藏醫曆算院月曆上的文殊菩薩像，並從抽屜裡拿出一條上好哈達供養我的照片。他房裡有一座等身的大威德金剛塑像，洛桑朗瑞問他：「這是誰？」靈童微笑，轉身坐下。

拉章成員喀美洛桑桑登從瑞士回到菩提伽耶，轉世靈童看到他時，便送給他一朵金盞花，彷彿立刻認出了他。洛桑桑登以前曾經獻給林仁波切銀製壇城，上面有時輪金剛咒字牌（十相自在圖），還有我的相片在最上面，也有圓形的文殊菩薩徽章。轉世靈童拿起這兩個徽章，要求把時輪金剛咒牌別在右胸口，文殊菩薩徽章在左邊。這些事例明確顯示他擁有前世的記憶。

丹增曲帕的母親往生後，他被寄養在達蘭薩拉的西藏兒童村。一天，他的父親拉布帕桑波來看他。途中，拉布帕桑波也去林仁波切拉章敬謁殊勝金身，然後他到乃穹寺尋求護法神的協助。當他在大經堂門邊祈願時，覺得自己在佛壇上看見一幅等身大的前世林仁波切照片，儘管實際上那裡只有一幅一般的照片。這顯然是代代轉世視爲主要本尊的佛法護法神，在指示丹增曲帕確實是眞正的轉世靈童。

我將繼續祈願偉大金剛總持親教師的轉世能夠長久住世，圓滿經續大海中的聞思修，並

---

⑤藏人對尼師的口語稱呼。

在佛陀教法中示現如第二佛陀的如法行儀。

第四十二章
迴向文及本書版本說明

以證得正覺及功德裝飾，
以百至善忍辱掃除之興修，
在其眼中所有不和諧都消失，
已明顯出現在雪域所創造的善業蒼穹。

來此世讓經典與慧觀（隆朵）、
佛陀的教法（圖登）及宗喀巴的教誨蓮花叢綻放，
您示現了所有尊勝（南傑）的證悟事業（成來）。
我再次懷念您，一切遍知如大日的說法大家①。

在聞思修的黃金階梯
攀行長久時間，
如今成爲諸佛菩薩的一分子，
您在身、心皆證悟的宮殿中悠遊。

然而，爲了對追求自在解脫的人指點何者該發展、該拋棄
如淺灘可涉水而過的道路，
您致力聞思修，
有如幻象般偉大聖者的化現。

您師事超過二十九位上師，
他們是無與倫比的殊勝導航者，
在奉獻及不屈不撓的船上，
您抵達了無涯學海的彼岸。

在與無明的對戰中，以法本及理路之箭獲勝，
藉由敲擊勝利之鼓，
您對全世界宣說二勝諦，
因此揭示了一切種智的眞義。

由分析及吸收的禪修神奇精粹之中，
您揭示了經驗與智慧的如意寶，
以此更高層次道次第的明光，
您創造了妙音取悅諸佛菩薩。

從愛與慈悲的廣大雨雲，
降下甚深的經續之雨，
而這如美麗女性般的地域，

① 在這段偈頌中，可拼出林仁波切的藏文全名：圖登・隆朵・納傑・欽列。

其所有欲望都受佛法黃金年代的綠色樹叢所充滿。

您已經在那些心識單純人們的脖子上，
掛上殊勝教誨的白蓮花鬘，
綻放著一千枚詩意的優雅花瓣
以及具有妙義的晶亮花蕊。

從您一堆堆即興不間斷的正覺事業殊勝寶珠中
我取出了一些，
並將它們串在淺顯易懂的文字線條上，
寫就這部寶傳。

藉由我寫作此文之努力的功德，
祈願如虛空廣大的所有眾生，
能迅速從與兩種蒙昧的對戰中得到解脫，

這是我慈悲靈性之友的唯一願望，
祈願他們抵達最可靠上師所在的偉大城市。

願殊勝轉世這一輪新月，
迎頭趕上他的前世所有生命及行儀，
藉由他的著作、教授及辯論之偉大光芒，
願佛法恆照耀四大洲②。

我祈願在我生生世世的生命寶鬘
將虔敬磕頭頂禮您的雙足，
並迅速成就十力③之年輕活力，
成爲解救衆生的偉大護持鬥士。

---

②佛教傳說中世界四大部洲。分別為東勝神洲、西牛賀洲、南贍部洲和北俱盧洲，各別住著四大天王。
③指佛陀所具足的十種智力。

為了未來弟子的利益，林仁波切拉章總管洛桑朗瑞，正式請求我為無量慈悲的上師寫作其生平及言行的傳記。我無法直呼金剛總持親教師暨林仁波切世系的名字，但出於必要而提及時，我以最大的敬意稱其為「圖登・隆朵・納傑・欽列」。

在他平凡弟子們的眼中，林仁波切的言行包含了通往殊勝佛陀教法的入口，還有透過他的智慧、品德和慈悲對廣大經典之海的聞思修、著述、教授、辯經以及為佛法及眾生的貢獻。就我而言，我心懷極大喜樂，同意進行這項回憶、著述他無量慈悲的工作。因此，這工作不能被我的宗教及世俗責任所拖延，我便請穹拉仁波切蒐集所有相關資料，並採訪總管洛桑朗瑞，以及其他與林仁波切親近的人。然後我在某些部分增補了我曾接受的教法，或是與林仁波切談話時，我曾接受的特別建議及指導等。

本書原名英譯為《寶傳：撰述文殊、第二佛陀、偉大導師暨保護者、金剛總持親教師暨林仁波切世系，可敬的圖登・隆朵・納傑・欽列之行儀》（Jewel Pendant: A Brief Account of the Commonly Perceived Deeds of Mañjunātha, the Regent of the Buddha, the Protector and Great Tutor, the Vajradhara Ling Incarnation, Venerable Thupten Lungtok Namgyal Trinlé Palsangpo），由林仁波切的弟子、僧侶丹增嘉措所著，完成於第十七回繞炯藏曆土龍年、佛陀圓寂二五三二年（根據上座部傳統）、西曆一九八八年的黃道吉日，於聖地印度喜馬偕爾邦岡格拉山谷達蘭薩拉的大乘法苑。

願看見、聽到或與這部傳記有所接觸的人，都能喜樂地得到如這位殊勝上師——大乘佛教精神導師——之眷顧。

附錄

傳承祈禱文

英譯者注記

正如本書第二十章所述，赤江仁波切曾於一九五四年，在西藏寫下第六世林仁波切過去世的祈願文。夏巴阿蘭若牆上描繪了過去數世林仁波切的事蹟，赤江仁波切即以此爲靈感寫作祈願文。這些壁畫是根據第五世林仁波切，洛桑．隆朵．丹增．欽列的觀見所繪製。

流亡印度後，根據十四世達賴喇嘛尊者的資深祕書丹增宗義（又稱昆格他惹）長久以來的研究，爲這些壁畫增添了幾組內容。此外，在僧人洛桑永登的協助下，終於完成包含所有第一世到第五世林仁波切轉世詳細傳記。以下翻譯的祈願文爲赤江仁波切所造，而由丹增宗義及洛桑永登兩位編者所造之禮讚文及文末注記一併收錄。其中包含了一篇對現任第二十二世林世系轉世的祈願文。

第一世林仁波切侯爾頓珠嘉措（一六五五～一七二七），爲這篇林世系傳承祈願文的第十六位轉世。根據丹增宗義及洛桑永登近來的研究結果，其所列林世系的轉世有兩處與赤江仁波切的原文略有出入。

赤江仁波切原本也述及了二十二世轉世，但編者則省略了。這一類附錄補充，照慣例會將轉世的名稱編寫進藏文原本中。我嘗試將各世轉世的名稱以粗體字標示，但並不能都完全精準複製原貌。

——蓋文．基爾提

《如意寶瓔珞》

——此為甘丹赤巴、金剛總持林世系轉世、金剛薩埵的化身、密緒眷屬及壇城之深廣海洋的一切遍智上師，過去數世簡明的行事記載。

編者禮讚文

圓滿證悟之佛陀——斷捨與慧觀之功德無上，
殊勝之佛法——摧毀一切痛苦及其成因，
尊貴之僧寶——持有解脫及慧觀聖珠寶之寶藏，
佛、法、僧三寶，賜予一切吉祥。

多劫積累下，
圓滿了成熟的二資糧，
為世人不熟悉之朋友、無可匹敵的教師、最具威力的聖者，
我深信不疑以身、語、意向您敬禮。

一切諸佛悲智力總集
文殊菩薩，以上師之舞
殊勝的羅桑扎巴——雪域的偉大先驅，

我向您低頭敬禮。

您成就了完全使用**佛陀教法**中**法本慧觀**的寶藏力量。
您的甚深**尊勝事業**早就圓滿，從未消失。
做爲第二佛陀偉大的繼承者，
我們雪域偉大的佛法與衆生的保護者，
視您爲他的唯一上師，
但願我接受金剛總持上師滋養。

您鑲嵌美麗珍貴寶石的過去世，
包括了知名、較不爲人知的印度及西藏行者，
以及學者、行者，和有權力的統治者，
他們都演出了三種身、語、意證悟的神奇化現之舞，
完美配合無數類型的衆生性格。

雖然這不凡生命故事的無涯之海，
即使千千萬萬的聲音合唱也無法傳唱，
從吉祥草①草尖取得之這神聖一小滴水，
以偉大的信心揮撒，將具有偉大的意義。

爲了將殊勝的利益及安樂
帶給佛法及衆生的**土地**與山脈，
從未擾動無想天②，
就像映照在無數清澈湖面的月亮，
您的**轉世**神奇之舞，

①Poa cynosuroides，梵語kuśa。據經典所載，釋尊於菩提樹下成道時，即坐於此草上。印度自古以來即視此草為神聖、祥瑞之草，於行諸種儀式時，多將之編成蓆，並於其上放置諸種供物。據大日經疏卷十九載，因此草為釋尊成道時所坐，故修行者若敷草為坐時，則障礙不生、毒蟲不至，且性甚香潔；然此草利如刀刃，極易割傷身體，修行者若放逸自縱，則為其所傷，故藉此激勵自己，去除憍慢之心。

②無想的眾生所居住之天，在色界之第四禪天。

生生死死交替**出現**，
遠超越受時間所限之尋常歷史範疇，
同步且**成功**，
毫無矛盾，
是只有偉大聖者所具有的特質。

赤江仁波切祈願文

嗡，吉祥。

一切遍在、無所不能、大樂金剛薩埵，
年輕的**空間**金剛之舞，浩如**虛空**，
無二的上師及導師，**有**二發出與收回，
我向**怙主及諸眷屬**祈願。

獻此祈願文給一位大德，
他的崇高知識如美麗而夢幻般秋之月形態，
一切如此精心安排、
如此充滿寧靜平穩，
在眾生心湖中同步演出千千萬萬遍。

一

您**展現**了**挫敗煩惱敵**的神通示現光芒，
您是無數幸運眾生之友，
綻放清淨及解脫的白蓮花，
我在迦留陀夷③蓮足下祈願。

二

您宣說那統一的**黃金**法本，
源自於大梵天的**知識**，
是自己與他人安樂的滋養來源。
我在**梵天吠陀**④蓮足下祈願。

三

以苦修**滋養**了瑜伽的孩子，
其渾然**圓滿**且自然原始的心靈，

成爲附屬於**大樂**與空性美妙之母的**殊勝**、傑出功德。

我在大成就者**福藏**[5]蓮足下祈願。

四

如同**烏萇國**的幸運人們有緣入耳的贊言，

在**治理者**念頭中心，

您創造了甚深實相的千朵**蓮花**。

我在烏萇國王帕德米尼[6]蓮足下祈願。

---

③arhat udayin。編注。釋迦牟尼佛悟道後，奉國王之命迎請佛陀說法、跟隨出家。獲譽「諸弟子中，教化第一」。

④Brahman Veda Survarṇa。編注。古印度祈禱神。配偶為智慧女神辯才天女，故梵天也常被認為是智慧之神。

⑤Mahāsiddha Śrīpāla。

⑥Oḍḍiyāna King Padminī。編注。按時輪金剛說法，佛在世已在烏萇國傳播密法。蓮花生大師即出身此國。

五

您的日月二輪功德之光，
在對非佛法的黑暗勢力對抗中獲勝，
照亮至福的**殊勝**道路。
我在**吉祥之王**⑦的蓮足下祈願。

六

訂立清高的**規則**，您正如優秀的快**馬**
迅速爲世界帶來秩序及平靜，
以無上騎乘加持的神奇步伐奔走。
我向**拉蒂卡之王**⑧祈願。

七

以智慧的利鉤，
您讓那彷彿具有蠻力而狂亂的**大象**

其難以馴服的心識得以控制，
並在平靜及解脫的森林中受到**眷顧**。
我向無與倫比的哈司提帕拉⑨祈願。

八

在因果業報的茂密森林，
墓地之中是輪迴，
是二元活死人之**地盤**，
您建立了專注而無畏無懼的苦修。
我向大成就者塚間坐⑩祈願。

⑦King Suśubha。
⑧King Rathika。
⑨Hastipāla。編注。梵文hasti即指大象。
⑩十二頭陀法之一。見死屍臭爛狼籍、火燒鳥啄，即思惟無常，修苦空之觀，以厭離三界。

九

僅只揮舞著您威力十足的銳利雙角，
您那牛面摧毀了障礙的世界。
您以**大威德金剛**行者鼎鼎**聞名**，
我向熱譯師⑪祈願。

十

因爲種子字「a」的**甘露**而陶醉，它對後世的意義，
您施行一些善巧之術，有時帶點**憤怒**，有時心有欲望，
粉碎所有敵人的自尊、自負。
我向無敵的嶺國之主**格薩爾王**⑫祈願。

十一

藉由難以**實踐**的修行，
您爲無上神聖的**聖者**奉獻，

因此滋養了經驗與慧觀的**新月**，
對由母**乳**養育的眾生散發它的愛與慈悲。
我對甲域瓦修奴[13]祈願。

十二

根本**上師**興起，不是**部分**而是遍在，
做為您心中月亮的**寶飾**。
在此**世**您是一位偉大的智識擁有者，
開啟了甚深**寶**藏傳承之路，
我向鄔金林巴[14]祈願。

---

[11] Ra Lotsāwa Dorjé Drak。藏傳佛教偉大的佛學家、高僧、大成就者。被稱為藏傳佛教史上「威力無比的神通王」。

[12] Akhu Trothung。編注。藏族傳說中蓮花生大士的化身，一生戎馬，揚善抑惡，宏揚佛法，傳播文化。

[13] 編注。藏傳佛教噶當派大師、甲域寺創建者。

[14] 編注。大伏藏師，發掘《五部遺教》與蓮師傳記《蓮花遺教》。寧瑪派近代最偉大祖師之一，吉美林巴某前世。

十三

您擅長發射五道光芒，
有如幻象的普賢菩薩，以及這清淨及**覺醒**的心識之珠寶精華
除去**持有的**意識及對象，
到無所不在的**金剛**空間，
我向**持明者竹欽多吉**⑮祈願。

十四

以淨光如**金剛**叉般燦爛的百道光芒，
在完全缺乏詳細闡述的空間，
您擅長**調伏**難以應付的內外**障礙**。
我向勇敢的**那南多杰**⑯祈願。

十五

由**廣大**福慧

所積累發展的力量，
您能夠揮舞智慧之劍，
斬斷兩種不純蒙昧的千縷無明。
我向偉大的學者**蓋瑪瓦**⑰祈願。

十六
您將心中綻開於**湖中**的蓮花
置放千萬**大成就者大手印**知識的甘露
八萬四千佛法的精華。
我向無與倫比的頓珠嘉措⑱祈願。

---

⑮Drupchen Rikzin Dorjé。
⑯編注。法王赤松德贊的大臣，受派遣至尼泊爾迎請蓮師入藏，成為蓮師在西藏的二十五位上首弟子。
⑰Gyamawa。
⑱編注。哲蚌果芒寺著名堪布。

十七

您散發擁有殊勝**教法**寶藏之光，
具有無限**功德**，圓滿所有最深願望的偉大寶藏。
您的智慧帶來祥瑞之雨
宣布與三界煩惱對戰的**勝利**。
我向**真正的**喇嘛根敦丹白堅贊⑲祈願。

十八

您使**福慧**二功德的蓮花綻放，
在輪迴中的一盞燈塔照亮**佛法**天空，
每位**統治**菩薩的智慧顯現
是成佛者**殊勝**三十二相的所有精華。
我向神聖佛法的無與倫比日光，洛桑丹巴堅贊⑳祈願。

十九

您的**教導**如樟腦般皎潔的月光，
那是偉大上師們流傳下來的教導，
您是演說者的月光，增加廣大功德之**湖**的牛奶甘露，
伴隨著由**法本**與理路生成的眞正**理解慧觀**，
我向永津阿旺隆朵永登嘉措㉑祈願。

二十

您的**法本**及**慧觀**的青蓮花鬘
爲完全**善良**仁慈的樹林帶來美感；
它們賦予那些擁有偉大智慧**心靈**寶藏的人們喜悅，

⑲Gendün Tenpai Gyaltsen。編注。第二世林仁波切。
⑳Losang Tenpai Gyaltsen。編注。四世熱振活佛，曾擔任第九世班禪喇嘛的經師。
㉑Ngawang Lungtok Yönten Gyatso。編注。俄爾寺第六十九任堪布。

充滿佛陀**教誨**的法喜之地。
您的證悟**事業**永不止息，
我向永津洛桑隆朵丹增欽列[22]祈願。

二十一

對**佛陀**的**教法**而言，您就像是第二佛陀，
將每一位得道的引導及
征服者的純粹證悟**事業**之舞付諸實行，
正確宣說**法本**及**慧觀**。
您是那些缺乏保護者之人的怙主，
我向永津圖登·隆朵·納傑·欽列（即六世林仁波切）祈願。

二十二

我造此祈願，對未來
能在領導諸神**大軍**的迦樂季[23]土地出現的那一位，

已經在十萬**將軍**之上的顛峰升起，
以無**價**的勇氣之寶珠光輝，
摧毀野蠻人的**深沉**黑暗。

簡而言之，我造此祈願，
對那一位上師，以祕密的身、語、意之千萬海浪
配合弟子們不同根器，
爲了各種目的不費力氣地揭示自己
像是無所不在、不可思議的壇城之雲。

㉒Losang Lungtok Tenzin Trinlé。編注。第五世林仁波切。

㉓編注：Kalkī。藏傳佛教的時輪傳統中，共有二十五個香巴拉國王採用與迦樂季有關的稱號。在印度南部，迦樂季的形象是一匹白馬或馬首人身。其中馬頭人身的形象，可能是馬頭觀音的前身。

您過去世的寶鬘，
串連在組織良好的語言線上，
設計好以戴在幸運及虔誠的弟子們頭上，
並以虔敬及專注的心呈獻，做為祈願。

以此功德，願智悲雙運的仁慈上師蓮足，
以及無量諸佛的力量，
以上師的形式為我們弟子們示現，
於百年賢劫在金剛寶座上維持不變。

願所有因修行錯誤而對上師生起的惡業，
例如不信、不敬、不遵守上師教誨，
由於長期無明及缺乏正知而導致的惡業，能迅速獲得淨化，
但願這些眾生成為接受您教法的合法容器。

您的語言與教誨的甘霖
持續降臨在虔信心靈的土地上，
但願那裡長出殊勝顯密道次第的
十萬珠寶麥莖，
因**解脫心**的光芒壓得下垂。

我的生生世世，不論是在您蓮足下頂禮、
聆聽您的話語，或是跟隨您的教誨，
但願我，就像常啼菩薩㉔和年輕的善財童子，
毫不倦怠地效仿您的德行。

㉔編注。Sad prarudita。大品般若經卷二十七所說的菩薩。稱為常啼者的原因紛雜：或以菩薩見惡世之人身受苦惱而悲哀哭泣；或以菩薩生於無佛之世，然為利益眾生，追求佛道，於空閑林中憂愁啼哭七日七夜，天龍鬼神遂號之為常啼；或以幼時喜啼而得名。以此菩薩為利益眾生，積難苦之行以求般若波羅蜜，而被列為般若守護十六善神之一。

藉此力量，願我迅速圓滿
喇嘛的**成佛**、無上的境界，
只要**空間**存在，願我能成就
那些彷彿如意樹及如意珠
無量眾生的願望。

藉由無數諸佛菩薩慈悲力量的眞理，
以及法界空性及顯相的不互，
並藉由上師及其弟子純淨三昧耶及信心的吉祥連結，
但願此祈願能毫不費力地一一實現。

〈如意寶瓔珞〉（Precious Necklace of the Most Powerful Wish-Fulfilling Jewels），是以偈頌形式所做之祈願文。包括三十二行偈頌，對應三十二位得道大德，以專注的信心爲金剛總持林仁波切，圖登·隆朵·納傑·欽列——夏孜曲傑、殊勝的蓮花持有者、皈依的對象、高級經師、金剛薩埵的化現、我們的偉大導師，以及所有密教眷屬及壇城的上師——所造。不僅爲了應上密院安多昂然巴洛桑尼瑪之請求，也因爲我自己對這樣一位大師有極大的信心，我——這位殊勝尊貴上師的虔誠弟子、初級經師、甘丹洛桑耶喜甘增嘉措、赤江仁波切轉世，於藏曆木馬年（一九五四年）造於布達拉宮。

但願我能喜悅地受此無與倫比的上師眷顧。

吉祥圓滿。

編者注記

殊勝諸佛許多功德之舞，
在毫不費力的情況下在百萬界中表演，
由過去無數劫積累的福慧所帶來。

這遠超過劣等心靈的地平線，
只被十地㉕的大德感知。
然而，爲了對芸芸衆生給予一個建議，
創造了二十二種形象做爲眼睛的珍饈。

以十萬顆寶珠之形式表達的主題，
串在言語與文法的裝飾線上，
佛法是寶珠發散的精確信心之光芒，
實相是最有力之如意寶珠串起的殊勝項鍊。

在這位殊勝轉世的教導下，
從此項鍊取出這簡短、串連的生命寶絲，
我謹以像晨星般閃爍的信心與虔敬，
匯集成能穿透我智識針孔的文字。

現在少有語言的枝葉
禮讚殊勝大德的功德，
而聽聞並追隨的人，更有如白天的星星般稀有。
因此，這些活動可能會持續很久，
這已是有價值的工作。
但願從這工作努力所得的功德，
如無瑕秋之月般燦爛閃耀。

㉕編注。佛教術語，指大乘佛教修菩薩道行者所要經歷的十個修行階段，出自於《十地經》。後來集入《華嚴經》中，而稱為十地品。

而以那功德的力量，
願我們的雪域光芒維持長久，
願他的願望迅速圓滿，
願俗世及精神規則的光芒繼續閃耀。

願現任殊勝的林仁波切轉世，佛法的聖者，
肩負佛法的重任，
能夠繼續過去珍貴轉世的力量。

第六世林仁波切

第七世林仁波切

Eurasian Publishing Group
圓神出版事業機構
用心與你對話・視野無限寬廣
究竟出版社
Athena Press

www.booklife.com.tw　reader@mail.eurasian.com.tw

宗教 019

我的老師林仁波切：達賴喇嘛親自為老師作傳

作　　者／達賴喇嘛（His Holiness the 14th Dalai Lama, Tenzin Gyatso）
審 訂 者／張春惠
譯　　者／張明敏
發 行 人／簡志忠
出 版 者／究竟出版社股份有限公司
地　　址／台北市南京東路四段50號6樓之1
電　　話／（02）2579-6600・2579-8800・2570-3939
傳　　真／（02）2579-0338・2577-3220・2570-3636
總 編 輯／陳秋月
副總編輯／賴良珠
責任編輯／蔡緯蓉
校　　對／林雅萩・陳孟君・蔡緯蓉
美術編輯／金益健
行銷企畫／詹怡慧・陳禹伶
印務統籌／劉鳳剛・高榮祥
監　　印／高榮祥
排　　版／陳采淇
經 銷 商／叩應股份有限公司
郵撥帳號／ 18707239
法律顧問／圓神出版事業機構法律顧問　蕭雄淋律師
印　　刷／祥峰印刷廠
2019年3月　初版

定價 510 元　ISBN 978-986-137-270-9　

我恣意攝受得自上師的所有傳承教授，
就像瓶中灌注甘露，滿溢瓶口。
我持守這些教法，決心加以實修，同時將之廣傳。
我持續祈願，只要佛法存在，
來自這位殊勝金剛總持親教師的法雨甘露將生生不息，
如蜂湧而來的幸運弟子們將得以如意圓滿。

——達賴喇嘛，《我的老師林仁波切》

國家圖書館出版品預行編目資料

我的老師林仁波切：達賴喇嘛親自為老師作傳／達賴喇嘛（His Holiness the 14th Dalai Lama, Tenzin Gyatso）作；張春惠 審訂；張明敏 譯. -- 初版. -- 臺北市：究竟，2019.03
560 面；14.8×20.8公分. --（宗教；19）
譯自：The life of my teacher : a biography of Kyabje Ling Rinpoché
ISBN 978-986-137-270-9（精裝）
1.林仁波切(Thub-bstan-lung-rtogs-bstan-’dzin-’phrin-las, 1903-1983.) 2.藏傳佛教 3.佛教傳記

226.969　　108000206